KBS
직무적성평가

대표유형＋적중예상문제＋모의고사 4회

SD에듀
(주)시대고시기획

2023 최신판 SD에듀 KBS 직무적성평가
대표유형 + 적중예상문제 + 모의고사 4회

Always **with you**

사람의 인연은 길에서 우연하게 만나거나 함께 살아가는 것만을 의미하지는 않습니다.
책을 펴내는 출판사와 그 책을 읽는 독자의 만남도 소중한 인연입니다.
SD에듀는 항상 독자의 마음을 헤아리기 위해 노력하고 있습니다. 늘 독자와 함께하겠습니다.

PREFACE

머리말

공영방송 KBS는 2023년 신입사원을 채용할 예정이다. KBS의 채용절차는 「서류평가 ➜ 필기평가 ➜ 실무능력평가 ➜ 임원면접평가 ➜ 신체검사 및 신원조회」 순으로 진행한다. 이때 아나운서의 경우 서류평가 대신 카메라 테스트를 진행한다. 서류평가 합격자에 한해 필기평가에 응시하게 되며, 공통적으로 논술 또는 작문을 평가한다. 또한 추론능력, 문제해결능력, 상황판단 등 종합적인 사고능력을 평가하는 직무적성평가를 실시하므로 시험에 대한 철저한 준비와 함께 해당 영역에 대한 심도 있는 문제풀이 연습이 필요하다.

KBS 신입사원 공개채용 합격을 위해 SD에듀에서는 다음과 같은 특징을 가진 도서를 출간하였다.

도서의 특징

❶ KBS 소개를 수록하여 채용 흐름을 파악하는 데 도움이 될 수 있도록 하였다.

❷ 필기평가의 대표유형 및 적중예상문제를 수록하여 필기평가에 완벽히 대비할 수 있도록 하였다.

❸ 철저한 분석을 통해 실제 유형과 유사한 최종점검 모의고사를 수록하여 자신의 실력을 점검할 수 있도록 하였다.

❹ 인성검사 및 면접 가이드를 수록하여 채용을 준비하는 데 부족함이 없도록 하였다.

끝으로 본 도서를 통해 KBS 채용을 준비하는 모든 수험생 여러분이 합격의 기쁨을 누리기를 진심으로 기원한다.

SDC(Sidae Data Center) 씀

KBS 이야기

공영방송 철학

KBS를 시민의 품으로

KBS의 주권은 시민과 시청자에 있고, 모든 권력은 시민과 시청자로부터 나온다.

2023년 방송 기본 방향

신뢰로 여는 통합의 창 KBS

01 공사창립 50주년, 공영성을 최우선의 가치로 삼겠다.

02 '저널리즘의 본령'을 지켜 시청자의 '신뢰'에 부응할 것이다.

03 국민이 안심할 수 있는 '안전한 대한민국'을 위해 최선을 다할 것이다.

04 기후 · 경제 위기에 적극적으로 대처할 것이다.

05 공존의 가치 실현을 위해 다양한 목소리를 담아낼 것이다.

06 다양한 고품격 대형기획물을 제작해 대한민국 대표 공영미디어의 소임을 다할 것이다.

07 차별화된 글로벌 기획으로 K-컬처의 위상을 높일 것이다.

08 멀티플랫폼을 통한 방송 콘텐츠 서비스를 강화하고 영향력을 높일 것이다.

신입사원 채용 안내

⬡ 지원자격(공통)

❶ 연령 : 제한 없음

❷ 국적 : 제한 없음(단, 외국인의 경우 체류 · 취업에 제한이 없는 비자 취득자에 한함)

❸ 학력 : 제한 없음

❹ 병역 : 남자의 경우 병역 필 또는 면제자(단, 임용예정일 전 전역 예정자 응시 가능)

❺ 어학시험 성적(원서 접수 마감일 기준 2년 이내 응시한 시험)

- KBS 한국어 능력시험
- 공인영어[TOEIC, TOEFL(IBT), TEPS]

❻ 임용예정일 이후 근무 가능한 자

⬡ 전형절차

| 서류평가 | 필기평가 | 실무능력평가 | 임원면접평가 | 신체검사 및 신원조회 |

⬡ 세부 전형소개

❶ 서류평가

- 아나운서의 경우 카메라 테스트 진행

❷ 필기평가

- 논술 또는 작문(방송기술, IT, 콘텐츠 분야는 해당 전공시험 포함)
- 직무적성평가(공통) : 상황판단, 추론능력, 문제해결능력 등 종합적 사고력 평가

❸ 실무능력평가

- 채용 분야별 직무역량을 고려한 현장 실기 또는 과제평가 실시
- 인성검사 실시

❹ 임원면접평가

❖ 위 채용공고는 2022년 KBS 신입사원 공개채용 공고를 기준으로 작성하였으나, 세부 내용은 반드시 확정된 채용 공고를 확인하기 바랍니다.

도서 200% 활용하기

대표유형 + 적중예상문제로 직무적성평가 완벽 대비

대표유형 01 어휘추리

유형분석

- 동의·유의·반의·상하 관계와 같은 기본적인 어휘 관계를 먼저 생각해 보고, 해당하지 않는 경우 범위를 넓혀 생각해보는 것이 중요하다.
- 많은 문제를 풀어보면서 다양한 어휘 관계를 파악하는 연습이 필요하고, 낱말의 다양한 의미를 학습해야 한다.

다음 제시된 낱말의 대응 관계로 볼 때, 빈칸에 들어가기에 적절한 것은?

눈새 : 하늬 = ( ) : 여우

① 사막 ② 이슬
③ 꼬리 ④ 비
⑤ 은하수

정답 ②

'눈새'바람과 '하늬'바람은 둘 다 바람의 일종으로 '바람'이라는 단어가 생략된 채 제시되었고, 생략된 채 제시된 것이므로 빈칸에는 동일한 형태로 제시된 '이슬'이 들어가야 한다.

- 여우비 : 맑은 날 잠깐 내리는 비
- 이슬비 : 아주 가늘게 내리는 비

오답분석

'비'는 여우비, 이슬비 등을 포괄하는 개념이므로 빈칸에 들어갈 답으로 적절하지 않다.

30초 컷 풀이 Tip

전반적으로 쉬운 유형에 속하지만 때로는 선뜻 답을 고르기 쉽지 않은 문제가 출제되기도 한다. 단어를 모두 빈칸에 넣어보고, 제시된 단어와 관계 자체가 없는 보기 → 관계가 있지만 빈칸과 동기 관계를 이룰 수 없는 보기 순서로 소거하면 좀 더 쉽게 답을 찾을 수 있다.

4 · KBS 직무적성평가

CHAPTER 02 적중예상문제

정답 및 해설 p.007

01 다음은 한국직업방송 만족도 평가에 대한 연구보고서이다. 이에 대한 내용으로 적절하지 않은 것은?

〈한국직업방송 만족도 평가〉

한국직업방송 시청경험자를 대상으로 실시한 만족도 평가에서 다음과 같은 결과가 나왔다. 교육적이며 공익적인 가치를 선도해나가는 프로그램을 제공했는가를 중점으로 평가한 유익성 항목에서 MBC의 만족도가 가장 높았고, 내용면에서는 실생활 정보 및 세상을 이해하는 데 도움을 주는 프로그램으로 WORK TV와 KBS가 뽑혔다. MC의 진행능력은 연합뉴스 TV, 방송대학 TV가 상위권이었으며, 마지막으로 프로그램이 적합한 시간대에 편성되고, 프로그램을 다양한 채널에서 시청가능 여부를 묻는 편의성은 KBS와 방송대학 TV의 만족도가 좋았다.

〈직업방송 관련 채널 만족도〉

(단위 : 점)

구분	WORK TV	연합뉴스 TV	방송대학 TV	JOBS	KBS
유익성	3.4	3.5	3.5	3.8	3.8
내용	4.2	3.4	3.0	3.0	4.1
진행	3.5	4.5	4.3	3.1	3.8
편의성	3.1	3.4	4.0	3.2	4.0

※ 5점 척도(1점=전혀 그렇지 않다, 5점=매우 그렇다)

〈평가 항목별 가중치〉

구분	유익성	내용	진행	편의성
가중치	0.3	0.2	0.1	0.4

※ 각 채널 만족도 점수는 가중치를 적용하여 합한 값이다.

① 실생활 정보에 도움을 주는 프로그램으로 WORK TV의 만족도가 가장 높다.
② 만족도 점수는 JOBS가 연합뉴스 TV보다 0.21점 낮다.
③ 만족도 평가 항목의 중요도는 '편의성 – 유익성 – 내용 – 진행' 순서로 중요하다.
④ 평가 항목 중 모든 채널의 만족도가 4.0점 이상인 것은 1가지 이상이다.
⑤ 직업방송 관련 채널 만족도 점수가 가장 높은 두 채널은 방송대학 TV, KBS이다.

▶ 영역별 대표유형을 통해 문제의 유형을 쉽게 익힐 수 있도록 하였다.
▶ 적중예상문제를 통해 학습한 내용을 효과적으로 연습할 수 있도록 하였다.

최종점검 모의고사 + OMR을 활용한 실전연습

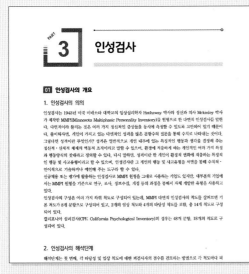

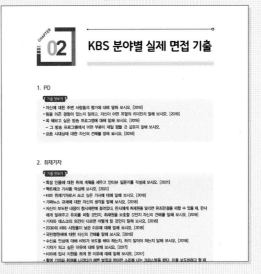

▶ 엄선된 최종점검 모의고사와 OMR 답안카드를 수록하여 실제로 시험을 보는 것처럼 최종 마무리 연습을 할 수 있도록 하였다.

인성검사부터 면접까지 한 권으로 최종 마무리

▶ 인성검사 모의테스트를 통해 인성검사 유형 및 문항을 확인할 수 있도록 하였다.

▶ KBS 면접 기출질문을 수록하여 실제 면접에서 나오는 질문을 미리 파악하고 연습할 수 있도록 하였다.

이 책의 차례

CONTENTS

PART

1

직무적성평가

추론능력

출제유형 및 학습 전략

01 어휘추리

동의·유의·반의·상하 관계 등 기본 관계뿐 아니라 다양한 어휘 관계를 추론하는 어휘유추와 어휘의 관계는 물론, 주어진 어휘들을 기준을 세워 묶을 수 있는지를 추론하는 관계유추, 제시된 어휘들 간의 관계와 속성, 어휘에 내포된 의미 등을 파악하여 추론하는 문제들이 출제된다.

02 명제추리

명제의 역·이·대우를 활용하여 제시된 명제가 옳은지, 옳지 않은지를 구분하는 문제와 명제 간의 참·거짓·알 수 없음을 확인하는 문제, 또는 참인 결론을 제시하고 빈칸에 들어갈 전제를 찾는 문제 등이 출제된다.

03 논리추리

문제시된 조건을 바탕으로 사물이나 사물을 배열하거나 분류하는 문제, 참/거짓 진술을 구분하는 문제 등이 출제된다.

04 수추리

일정한 규칙으로 수를 나열할 때, 빈칸에 들어갈 알맞은 수를 고르는 유형의 문항이 출제된다. 기본적인 등차, 등비, 계차수열은 물론이고 건너뛰기 수열(홀수 항과 짝수 항에 규칙이 따로 적용되는 수열)과 군수열도 출제될 수 있다.

- 동의·유의·반의·상하 관계와 같은 기본적인 어휘 관계를 먼저 생각해 보고, 해당하지 않는 경우 범위를 넓혀 생각해보는 것이 중요하다.
- 많은 문제를 풀어보면서 다양한 어휘 관계를 파악하는 연습이 필요하고, 낱말의 다양한 의미를 학습해야 한다.

다음 제시된 낱말의 대응 관계로 볼 때, 빈칸에 들어가기에 적절한 것은?

> 높새 : 하늬 = ( ) : 여우

① 사막   ② 이슬
③ 꼬리   ④ 비
⑤ 은하수

정답 ②

'높새'바람과 '하늬'바람은 둘 다 바람의 일종으로 '바람'이라는 단어가 생략된 채 제시되었다. 이와 같이 '여우'는 여우비의 '비'가 생략된 채 제시된 것이므로 빈칸에는 동일한 형태로 제시된 '이슬'이 들어가야 한다.

- 여우비 : 맑은 날 잠깐 내리는 비
- 이슬비 : 아주 가늘게 내리는 비

오답분석

'비'는 여우비, 이슬비 등을 포괄하는 개념이므로 빈칸에 들어갈 답으로 적절하지 않다.

30초 컷 풀이 Tip

전반적으로 쉬운 유형에 속하지만 때때로 선뜻 답을 고르기 쉽지 않은 문제가 출제되기도 한다. 이 경우 먼저 제시된 보기의 단어를 모두 빈칸에 넣어보고, 제시된 단어와 관계 자체가 없는 보기 → 관계가 있지만 빈칸에 들어갔을 때 옆의 단어 관계와 등가 관계를 이룰 수 없는 보기 순서로 소거하면 좀 더 쉽게 답을 찾을 수 있다.

빈칸추리

- '$p \rightarrow q$, $q \rightarrow r$이면 $p \rightarrow r$이다.' 형식의 삼단논법과 명제의 대우를 활용하여 푸는 유형이다.
- 전제를 추리하거나 결론을 추리하는 유형이 출제된다.
- 'A○ → B×' 또는 '$p \rightarrow \sim q$'와 같이 명제를 단순화하여 정리하면서 풀어야 한다.

제시된 명제가 모두 참일 때, 빈칸에 들어갈 명제로 가장 적절한 것을 고르면?

- 전제 1. 공부를 하지 않으면 시험을 못 본다.
- 전제 2. _____
- 결론. 공부를 하지 않으면 성적이 나쁘게 나온다.

① 공부를 한다면 시험을 잘 본다.
② 시험을 잘 본다면 공부를 한 것이다.
③ 성적이 좋다면 공부를 한 것이다.
④ 시험을 잘 본다면 성적이 좋은 것이다.
⑤ 성적이 좋다면 시험을 잘 본 것이다.

정답 ⑤

'공부를 함'을 p, '시험을 잘 봄'을 q, '성적이 좋게 나옴'을 'r'이라 하면 첫 번째 명제는 $\sim p \rightarrow \sim q$, 마지막 명제는 $\sim p \rightarrow \sim r$이다. 따라서 $\sim q \rightarrow \sim r$이 빈칸에 들어가야 $\sim p \rightarrow \sim q \rightarrow \sim r$이 되어 $\sim p \rightarrow \sim r$이 성립한다. 참인 명제의 대우도 역시 참이므로 $\sim q \rightarrow \sim r$의 대우인 '성적이 좋다면 시험을 잘 본 것이다.'가 답이 된다.

30초 컷 풀이 Tip

전제 추리 방법	결론 추리 방법
전제 1이 $p \rightarrow q$일 때, 결론이 $p \rightarrow r$이라면 각 명제의 앞부분이 같으므로 뒷부분을 $q \rightarrow r$로 이어준다. 만일 형태가 이와 맞지 않는다면 대우명제를 이용한다.	대우명제를 활용하여 전제 1과 전제 2가 $p \rightarrow q$, $q \rightarrow r$의 형태로 만들어진다면 결론은 $p \rightarrow r$이다.

명제추리

- 제시된 명제의 역·이·대우를 활용하여 푸는 유형이다.
- 조건 명제와 대우 명제를 이용하여 출제되는 경우가 많다. 따라서 명제의 기본이론을 익히며 명제를 도식화하는 습관을 갖는다.

제시된 명제가 모두 참일 때, 반드시 참인 명제는?

- 테니스를 좋아하는 사람은 가족 여행을 싫어한다.
- 가족 여행을 좋아하는 사람은 독서를 좋아한다.
- 독서를 좋아하는 사람은 쇼핑을 싫어한다.
- 쇼핑을 좋아하는 사람은 그림 그리기를 좋아한다.
- 그림 그리기를 좋아하는 사람은 테니스를 좋아한다.

① 그림 그리기를 좋아하는 사람은 가족 여행을 좋아한다.
② 쇼핑을 싫어하는 사람은 그림 그리기를 좋아한다.
③ 테니스를 좋아하는 사람은 독서를 좋아한다.
④ 쇼핑을 좋아하는 사람은 가족 여행을 싫어한다.
⑤ 쇼핑을 싫어하는 사람은 테니스를 좋아한다.

정답 ④

제시된 명제를 정리하면 다음과 같다.
- 테니스 ○ → 가족 여행 ✕
- 가족 여행 ○ → 독서 ○
- 독서 ○ → 쇼핑 ✕
- 쇼핑 ○ → 그림 그리기 ○
- 그림 그리기 ○ → 테니스 ○

위 조건을 정리하면 '쇼핑 ○ → 그림 그리기 ○ → 테니스 ○ → 가족 여행 ✕'이므로 ④가 옳다.

30초 컷 풀이 Tip

- 참인 명제는 대우 명제도 반드시 참이므로, 명제의 대우를 우선적으로 구한다.
  - 쉬운 난이도의 문제는 대우 명제가 답인 경우도 있다. 따라서 대우 명제를 통해 확실하게 참인 명제와 그렇지 않은 명제를 구별한다.
- 하나의 명제를 기준으로 잡고 주어진 명제 및 대우 명제들을 연결한다.
  - 'A → B, B → C이면 A → C이다.'와 'A → B가 참이면 ~B → ~A가 참이다.'의 성질을 이용하여 전제와 결론 사이에 연결 고리를 찾는다.

논리추리

PART 1

유형분석

- 주어진 조건에 따라 한 줄로 세우거나 자리를 배치하는 유형이다.
- 평소 충분한 연습이 되어있지 않으면 풀기 어려운 유형이므로, 최대한 다양한 유형을 접해 보고 패턴을 익히는 것이 좋다.

K사 마케팅팀에는 부장 A, 과장 B·C, 대리 D·E, 신입사원 F·G 총 7명이 근무하고 있다. A부장은 신입사원 입사 기념으로 팀원을 데리고 영화관에 갔다. 영화를 보기 위해 주어진 〈조건〉에 따라 자리에 앉는다고 할 때, 항상 적절한 것을 고르면?

조건

- 7명은 7자리가 일렬로 붙어 있는 좌석에 앉는다.
- 양 끝자리 옆에는 비상구가 있다.
- D와 F는 인접한 자리에 앉는다.
- A와 B 사이에는 한 명이 앉아 있다.
- C와 G 사이에는 한 명이 앉아 있다.
- G는 왼쪽 비상구 옆 자리에 앉아 있다.

① E는 D와 B 사이에 앉는다.
② G와 가장 멀리 떨어진 자리에 앉는 사람은 D이다.
③ C 양 옆에는 A와 B가 앉는다.
④ D는 비상구와 붙어 있는 자리에 앉는다.
⑤ 가운데 자리에는 항상 B가 앉는다.

정답 ③

여섯 번째 조건에 의해 G는 첫 번째 자리에 앉고, 다섯 번째 조건에 의해 C는 세 번째 자리에 앉는다.
A와 B가 네 번째·여섯 번째 또는 다섯 번째·일곱 번째 자리에 앉으면 D와 F가 나란히 앉을 수 없다. 따라서 A와 B는 두 번째, 네 번째 자리에 앉는다. 그러면 남은 자리는 다섯·여섯·일곱 번째 자리이므로 D와 F는 다섯 번째·여섯 번째 또는 여섯·일곱 번째 자리에 앉게 되고, 나머지 한 자리에 E가 앉는다.
이를 정리하면 다음과 같다.

구분	1	2	3	4	5	6	7
경우 1	G	A	C	B	D	F	E
경우 2	G	A	C	B	F	D	E
경우 3	G	A	C	B	E	D	F
경우 4	G	A	C	B	E	F	D
경우 5	G	B	C	A	D	F	E
경우 6	G	B	C	A	F	D	E
경우 7	G	B	C	A	E	D	F
경우 8	G	B	C	A	E	F	D

C의 양 옆에는 항상 A와 B가 앉으므로 ③은 항상 옳다.

오답분석
① 경우 3, 경우 4, 경우 7, 경우 8에서만 가능하며, 나머지 경우에는 성립하지 않는다.
②·④ 경우 4와 경우 8에서만 가능하며 나머지 경우에는 성립하지 않는다.
⑤ B는 두 번째 자리에 앉을 수도 있다.

30초 컷 풀이 Tip

이 유형에서 가장 먼저 해야 할 일은 고정된 조건을 찾는 것이다. 고정된 조건을 찾아 그 부분을 정해 놓으면 경우의 수가 훨씬 줄어든다.

수추리

PART 1

유형분석

• 나열된 수를 분석하여 그 안의 규칙을 찾고 적용할 수 있는지를 평가하는 유형이다.
• 규칙에 분수나 소수가 나오면 어려운 문제인 것처럼 보이지만 오히려 규칙은 단순한 경우가 많다.

※ 다음은 일정한 규칙으로 배열한 수열이다. 빈칸에 들어갈 알맞은 수를 고르시오. [1~2]

01

| 5 | 12 | 26 | 54 | ( ) | 222 | 446 |

① 104 ② 106
③ 108 ④ 110
⑤ 112

02

| 2 | 4 | 20 | 3 | 5 | 34 | 4 | 5 | 41 | 5 | 6 | ( ) |

① 41 ② 50
③ 52 ④ 61
⑤ 63

01

정답 ④

(앞의 항+1)×2를 하는 수열이다.

따라서 (   )=(54+1)×2=110이다.

02

정답 ④

나열된 수를 각각 A, B, C라고 하면

$\underline{A\ B\ C} \rightarrow A^2+B^2=C$

따라서 (   )=5^2+6^2=61이다.

30초 컷 풀이 Tip

- 처음에 규칙이 잘 보이지 않아서 어렵다는 평이 많은 유형이지만 항상 지난 기출문제와 비슷한 방법으로 풀이 가능하다는 후기가 많은 유형이기도 하다. 때문에 수록되어 있는 문제의 다양한 풀이 방법을 충분히 숙지하는 것이 중요하다.
- 한 번에 여러 개의 수열을 보는 것보다 하나의 수열을 찾아서 규칙을 찾은 후 다른 것에 적용시켜보는 것이 빠른 방법일 수 있다.

적중예상문제

정답 및 해설 p.002

※ 다음 제시된 낱말의 대응 관계로 볼 때 빈칸에 들어가기에 적절한 것을 고르시오. [1~4]

01

청소 : 빗자루 = 문학 : (   )

① 사상　　　　　　　　② 표현
③ 언어　　　　　　　　④ 감정
⑤ 문법

02

소화불량 : 과식 = (   ) : 폭우

① 여름　　　　　　　　② 홍수
③ 가뭄　　　　　　　　④ 지진
⑤ 장마

03

상선약수 : 노자 = (   ) : 장자

① 소국과민　　　　　　② 호접지몽
③ 새옹지마　　　　　　④ 대기만성
⑤ 격세지감

04

시침 : 전자시계 = (   ) : 원

① 꼭짓점　　　　　　　② 도형
③ 다각형　　　　　　　④ 도면
⑤ 원기둥

※ 다음 제시된 낱말의 대응 관계로 볼 때 빈칸에 들어가기에 적절한 것끼리 짝지어진 것을 고르시오.
[5~7]

05

(A) : 도착하다 = 활동하다 : (B)

	A	B
①	도전하다	허전하다
②	시작하다	토론하다
③	실패하다	참가하다
④	출발하다	움직이다
⑤	당도하다	행동하다

06

(A) : 눈 = (B) : 장마

	A	B
①	썰매	서리
②	눈사람	홍수
③	겨울	여름
④	추위	더위
⑤	스키	바다

07

(A) : 가구 = 개구리 : (B)

	A	B
①	나무	파충류
②	의자	연못
③	장롱	파충류
④	유리	동물
⑤	식탁	두꺼비

※ 제시된 명제가 모두 참일 때, 빈칸에 들어갈 명제로 가장 적절한 것을 고르시오. [8~12]

08

> • 전제 1. 원숭이는 기린보다 키가 크다.
> • 전제 2. 기린은 하마보다 몸무게가 더 나간다.
> • 전제 3. 원숭이는 기린보다 몸무게가 더 나간다.
> 결론. _____

① 원숭이는 하마보다 키가 크다.
② 원숭이는 하마보다 몸무게가 더 나간다.
③ 기린은 하마보다 키가 크다.
④ 하마는 기린보다 몸무게가 더 나간다.
⑤ 기린의 키는 원숭이와 하마 중간이다.

09

> • 전제 1. 축구를 좋아하는 사람 중에는 기자도 있다.
> • 전제 2. 고등학생 중에는 축구를 좋아하는 사람도 있다.
> 결론. _____

① 기자 중에 고등학생은 없다.
② 축구를 좋아하는 모든 사람은 기자이다.
③ 야구를 좋아하는 사람 중에는 고등학생도 있다.
④ 모든 고등학생은 기자일 수도 있다.
⑤ 축구를 좋아하지 않는 사람은 기자가 아니다.

10

> • 전제 1. 하루에 두 끼를 먹는 어떤 사람도 뚱뚱하지 않다.
> • 전제 2. 아침을 먹는 모든 사람은 하루에 두 끼를 먹는다.
> 결론. _____

① 하루에 세 끼를 먹는 사람이 있다.
② 아침을 먹는 모든 사람은 뚱뚱하지 않다.
③ 뚱뚱하지 않은 사람은 하루에 두 끼를 먹는다.
④ 하루에 한 끼를 먹는 사람은 뚱뚱하지 않다.
⑤ 아침을 먹는 어떤 사람은 뚱뚱하다.

11

> • 전제 1. 비가 오지 않으면 개구리가 울지 않는다.
> • 전제 2. 비가 오지 않으면 제비가 낮게 날지 않는다.
> 결론. _____

① 비가 오면 제비가 낮게 난다.
② 제비가 낮게 날지 않는 날에는 비가 오지 않는다.
③ 개구리가 울지 않으면 제비가 낮게 날지 않는다.
④ 제비가 낮게 나는 날에는 개구리가 울지 않는다.
⑤ 제비가 낮게 날면 비가 온다.

12

> • 전제 1. 성공한 사업가는 존경받는다.
> • 전제 2. 어떤 합리적인 사업가는 존경받지 못한다.
> 결론. _____

① 어떤 사업가는 합리적임에도 불구하고 성공하지 못한다.
② 모든 사업가는 합리적이다.
③ 합리적인 사업가는 모두 성공한다.
④ 존경받는 사업가는 모두 합리적이다.
⑤ 성공한 모든 사업가는 합리적이다.

※ 마지막 명제가 참일 때, 다음 빈칸에 들어갈 명제로 가장 적절한 것을 고르시오. [13~17]

13

> • 회계팀의 팀원은 모두 회계 관련 자격증을 가지고 있다.
> • _____
> 그러므로 돈 계산이 빠르지 않은 사람은 회계팀이 아니다.

① 회계팀이 아닌 사람은 돈 계산이 빠르다.
② 돈 계산이 빠른 사람은 회계 관련 자격증을 가지고 있다.
③ 회계팀이 아닌 사람은 회계 관련 자격증을 가지고 있지 않다.
④ 돈 계산이 빠르지 않은 사람은 회계 관련 자격증을 가지고 있다.
⑤ 돈 계산이 빠르지 않은 사람은 회계 관련 자격증을 가지고 있지 않다.

14

> • 낡은 것을 버려야 새로운 것을 채울 수 있다.
> • _____
> 그러므로 새로운 것을 채우지 않는다면 더 많은 세계를 경험할 수 없다.

① 새로운 것을 채운다면 낡은 것을 버릴 수 있다.
② 낡은 것을 버리지 않는다면 새로운 것을 채울 수 없다.
③ 새로운 것을 채운다면 더 많은 세계를 경험할 수 있다.
④ 낡은 것을 버리지 않는다면 더 많은 세계를 경험할 수 없다.
⑤ 더 많은 세계를 경험하지 못한다면 새로운 것을 채울 수 없다.

15

> • A세포가 있는 동물은 물체의 상을 감지할 수 없다.
> • B세포가 없는 동물은 물체의 상을 감지할 수 있다.
> • _____
> 그러므로 A세포가 있는 동물은 빛의 유무를 감지할 수 있다.

① 빛의 유무를 감지할 수 있는 동물은 B세포가 있다.
② B세포가 없는 동물은 빛의 유무를 감지할 수 없다.
③ B세포가 있는 동물은 빛의 유무를 감지할 수 있다.
④ 물체의 상을 감지할 수 있는 동물은 빛의 유무를 감지할 수 있다.
⑤ 빛의 유무를 감지할 수 없는 동물은 물체의 상을 감지할 수 없다.

16

> • 공부를 잘하는 사람은 모두 꼼꼼하다.
> • _____
> 그러므로 꼼꼼한 사람 중 일부는 시간 관리를 잘한다.

① 공부를 잘하는 사람 중 일부는 꼼꼼하지 않다.
② 시간 관리를 잘하지 못하는 사람은 꼼꼼하다.
③ 꼼꼼한 사람은 시간 관리를 잘하지 못한다.
④ 공부를 잘하는 어떤 사람은 시간 관리를 잘한다.
⑤ 시간 관리를 잘하는 사람 중 일부는 꼼꼼하지 않다.

17

> • 승리했다면 팀플레이가 되었다는 것이다.
> • _____
> 그러므로 패스하지 않으면 패배한다.

① 팀플레이가 된다면 패스했다는 것이다.
② 팀플레이가 된다면 패배한다.
③ 승리했다면 패스했다는 것이다.
④ 팀플레이가 된다면 승리한다.
⑤ 패스하면 팀플레이가 된다.

※ 다음 명제가 참일 때, 항상 옳은 것을 고르시오. [18~27]

18

> • 달리기를 못하면 건강하지 않다.
> • 홍삼을 먹으면 건강하다.
> • 달리기를 잘하면 다리가 길다.

① 건강하지 않으면 다리가 길다.
② 다리가 길지 않으면 홍삼을 먹지 않는다.
③ 달리기를 잘하면 홍삼을 먹는다.
④ 다리가 길면 홍삼을 먹는다.
⑤ 홍삼을 먹으면 달리기를 잘한다.

19

> • 철수는 의사이거나 변호사이다.
> • 의사는 스포츠카와 오토바이를 가지고 있다.
> • 변호사는 스포츠카를 가지고 있지 않거나 오토바이를 가지고 있지 않다.

① 철수가 스포츠카를 가지고 있지 않다면 철수는 변호사이다.
② 철수가 스포츠카나 오토바이를 가지고 있다면 철수는 변호사가 아니다.
③ 철수가 변호사라면 오토바이를 가지고 있지 않다.
④ 철수는 의사이면서 변호사이다.
⑤ 철수는 스포츠카와 오토바이를 가지고 있다.

20

> • 클래식을 좋아하는 사람은 고전을 좋아한다.
> • 사진을 좋아하는 사람은 운동을 좋아한다.
> • 고전을 좋아하지 않는 사람은 운동을 좋아하지 않는다.

① 클래식을 좋아하지 않는 사람은 운동을 좋아한다.
② 고전을 좋아하는 사람은 운동을 좋아하지 않는다.
③ 운동을 좋아하는 사람은 클래식을 좋아하지 않는다.
④ 사진을 좋아하는 사람은 고전을 좋아한다.
⑤ 사진을 좋아하는 사람은 클래식을 좋아하지 않는다.

21

- 모든 1과 사원은 가장 실적이 많은 2과 사원보다 실적이 많다.
- 가장 실적이 많은 4과 사원은 모든 3과 사원보다 실적이 적다.
- 3과 사원 중 일부는 가장 실적이 많은 2과 사원보다 실적이 적다.

① 1과 사원 중 가장 적은 실적을 올린 사원과 같은 실적을 올린 사원이 4과에 있다.
② 3과 사원 중 가장 적은 실적을 올린 사원과 같은 실적을 올린 사원이 4과에 있다.
③ 모든 2과 사원은 4과 사원 중 일부보다 실적이 적다.
④ 어떤 1과 사원은 가장 실적이 많은 3과 사원보다 실적이 적다.
⑤ 어떤 3과 사원은 가장 실적이 적은 1과 사원보다 실적이 적다.

22

- 현명한 사람은 거짓말을 하지 않는다.
- 건방진 사람은 남의 말을 듣지 않는다.
- 거짓말을 하지 않으면 다른 사람의 신뢰를 얻는다.
- 남의 말을 듣지 않으면 친구가 없다.

① 현명한 사람은 다른 사람의 신뢰를 얻는다.
② 건방진 사람은 친구가 있다.
③ 거짓말을 하지 않으면 현명한 사람이다.
④ 다른 사람의 신뢰를 얻으면 거짓말을 하지 않는다.
⑤ 건방지지 않은 사람은 남의 말을 듣는다.

23

- 어떤 남자는 산을 좋아한다.
- 산을 좋아하는 남자는 결혼을 했다.
- 결혼을 한 모든 남자는 자유롭다.

① 산을 좋아하는 어떤 남자는 결혼을 하지 않았다.
② 결혼을 한 사람은 남자이다.
③ 산을 좋아하는 사람은 모두 남자이다.
④ 결혼을 한 어떤 남자는 산을 좋아한다.
⑤ 어떤 남자는 자유롭다.

24

> • 어떤 학생은 책 읽기를 좋아한다.
> • 책 읽기를 좋아하는 사람의 대부분은 어린이다.
> • 모든 어린이는 유치원에 다닌다.

① 모든 학생은 어린이다.
② 모든 학생은 유치원에 다닌다.
③ 책 읽기를 좋아하는 사람 모두가 어린이는 아니다.
④ 책 읽기를 좋아하는 사람 모두 학생이다.
⑤ 모든 어린이는 책 읽기를 좋아한다.

25

> • 갑과 을 앞에 감자칩, 쿠키, 비스킷이 놓여 있다.
> • 세 가지의 과자 중에는 각자 좋아하는 과자가 반드시 있다.
> • 갑은 감자칩과 쿠키를 싫어한다.
> • 을이 좋아하는 과자는 갑이 싫어하는 과자이다.

① 갑은 좋아하는 과자가 없다.
② 갑은 비스킷을 싫어한다.
③ 을은 비스킷을 싫어한다.
④ 갑과 을이 같이 좋아하는 과자가 있다.
⑤ 갑과 을이 같이 싫어하는 과자가 있다.

26

> • 도보로 걷는 사람은 자가용을 타지 않는다.
> • 자전거를 타는 사람은 자가용을 탄다.
> • 자전거를 타지 않는 사람은 버스를 탄다.

① 자가용을 타는 사람은 도보로 걷는다.
② 버스를 타지 않는 사람은 자전거를 타지 않는다.
③ 버스를 타는 사람은 도보로 걷는다.
④ 도보로 걷는 사람은 버스를 탄다.
⑤ 도보로 걷는 사람은 자전거를 탄다.

27

> - A가 외근을 나가면 B도 외근을 나간다.
> - A가 외근을 나가면 D도 외근을 나간다.
> - D가 외근을 나가면 E도 외근을 나간다.
> - C가 외근을 나가지 않으면 B도 외근을 나가지 않는다.
> - D가 외근을 나가지 않으면 C도 외근을 나가지 않는다.

① B가 외근을 나가면 A도 외근을 나간다.
② D가 외근을 나가면 C도 외근을 나간다.
③ A가 외근을 나가면 E도 외근을 나간다.
④ C가 외근을 나가지 않으면 D도 외근을 나가지 않는다.
⑤ D가 외근을 나가면 C는 외근을 나가지 않는다.

28 경제학과, 물리학과, 통계학과, 지리학과 학생인 A ~ D는 검은색, 빨간색, 흰색의 세 가지 색 중 최소 1가지 이상의 색을 좋아한다. 다음 〈조건〉에 따라 항상 참이 되는 것은?

> **조건**
> - 경제학과 학생은 검은색과 빨간색만 좋아한다.
> - 경제학과 학생과 물리학과 학생은 좋아하는 색이 서로 다르다.
> - 통계학과 학생은 빨간색만 좋아한다.
> - 지리학과 학생은 물리학과 학생과 통계학과 학생이 좋아하는 색만 좋아한다.
> - C는 검은색을 좋아하고, B는 빨간색을 좋아하지 않는다.

① A는 통계학과이다.
② B는 물리학과이다.
③ C는 지리학과이다.
④ D는 경제학과이다.
⑤ B와 C는 빨간색을 좋아한다.

29 어젯밤 회사에 남아있던 A ~ E 5명 중에서 창문을 깬 범인을 찾고 있다. 범인은 2명이고, 범인은 거짓만 말하며, 범인이 아닌 사람은 진실만 말한다고 한다. 5명의 진술이 다음과 같을 때, 다음 중 동시에 범인이 될 수 있는 사람끼리 짝지어진 것은?

> • A : B와 C가 함께 창문을 깼어요.
> • B : A가 창문을 깨는 것을 봤어요.
> • C : 저랑 E는 확실히 범인이 아니에요.
> • D : C가 범인이 확실해요.
> • E : 제가 아는데, B는 확실히 범인이 아닙니다.

① A, B ② A, C

③ B, C ④ C, D

⑤ D, E

30 K사 마케팅부 직원 A ~ J 10명이 점심식사를 하러 가서, 다음 〈조건〉에 따라 6인용 원형테이블 2개에 각각 4명, 6명씩 나눠 앉았다. 다음 중 항상 거짓인 것은?

> 조건
> • A와 I는 빈자리 하나만 사이에 두고 앉아 있다.
> • C와 D는 1명을 사이에 두고 앉아 있다.
> • F의 양 옆 중 오른쪽 자리만 비어 있다.
> • E는 C나 D의 옆자리가 아니다.
> • H의 바로 옆에 G가 앉아 있다.
> • H는 J와 마주보고 앉아 있다.

① A와 B는 같은 테이블이다.

② H와 I는 다른 테이블이다.

③ C와 G는 마주보고 앉아 있다.

④ A의 양 옆은 모두 빈자리이다.

⑤ D의 옆에 J가 앉아 있다.

31 A, B, C, D, E는 함께 카페에 가서 다음과 같이 음료를 주문하였다. 〈조건〉이 아래와 같을 때 녹차를 주문한 사람은?(단, 한 사람당 하나의 음료만 주문하였다)

> **조건**
> • 홍차를 주문한 사람은 2명이며, B는 커피를 주문하였다.
> • A는 홍차를 주문하였다.
> • C는 홍차 또는 녹차를 주문하였다.
> • D는 커피 또는 녹차를 주문하였다.
> • E는 딸기주스 또는 홍차를 주문하였다.
> • 직원의 실수로 E만 잘못된 음료를 받았다.
> • 주문 결과 홍차 1잔과 커피 2잔, 딸기주스 1잔, 녹차 1잔이 나왔다.

① A   ② B
③ C   ④ D
⑤ E

32 K기업의 영업 1팀은 강팀장, 김대리, 이대리, 박사원, 유사원으로 이루어져 있었으나 최근 인사이동으로 인해 팀원의 변화가 일어났고 이로 인해 자리를 새롭게 배치하려고 한다. 주어진 〈조건〉이 다음과 같을 때, 다음 중 항상 적절한 것은?

> **조건**
> • 영업 1팀의 김대리는 영업 2팀의 팀장으로 승진하였다.
> • 이번 달 영업 1팀에 김사원과 이사원이 새로 입사하였다.
> • 각 팀마다 자리는 일렬로 위치해 있으며, 영업 1팀은 영업 2팀과 마주하고 있다.
> • 자리의 가장 안쪽 옆은 벽이며, 반대편 끝자리의 옆은 복도이다.
> • 각 팀의 팀장은 가장 안쪽인 왼쪽 끝에 앉는다.
> • 이대리는 영업 2팀 팀장의 대각선에 앉는다.
> • 박사원의 양 옆은 신입사원이 앉는다.
> • 김사원의 자리는 이사원의 자리보다 왼쪽에 있다.

① 유사원과 이대리의 자리는 서로 인접한다.
② 박사원의 자리는 유사원의 자리보다 왼쪽에 있다.
③ 이사원의 양 옆 중 한쪽은 복도이다.
④ 김사원의 자리는 유사원의 자리와 인접하지 않는다.
⑤ 이대리의 자리는 강팀장의 자리와 서로 인접한다.

33 테니스공, 축구공, 농구공, 배구공, 야구공, 럭비공을 각각 A, B, C상자에 넣으려고 한다. 한 상자에 공을 두 개까지 넣을 수 있고 〈조건〉이 아래와 같다고 할 때 항상 참이 아닌 것을 고르면?

> **조건**
> • 테니스공과 축구공은 같은 상자에 넣는다.
> • 럭비공은 B상자에 넣는다.
> • 야구공은 C상자에 넣는다.

① 농구공을 C상자에 넣으면 배구공은 B상자에 들어가게 된다.
② 테니스공과 축구공은 반드시 A상자에 들어간다.
③ 배구공과 농구공은 같은 상자에 들어갈 수 없다.
④ B상자에 배구공을 넣으면 농구공은 야구공과 같은 상자에 들어가게 된다.
⑤ 럭비공은 반드시 배구공과 같은 상자에 들어간다.

34 K학교에는 A, B, C, D, E 다섯 명의 교사가 있다. 이들이 각각 1반부터 5반까지 한 반씩 담임을 맡는다고 할 때, 주어진 〈조건〉이 다음과 같다면 적절하지 않은 것은?(단, 1반부터 5반까지 각 반은 왼쪽에서 오른쪽 방향으로 순서대로 위치한다)

> **조건**
> • A는 3반의 담임을 맡는다.
> • E는 A의 옆 반 담임을 맡는다.
> • B는 양 끝에 위치한 반 중 하나의 담임을 맡는다.

① C가 2반을 맡으면 D는 1반 또는 5반을 맡게 된다.
② B가 5반을 맡으면 C는 반드시 1반을 맡게 된다.
③ E는 절대 1반을 맡을 수 없다.
④ B는 절대 2반을 맡을 수 없다.
⑤ 1반을 B가, 2반을 E가 맡는다면 C는 D의 옆 반이다.

35 바이러스를 해결하기 위해 한 제약사에서 A ~ E 5개의 신약을 연구하고 있다. 최종 임상실험에 가 ~ 마 5명이 지원하였고, 5명의 진술이 다음과 같을 때 개발에 성공한 신약은?(단, 성공한 신약을 먹으면 병이 치료된다)

- 가 : A와 B를 먹고 C는 먹지 않았다. 나머지는 먹었을 수도, 안 먹었을 수도 있다.
- 나 : C와 D를 먹었다. 나머지는 먹었을 수도, 안 먹었을 수도 있다.
- 다 : A와 B를 먹고 E는 먹지 않았다. 나머지는 먹었을 수도, 안 먹었을 수도 있다.
- 라 : B를 먹고 A와 D는 먹지 않았다. 나머지는 먹었을 수도, 안 먹었을 수도 있다.
- 마 : A와 D를 먹고 B, E는 먹지 않았다. 나머지는 먹었을 수도, 안 먹었을 수도 있다.
- ※ 두 명만 병이 치료되었다.
- ※ 나는 병이 치료되지 않았다.

① A   ② B
③ C   ④ D
⑤ E

36 동성, 현규, 영희, 영수, 미영은 A의 이사를 도와주면서 A가 사용하지 않는 물건들을 각각 하나씩 받으려고 한다. 다음과 같은 〈조건〉을 만족시킬 때의 설명으로 적절하지 않은 것은?

> **조건**
> - 동성이는 세탁기 또는 컴퓨터를 받길 원한다.
> - 현규는 세탁기 또는 드라이기를 받길 원한다.
> - 영희는 로션 또는 핸드크림을 받길 원한다.
> - 영수는 전자기기 이외의 것을 받길 원한다.
> - 미영은 아무것이나 받아도 상관없다.
> - A가 사용하지 않는 물건은 세탁기, 컴퓨터, 드라이기, 로션, 핸드크림이고, 동성, 현규, 영희, 영수, 미영 순서로 물건을 고를 수 있다.

① 동성이는 자신이 원하는 물건을 받을 수 있다.
② 영희는 영수와 원하는 물건이 동일하다.
③ 미영이는 드라이기를 받을 수 없다.
④ 영수는 원하는 물건을 고를 수 있는 선택권이 없다.
⑤ 현규는 드라이기를 받을 확률이 더 높다.

37 매주 금요일은 마케팅팀 동아리가 있는 날이다. 동아리 회비를 담당하고 있는 F팀장은 점심시간 후, 회비가 감쪽같이 사라진 것을 발견했다. 점심시간 동안 사무실에 있었던 사람은 A, B, C, D, E 5명이고, 이들 중 2명은 범인이고, 3명은 범인이 아니다. 범인은 거짓말을 하고, 범인이 아닌 사람은 진실을 말한다고 할 때, 〈조건〉을 토대로 다음 중 적절한 것은?

> **조건**
> • A는 B, D 중 한 명이 범인이라고 주장한다.
> • B는 C가 범인이라고 주장한다.
> • C는 B가 범인이라고 주장한다.
> • D는 A가 범인이라고 주장한다.
> • E는 A와 B가 범인이 아니라고 주장한다.

① A와 D 중 범인이 있다.
② B가 범인이다.
③ C와 E가 범인이다.
④ A는 범인이다.
⑤ 범인이 누구인지 주어진 조건만으로는 알 수 없다.

38

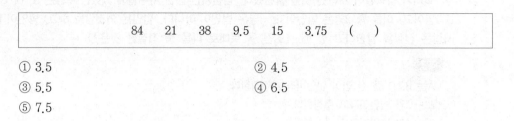

84 21 38 9.5 15 3.75 ( )

① 3.5   ② 4.5
③ 5.5   ④ 6.5
⑤ 7.5

39

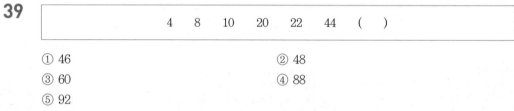

4 8 10 20 22 44 ( )

① 46   ② 48
③ 60   ④ 88
⑤ 92

40

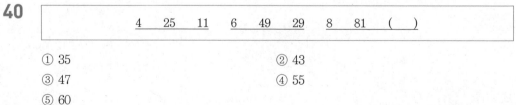

4 25 11   6 49 29   8 81 ( )

① 35   ② 43
③ 47   ④ 55
⑤ 60

문제해결능력

출제유형 및 학습 전략

01 **사고력**

업무와 관련된 문제를 인식하고 해결함에 있어 창조적, 논리적, 비판적으로 사고하는 능력으로, 이를 판단하기 위해 주어진 문장을 토대로 논리적으로 추론하여 판단하거나 자료를 제시하고 새로운 결과나 주어지지 않은 자료에 대해 추론하는 문제 등이 출제된다.

02 **문제처리능력**

업무와 관련된 문제의 특성을 파악하고, 대안을 제시·적용하고 그 결과를 평가하여 피드백하는 능력으로, 이를 판단하기 위해 주어진 정보를 바탕으로 비용이나 시간, 순서, 자료 해석 등 다양한 주제의 문제가 출제된다.

- 주어진 설명을 통해 이론이나 개념을 활용하여 풀어가는 문제이다.
- 주로 빠른 시간 안에 정답을 도출하는 문제가 출제된다.

다음은 창의적 사고에 대한 설명이다. 빈칸에 들어갈 말로 적절하지 않은 것은?

창의적 사고란 당면한 문제를 해결하기 위해 이미 알고 있는 경험지식을 해체하여 새로운 아이디어를 다시 도출하는 것을 말한다. 즉, 창의적 사고는 개인이 가지고 있는 경험과 지식을 통해 새로운 가치 있는 아이디어로 다시 결합함으로써 참신한 아이디어를 산출하는 힘을 의미하며, _____ 특징을 지닌다.

① 발산적
② 독창성
③ 가치 지향성
④ 다양성
⑤ 통상적

정답 ⑤

창의적인 사고는 통상적인 것이 아니라 기발하거나 신기하며, 독창적인 것이다. 또한 발산적 사고로서 아이디어가 많고, 다양하고, 독특한 것을 의미하며, 유용하고 가치가 있어야 한다.

30초 컷 풀이 Tip

모듈이론에 대한 전반적인 학습을 미리 해두어야 하며, 이를 토대로 주어진 문제에 적용하여 문제를 해결해 나가도록 한다.

대표유형 02 SWOT 분석

- 상황에 대한 환경 분석 결과를 통해 주요 과제를 도출하는 문제이다.
- 주로 3C 분석 또는 SWOT 분석을 활용한 문제들이 출제되고 있으므로 해당 분석도구에 대한 사전 학습이 요구된다.

다음 설명을 참고하여 기사를 읽고 A자동차가 취할 수 있는 전략으로 적절한 것은?

'SWOT'는 Strength(강점), Weakness(약점), Opportunity(기회), Threat(위협)의 머리글자를 따서 만든 단어로, 경영 전략을 세우는 방법론이다. SWOT로 도출된 조직의 내·외부 환경을 분석하고, 이 결과를 통해 대응전략을 구상할 수 있다. 'SO전략'은 기회를 활용하기 위해 강점을 사용하는 전략이고, 'WO전략'은 약점을 보완 또는 극복하여 시장의 기회를 활용하는 전략이다. 'ST전략'은 위협을 피하기 위해 강점을 활용하는 방법이며, 'WT전략'은 위협요인을 피하기 위해 약점을 보완하는 전략이다.

- 새로운 정권의 탄생으로 자동차 업계 내 새로운 바람이 불 것으로 예상된다. B당선인이 이번 선거에서 친환경차 보급 확대를 주요 공약으로 내세웠고, 공약에 따라 공공기관용 친환경차 비율을 70%로 상향시키기로 하고, 친환경차 보조금 확대 등을 통해 친환경차 보급률을 높이겠다는 계획을 세웠다. 또한 최근 환경을 생각하는 국민 의식의 향상과 친환경차의 연비 절감 부분이 친환경차 구매 욕구 상승에 기여하고 있다.
- A자동차는 기존에 전기자동차 모델들을 꾸준히 출시하여 성장세가 두드러지고 있는데다 고객들의 다양한 구매 욕구를 충족시킬 만한 전기자동차 상품의 다양성을 확보하였다. 또한 A자동차의 전기자동차 미국 수출이 증가하고 있는 만큼 앞으로의 전망도 밝을 것으로 예상된다.

① SO전략
② WO전략
③ ST전략
④ WT전략
⑤ SW전략

- Strength(강점) : A자동차는 전기자동차 모델들을 꾸준히 출시하여 성장세가 두드러지고 있는데다 고객들의 다양한 구매 욕구를 충족시킬 만한 전기자동차 상품의 다양성을 확보하였다.
- Opportunity(기회) : 새로운 정권에서 친환경차 보급 확대에 적극 나설 것으로 보인다는 점과 환경을 생각하는 국민 의식의 향상과 친환경차의 연비 절감 부분이 친환경차 구매 욕구 상승에 기여하고 있으며 A자동차의 미국 수출이 증가하고 있다.

따라서 해당 기사를 분석하면 SO전략이 적절하다.

문제에 제시된 분석도구를 확인한 후, 분석 결과를 종합적으로 판단하여 각 선택지의 전략 과제와 일치 여부를 판단한다.

공정 관리

- 주어진 상황과 정보를 종합적으로 활용하여 풀어가는 문제이다.
- 비용, 시간, 순서, 해석 등 다양한 주제를 다루고 있어 유형을 한 가지로 단일화하기 어렵다.

다음은 제품 생산에 따른 공정 관리를 나타낸 자료이다. 이에 대한 설명으로 적절한 것을 〈보기〉에서 모두 고르면?(단, 각 공정은 동시 진행이 가능하다)

공정 활동	선행 공정	시간(분)
A. 부품 선정	없음	2
B. 절삭 가공	A	2
C. 연삭 가공	A	5
D. 부품 조립	B, C	4
E. 전해 연마	D	3
F. 제품 검사	E	1

※ 공정 간 부품의 이동 시간은 무시하며, A공정부터 시작되어 공정별로 1명의 작업 담당자가 수행한다.

보기

ㄱ. 전체 공정을 완료하기 위해서는 15분이 소요된다.
ㄴ. 첫 제품 생산 후부터 1시간마다 3개씩 제품이 생산된다.
ㄷ. B공정이 1분 더 지연되어도 전체 공정 시간은 변화가 없다.

① ㄱ
② ㄴ
③ ㄱ, ㄷ
④ ㄴ, ㄷ
⑤ ㄱ, ㄴ, ㄷ

정답 ③

ㄱ. 공정 순서는 A → B·C → D → E → F로 전체 공정이 완료되기 위해서는 15분이 소요된다.
ㄷ. B공정이 1분 더 지연되어도 C공정에서 5분이 걸리기 때문에 전체 공정 시간에는 변화가 없다.

오답분석

ㄴ. 첫 제품 생산 후부터는 5분마다 제품이 생산되기 때문에 첫 제품 생산 후부터 1시간마다 12개의 제품이 생산된다.

30초 컷 풀이 Tip

문제에서 묻는 것을 정확히 파악한 후, 필요한 상황과 정보를 찾아 이를 활용하여 문제를 풀어간다.

적중예상문제

정답 및 해설 p.007

01 다음은 한국직업방송 만족도 평가에 대한 연구보고서이다. 이에 대한 내용으로 적절하지 않은 것은?

〈한국직업방송 만족도 평가〉

한국직업방송 시청경험자를 대상으로 실시한 만족도 평가에서 다음과 같은 결과가 나왔다. 교육적이며 공익적인 가치를 선도해나가는 프로그램을 제공했는가를 중점으로 평가한 유익성 항목에서 MBC의 만족도가 가장 높았고, 내용면에서는 실생활 정보 및 세상을 이해하는 데 도움을 주는 프로그램으로 WORK TV와 KBS가 뽑혔다. MC의 진행능력은 연합뉴스 TV, 방송대학 TV가 상위권이었으며, 마지막으로 프로그램이 적합한 시간대에 편성되고, 프로그램을 다양한 채널에서 시청가능 여부를 묻는 편의성은 KBS와 방송대학 TV의 만족도가 좋았다.

〈직업방송 관련 채널 만족도〉

(단위 : 점)

구분	WORK TV	연합뉴스 TV	방송대학 TV	JOBS	KBS
유익성	3.4	3.5	3.5	3.8	3.8
내용	4.2	3.4	3.0	3.0	4.1
진행	3.5	4.5	4.3	3.1	3.8
편의성	3.1	3.4	4.0	3.2	4.0

※ 5점 척도(1점=전혀 그렇지 않다, 5점=매우 그렇다)

〈평가 항목별 가중치〉

구분	유익성	내용	진행	편의성
가중치	0.3	0.2	0.1	0.4

※ 각 채널 만족도 점수는 가중치를 적용하여 합한 값이다.

---

① 실생활 정보에 도움을 주는 프로그램으로 WORK TV의 만족도가 가장 높다.
② 만족도 점수는 JOBS가 연합뉴스 TV보다 0.21점 낮다.
③ 만족도 평가 항목의 중요도는 '편의성 – 유익성 – 내용 – 진행' 순서로 중요하다.
④ 평가 항목 중 모든 채널의 만족도가 4.0점 이상인 것은 1가지 이상이다.
⑤ 직업방송 관련 채널 만족도 점수가 가장 높은 두 채널은 방송대학 TV, KBS이다.

02 다음은 성별·연령대별 대중매체 선호비율을 나타낸 자료이다. 이에 대한 〈보기〉 중 적절한 것을 모두 고르면?

〈성별·연령대별 대중매체 선호비율〉

(단위 : %)

성별	대중매체	연령대		
		30대 이하	40 ~ 50대	60대 이상
여성	신문	10	25	50
	TV	30	35	40
	온라인	60	40	10
남성	신문	10	20	35
	TV	20	30	35
	온라인	70	50	30

보기

ㄱ. 남녀 모두 TV 선호비율은 연령대가 높은 집단일수록 높다.
ㄴ. 40 ~ 50대에서 대중매체 선호비율 순위는 여성과 남성이 같다.
ㄷ. 연령대가 높은 집단일수록 신문 선호비율은 남성보다 여성에서 더 큰 폭으로 증가한다.
ㄹ. 30대 이하에서는 온라인을 선호하는 남성의 수가 여성의 수보다 많다.

① ㄱ, ㄷ
② ㄴ, ㄹ
③ ㄱ, ㄴ, ㄷ
④ ㄱ, ㄴ, ㄹ
⑤ ㄴ, ㄷ, ㄹ

03 제시된 자료를 근거로 판단할 때, 신청 병원(갑 ~ 무) 중 산재보험 의료기관으로 지정되는 곳은?

> **조건**
> - 신청 병원 중 인력 점수, 경력 점수, 행정처분 점수, 지역별 분포 점수의 총합이 가장 높은 병원을 산재보험 의료기관으로 지정한다.
> - 전문의 수가 2명 이하이거나, 가장 가까이 있는 기존 산재보험 의료기관까지의 거리가 1 km 미만인 병원은 지정 대상에서 제외한다.
> - 각각의 점수는 아래의 항목별 배점 기준에 따라 부여한다.

항목	배점 기준
인력 점수	전문의 수 7명 이상은 10점
	전문의 수 4명 이상 6명 이하는 8점
	전문의 수 3명 이하는 3점
경력 점수	전문의 평균 임상경력 1년당 2점(단, 평균 임상경력이 10년 이상이면 20점)
행정처분 점수	2명 이하의 의사가 행정처분을 받은 적이 있는 경우 10점
	3명 이상의 의사가 행정처분을 받은 적이 있는 경우 2점
지역별 분포 점수	가장 가까이 있는 기존 산재보험 의료기관이 8 km 이상 떨어져 있을 경우, 인력 점수와 경력 점수 합의 20 %에 해당하는 점수
	가장 가까이 있는 기존 산재보험 의료기관이 3 km 이상 8 km 미만 떨어져 있을 경우, 인력 점수와 경력 점수 합의 10 %에 해당하는 점수
	가장 가까이 있는 기존 산재보험 의료기관이 3 km 미만 떨어져 있을 경우, 인력 점수와 경력 점수 합의 20 %에 해당하는 점수 감점

〈신청 현황〉

신청 병원	전문의 수	전문의 평균 임상경력	행정처분을 받은 적이 있는 의사 수	가장 가까이 있는 기존 산재보험 의료기관까지의 거리
갑	6명	7년	4명	10 km
을	2명	17년	1명	8 km
병	8명	5년	0명	1 km
정	4명	11년	3명	2 km
무	3명	12년	2명	500 m

① 갑
② 을
③ 병
④ 정
⑤ 무

다음 글을 근거로 판단할 때, 〈보기〉에서 옳은 설명을 모두 고르면?

소아기 예방접종 프로그램에 포함된 백신(A ~ C)은 지속적인 항체 반응을 위해서 2회 이상 접종이 필요하다.

최소 접종연령(첫 접종의 최소연령) 및 최소 접종간격을 지켰을 때 적절한 예방력이 생기며, 이러한 예방접종을 유효하다고 한다. 다만 최소 접종연령 및 최소 접종간격에서 4일 이내로 앞당겨서 일찍 접종을 한 경우에도 유효한 것으로 본다. 그러나 만약 5일 이상 앞당겨서 일찍 접종했다면 무효로 간주하고 최소 접종연령 및 최소 접종간격에 맞춰 다시 접종하여야 한다.

다음은 각 백신의 최소 접종연령 및 최소 접종간격을 나타낸 표이다.

종류	최소 접종연령	최소 접종간격			
		1, 2차 사이	2, 3차 사이	3, 4차 사이	4, 5차 사이
백신 A	12개월	12개월	–	–	–
백신 B	6주	4주	4주	6개월	–
백신 C	6주	4주	4주	6개월	6개월

※ 단, 백신 B의 경우 만 4세 이후에 3차 접종을 유효하게 했다면, 4차 접종은 생략한다.

보기

ㄱ. 만 2세가 되기 전에 백신 A의 예방접종을 2회 모두 유효하게 실시할 수 있다.
ㄴ. 생후 45개월에 백신 B를 1차 접종했다면, 4차 접종은 반드시 생략한다.
ㄷ. 생후 40일에 백신 C를 1차 접종했다면, 생후 60일에 한 2차 접종은 유효하다.

① ㄱ
② ㄴ
③ ㄷ
④ ㄱ, ㄴ
⑤ ㄱ, ㄷ

05 K자동차 회사에 근무하는 D씨는 올해 새로 출시될 예정인 수소전기차 '럭스'에 대해 SWOT 분석을 진행하기로 하였다. '럭스'의 분석 내용이 다음과 같을 때, 〈보기〉의 (가) ~ (마) 중 SWOT 분석에 들어갈 내용으로 적절하지 않은 것은?

〈수소전기차 '럭스' 분석 내용〉

▶ 럭스는 서울에서 부산을 달리고도 절반 가까이 남는 609km에 달하는 긴 주행거리와 5분에 불과한 짧은 충전시간을 강점으로 볼 수 있다.

▶ 수소전기차의 정부 보조금 지급 대상은 총 240대로, 생산량에 비해 보조금이 부족한 실정이다.

▶ 전기차의 경우 전기의 가격은 약 10 ~ 30원/km이며, 수소차의 경우 수소의 가격은 약 72.8원/km이다.

▶ 럭스의 가격은 정부와 지자체의 보조금을 통해 3천여 만 원에 구입이 가능하며, 이는 첨단 기술이 집약된 친환경차를 중형 SUV 가격에 구매한다는 점에서 매력적이지 않을 수 없다.

▶ 화석연료료 만든 전기를 충전해서 움직이는 전기차보다 물로 전기를 만들어서 움직이는 수소전기차가 더 친환경적이다.

▶ 수소를 충전할 수 있는 충전소는 전국 12개소에 불과하며, H자동차 회사는 올해 안에 10개소를 더 설치한다고 발표하였으나 모두 완공될지는 미지수이다.

▶ 현재 전세계에서 친환경차의 인기는 뜨거우며, 저유가와 레저 문화의 확산으로 앞으로도 인기가 지속될 전망이다.

보기

강점(Strength)	약점(Weakness)
• (가) 보조금 지원으로 상대적으로 저렴한 가격 • 일반 전기차보다 깨끗한 수소전기차 • 짧은 충전시간과 긴 주행거리	• (나) 충전 인프라 부족 • (다) 전기보다 비싼 수소 가격
기회(Opportunity)	위협(Threat)
• (라) 친환경차에 대한 인기 • 레저 문화의 확산	• (마) 생산량에 비해 부족한 보조금

① (가) 　　　　　　　　　　② (나)

③ (다) 　　　　　　　　　　④ (라)

⑤ (마)

다음 측량학 용어에 관한 자료를 통해 예제의 빈칸에 들어갈 수는?

〈측량학 용어〉

- 축척 : 실제 수평 거리를 지도상에 얼마나 축소해서 나타냈는지를 보여주는 비율. $1:50,000$, $1:25,000$, $1:10,000$, $1:5,000$ 등을 일반적으로 사용함
- 표고 : 표준 해면으로부터 지표의 어느 지점까지의 수직거리
- 등고선 : 지도에서 표고가 같은 지점들을 연결한 선, 축척 $1:50,000$ 지도에서는 표고 20m마다, $1:25,000$ 지도에서는 표고 10m마다 등고선을 그림

예 축척 $1:50,000$ 지도에서 등고선이 그려진 모습

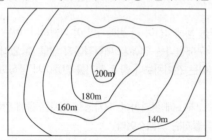

- 경사도 : 어떤 두 지점 A와 B를 잇는 사면의 경사도는 다음의 식으로 계산

$$(경사도) = \frac{(두\ 지점\ 사이의\ 표고\ 차이)}{(두\ 지점\ 사이의\ 실제\ 수평\ 거리)}$$

〈예제〉

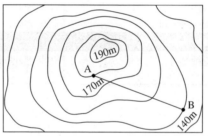

위의 지도는 축척 $1:25,000$로 제작되었다. 지도상의 지점 A와 B를 잇는 선분을 자로 재어 보니 길이가 4cm였다. 이때 두 지점 A와 B를 잇는 사면의 경사도는 _____이다.

① 0.015
② 0.025
③ 0.03
④ 0.055
⑤ 0.075

07 K사의 마케팅팀 직원 A ~ G 7명이 세 대의 승용차를 나누어 타고 다른 장소로 이동하려고 한다. 다음 〈조건〉을 모두 만족하도록 차량 배치를 할 때, 가장 적절한 배치는?

> **조건**
>
> • 세 대의 승용차를 모두 이용한다.
> • 3명, 2명, 2명으로 나누어 탑승해야 한다.
> • B와 D는 한 차에 탑승할 수 없다.
> • E는 세 명이 탄 차에 탑승해야 한다.
> • E와 F가 한 차에 탔다면 A와 C도 한 차에 타야 한다.
> • A는 D와 F 중에 한 사람과는 함께 타야 한다.

① (A, D, G), (B, F), (C, E)
② (A, B, E), (C, F), (D, G)
③ (C, E, G), (B, F), (A, D)
④ (B, C, G), (A, D), (E, F)
⑤ (B, D, G), (C, F), (A, E)

08 제시된 자료를 근거로 판단할 때, 다음 중 A서비스를 이용할 수 있는 경우는?

> • A서비스는 공항에서 출국하는 승객이 공항 외의 지정된 곳에서 수하물을 보내고 목적지에 도착한 후 찾아가는 신개념 수하물 위탁서비스이다.
> • A서비스를 이용하고자 하는 승객은 ○○호텔에 마련된 체크인 카운터에서 본인 확인과 보안 절차를 거친 후 탑승권을 발급받고 수하물을 위탁하면 된다. ○○호텔 투숙객이 아니더라도 이 서비스를 이용할 수 있다.
> • ○○호텔에 마련된 체크인 카운터는 매일 08:00 ~ 16:00에 운영된다. 또한 인천공항에서 13:00 ~ 24:00에 출발하는 국제선 이용 승객을 대상으로 A서비스가 제공된다. 단, 미주노선(괌 / 사이판 포함)은 제외된다.

	숙박 호텔	항공기 출발 시각	출발지	목적지
①	○○호텔	15:30	김포공항	제주
②	◇◇호텔	14:00	김포공항	베이징
③	○○호텔	15:30	인천공항	사이판
④	◇◇호텔	21:00	인천공항	홍콩
⑤	○○호텔	10:00	인천공항	베이징

제시된 주택청약 가점제도 개요를 근거로 판단할 때, 다음 〈보기〉의 사람들 중에서 총 청약 점수가 높은 두 사람을 고르면?

〈주택청약 가점제도 개요〉

항목	세부항목	가점	가중치
청약자 연령	30세 미만	1	20
	30세 이상 35세 미만	2	
	35세 이상 40세 미만	3	
	40세 이상 45세 미만	4	
	45세 이상	5	
세대(世代) 구성	1세대	1	30
	2세대	2	
	3세대 이상	3	
자녀 수	1명	1	30
	2명	2	
	3명 이상	3	
무주택 기간 (주택소유자는 제외)	6개월 미만	1	32
	6개월 이상 3년 미만	2	
	3년 이상 5년 미만	3	
	5년 이상 10년 미만	4	
	10년 이상	5	

※ (총 청약 점수)=(항목점수의 합), (항목점수)=(가점)×(가중치)

보기

- 갑 : 무주택 기간이 8개월인 35세 독신 세대주
- 을 : 부모를 부양하고 있으며 내년 결혼을 앞두고 현재 자신이 소유하고 있는 주택을 늘리고자 하는 28세 여성
- 병 : 무주택기간이 8년이고 2명의 자녀를 둔 37세 무주택자
- 정 : 부모, 아내, 아들(1명)과 같이 살고 있으며, 현재 자신이 소유하고 있는 주택을 늘리고자 하는 32세 남성

① 갑, 을   ② 갑, 병
③ 을, 병   ④ 을. 정
⑤ 병, 정

10 다음 연구용역 계약사항을 근거로 판단할 때, 〈보기〉에서 옳은 설명을 모두 고르면?

〈연구용역 계약사항〉

□ 과업수행 전체회의 및 보고
- 참석대상 : 발주기관 과업 담당자, 연구진 전원
- 착수보고 : 계약일로부터 10일 이내
- 중간보고 : 계약기간 중 2회
  - 과업 진척상황 및 중간결과 보고, 향후 연구계획 및 내용 협의
- 최종보고 : 계약만료 7일 전까지
- 수시보고 : 연구 수행상황 보고 요청 시, 긴급을 요하거나 특이사항 발생 시 등
- 전체회의 : 착수보고 전, 각 중간보고 전, 최종보고 전
□ 과업 산출물
- 중간보고서 20부, 최종보고서 50부, 연구 데이터 및 관련 자료 CD 1매
□ 연구진 구성 및 관리
- 연구진 구성 : 책임연구원, 공동연구원, 연구보조원
- 연구진 관리
  - 연구 수행기간 중 연구진은 구성원을 임의로 교체할 수 없음. 단, 부득이한 경우 사전에 변동사유와 교체될 구성원의 경력 등에 관한 서류를 발주기관에 제출하여 승인을 받은 후 교체할 수 있음.
□ 과업의 일반조건
- 연구진은 연구과제의 시작부터 종료(최종보고서 제출)까지 과업과 관련된 제반 비용의 지출행위에 대해 책임을 지고 과업을 진행해야 함.
- 연구진은 용역완료(납품) 후에라도 발주기관이 연구결과와 관련된 자료를 요청할 경우에는 관련 자료를 성실히 제출하여야 함.

보기

ㄱ. 발주기관은 연구용역이 완료된 후에도 연구결과와 관련된 자료를 요청할 수 있다.
ㄴ. 과업수행을 위한 전체회의 및 보고 횟수는 최소 8회이다.
ㄷ. 연구진은 연구 수행기간 중 책임연구원과 공동연구원을 변경할 수 없지만 연구보조원의 경우 임의로 교체할 수 있다.
ㄹ. 중간보고서의 경우 그 출력과 제본 비용의 지출행위에 대해 발주기관이 책임을 진다.

① ㄱ, ㄴ   ② ㄱ, ㄷ
③ ㄱ, ㄹ   ④ ㄴ, ㄷ
⑤ ㄷ, ㄹ

11 제시된 자료를 근거로 판단할 때, 다음 〈보기〉에서 옳은 것을 모두 고르면?

갑과 을이 '사냥게임'을 한다. 1, 2, 3, 4의 번호가 매겨진 4개의 칸이 아래와 같이 있다.

| 1 | 2 | 3 | 4 |

여기에 갑은 네 칸 중 괴물이 위치할 연속된 두 칸을 정하고, 을은 네 칸 중 화살이 명중할 하나의 칸을 정한다. 갑과 을은 동시에 자신들이 정한 칸을 말한다. 그 결과 화살이 괴물이 위치하는 칸에 명중하면 을이 승리하고, 명중하지 않으면 갑이 승리한다.

예를 들면 갑이 [1][2], 을이 [1] 또는 [2]를 선택한 경우 괴물이 화살에 맞은 것으로 간주하여 을이 승리한다. 만약 갑이 [1][2], 을이 [3] 또는 [4]를 선택했다면 괴물이 화살을 피한 것으로 간주하여 갑이 승리한다.

보기

ㄱ. 괴물이 위치할 칸을 갑이 무작위로 정할 경우, 을은 [1]보다는 [2]를 선택하는 것이 승리할 확률이 높다.

ㄴ. 화살이 명중할 칸을 을이 무작위로 정할 경우, 갑은 [2][3]보다는 [3][4]를 선택하는 것이 승리할 확률이 높다.

ㄷ. 이 게임에서 갑이 선택할 수 있는 대안은 3개이고 을이 선택할 수 있는 대안은 4개이므로, 을이 이기는 경우의 수가 더 많다.

① ㄱ
② ㄴ
③ ㄷ
④ ㄱ, ㄴ
⑤ ㄴ, ㄷ

12 김사원은 부처에 필요한 사무용품을 A문구사에서 구입하려고 한다. 품목별로 A문구사에서 진행 중인 사무용품 할인행사의 내용은 다음과 같다. 사무용품 구입 예산이 20,000원일 때, 효용의 합이 가장 높은 사무용품의 조합은?

〈사무용품 품목별 가격 및 효용〉

품목	결재판	스테이플러	볼펜 세트	멀티탭	A4용지(박스)
가격	5,000	1,200	2,500	8,200	5,500
효용	40	20	35	70	50

〈A문구사의 사무용품 할인행사 내용〉

할인 요건	할인 내용
결재판 3개 이상 구매	결재판 1개 추가 증정
스테이플러 4개 이상 구매	멀티탭 1개 추가 증정
볼펜 세트 3개 이상 구매	볼펜 세트 1개 추가 증정
총 상품가격 18,000원 초과	총 결제금액에서 10% 할인

※ 각 할인은 서로 다른 할인요건에 대하여 중복적용이 가능하다.

① 결재판 2개, 볼펜 세트 1개, 멀티탭 1개
② 스테이플러 6개, 볼펜 세트 2개, A4 용지 2박스
③ 결재판 3개, 스테이플러 1개, 볼펜세트 1개, A4용지 1박스
④ 결재판 1개, 스테이플러 2개, 볼펜세트 4개
⑤ 스테이플러 3개, 멀티탭 2개, A4용지 1박스

13 다음 글을 근거로 판단할 때, 계통색명을 바르게 표현한 것은?

색명은 관용색명과 계통색명으로 구분한다. 이 중 관용색명은 동식물, 광물 등으로부터 연상에 의해 떠올리는 색 표현 방법으로 병아리색, 황토색, 살구색, 장미색 등을 예로 들 수 있다. 계통색명은 유채색의 계통색명과 무채색의 계통색명으로 나뉜다. 계통색명은 기본색명 앞에 명도·채도에 관한 수식어와 색상에 관한 수식어를 붙여서 표현하는데, 다음과 같은 순서로 표기한다. 이때 사용되는 수식어는 필요에 따라 하나 혹은 둘을 기본색명 앞에 붙여 표기할 수 있고 그 순서는 바꿀 수 없다.

- 유채색의 계통색명 표기법

명도·채도에 관한 수식어	색상에 관한 수식어	기본색명

- 무채색의 계통색명 표기법

명도에 관한 수식어	색상에 관한 수식어	기본색명

- 기본색명

유채색	무채색
빨강, 주황, 노랑, 연두, 녹색, 청록, 파랑, 남색, 보라, 자주	흰색, 회색, 검정

- 유채색의 명도·채도에 관한 수식어, 무채색의 명도에 관한 수식어

수식어	구분
선명한	유채색
흐린	유채색
탁한	유채색
밝은	유채색, 무채색
(아주) 어두운	유채색, 무채색
진한	유채색
(아주) 연한	유채색

- 색상에 관한 수식어

수식어	적용하는 기본색명
빨강 띤	보라, 노랑, 흰색, 회색, 검정
노랑 띤	빨강, 녹색, 흰색, 회색, 검정
녹색 띤	노랑, 파랑, 흰색, 회색, 검정
파랑 띤	녹색, 보라, 흰색, 회색, 검정
보라 띤	파랑, 빨강, 흰색, 회색, 검정

※ 색상에 관한 수식어는 쓰임에 따라 예를 들어 '빨강 띤', '빨강 기미의', '빨강 끼의' 등으로 바꾸어 표현하거나 '빨강 빛'으로 표현할 수 있다.

① 진한 회색
② 보라 빛 노랑
③ 선명한 파랑 띤 노랑
④ 빨강 기미의 밝은 보라
⑤ 아주 연한 노랑 끼의 녹색

14 다음과 같은 방법으로 〈보기〉에 주어진 수열을 정렬할 때, 다섯 번째 교환이 이루어진 후의 수열은?

인접한 두 숫자의 크기를 비교하여 교환하는 방식으로 정렬한다. 이때 인접한 두 숫자는 수열의 맨 앞부터 뒤로 이동하며 비교된다. 맨 마지막 숫자까지 비교가 이루어져 가장 큰 수가 맨 뒷자리로 이동하게 되면 한 라운드가 종료된다. 다음 라운드는 맨 뒷자리로 이동한 수를 제외하고 같은 방식으로 비교 및 교환이 이루어진다. 더 이상 교환할 숫자가 없을 때 정렬이 완료된다. 교환은 두 개의 숫자가 서로 자리를 맞바꾸는 것을 말한다.

〈예시〉

다음은 '30 15 40 10'의 수열을 위의 방법으로 정렬한 것이다. 괄호 안의 숫자들은 각 단계에서 비교가 이루어지는 인접한 두 숫자를 나타낸다.
- 제1라운드
  (30 15) 40 10 : 30>15이므로 첫 번째 교환
  15 (30 40) 10 : 40>30이므로 교환이 이루어지지 않음
  15 30 (40 10) : 40>10이므로 두 번째 교환
  15 30 10 40 : 가장 큰 수 40이 맨 마지막으로 이동
- 제2라운드(40은 비교 대상에서 제외)
  (15 30) 10 40 : 30>15이므로 교환이 이루어지지 않음
  15 (30 10) 40 : 30>10이므로 세 번째 교환
  15 10 30 40 : 40을 제외한 수 중 가장 큰 수 30이 40 앞으로 이동
- 제3라운드(30, 40은 비교 대상에서 제외)
  (15 10) 30 40 : 15>10이므로 네 번째 교환
  10 15 30 40 : 정렬 완료

보기

37   82   12   5   56

① 37 82 12 5 56　　　　② 37 82 5 12 56
③ 12 37 5 56 82　　　　④ 12 5 37 56 82
⑤ 5 12 37 56 82

다음 자료를 근거로 판단할 때, 사자바둑기사단이 선발할 수 있는 출전선수 조합의 총 가짓수는?

- 사자바둑기사단과 호랑이바둑기사단이 바둑시합을 한다.
- 시합은 일대일 대결로 총 3라운드로 진행되며, 한 명의 선수는 하나의 라운드에만 출전할 수 있다.
- 호랑이바둑기사단은 1라운드에는 갑을, 2라운드에는 을을, 3라운드에는 병을 출전시킨다.
- 사자바둑기사단은 각 라운드별로 이길 수 있는 확률이 0.6 이상이 되도록 7명의 선수(A ~ G) 중 3명을 선발한다.
- A ~ G가 갑, 을, 병에 대하여 이길 수 있는 확률은 다음 표와 같다.

선수	갑	을	병
A	0.42	0.67	0.31
B	0.35	0.82	0.49
C	0.81	0.72	0.15
D	0.13	0.19	0.76
E	0.66	0.51	0.59
F	0.54	0.28	0.99
G	0.59	0.11	0.64

① 11가지
③ 13가지
⑤ 15가지

② 12가지
④ 14가지

16 제시된 표의 화장 단계 중 7개만을 선택하였을 경우, 갑의 최대 매력 지수는?

〈매력 지수 조건〉

- 아침마다 화장을 하고 출근하는 갑의 목표는 매력 지수의 합을 최대한 높이는 것이다.
- 화장 단계별 매력 지수와 소요 시간은 아래의 표와 같다.
- 20분 만에 화장을 하면 지각하지 않고 정시에 출근할 수 있다.
- 회사에 1분 지각할 때마다 매력 지수가 4점씩 깎인다.
- 화장은 반드시 '로션 바르기 → 수분크림 바르기 → 썬크림 바르기 → 피부화장 하기' 순으로 해야 하며, 이 4개 단계는 생략할 수 없다.
- 피부화장을 한 후에 눈썹 그리기, 눈화장 하기, 립스틱 바르기, 속눈썹 붙이기를 할 수 있으며, 이 중에서는 어떤 것을 선택해도 상관없다.
- 화장 단계는 반복하지 않으며, 2개 이상의 화장 단계는 동시에 할 수 없다.

〈화장 단계별 매력 지수 및 소요 시간〉

화장 단계	매력 지수(점)	소요 시간(분)
로션 바르기	2	1
수분크림 바르기	2	1
썬크림 바르기	6	1.5
피부화장 하기	20	7
눈썹 그리기	12	3
눈화장 하기	25	10
립스틱 바르기	10	0.5
속눈썹 붙이기	60	15

① 54점
② 72점
③ 76점
④ 81점
⑤ 86점

17 김주임은 해외 주택청약 사례와 관련된 세미나를 준비하기 위해 서울 지부에서 부산 본사로 출장을 갈 예정이다. 제시된 자료와 김주임의 세미나 일정을 참고할 때, 부산 본사 출장 이후 서울 지부로 다시 돌아오기까지의 물품 구입비와 교통비의 합으로 적절한 것은?

〈김주임의 세미나 일정〉

• 세미나는 6월 24일 오후 2시에 시작하여 오후 6시에 끝나며, 김주임은 당일 내려갔다 당일 세미나가 종료된 직후 서울 본사로 복귀한다(교통비는 가능한 최소화 한다).
• 김주임은 세미나 시작 2시간 전에 부산 본사에 도착할 예정이다.
• 김주임은 필요한 물품을 구입하여 부산으로 출발한다.
• 서울 지부와 김포공항 간에는 택시를 이용하며, 소요시간은 30분, 비용은 2만 원이다(부산 본사와 김해공항 간에도 동일한 시간과 요금이 소요된다)

〈김포공항 – 김해공항 항공편〉

항공편	출발일	출발시간	도착시간	요금(편도)
AX381	6월 24일	09:30	10:40	38,500원
TA335	6월 24일	10:40	11:40	33,000원
AC491	6월 24일	11:30	12:50	45,000원
BU701	6월 24일	12:20	13:30	29,000원

〈김해공항 – 김포공항 항공편〉

항공편	출발일	출발시간	도착시간	요금(편도)
TC830	6월 24일	18:20	19:40	44,800원
YI830	6월 24일	18:30	20:00	48,000원

〈필요 물품 수량 및 비용〉

물품명	필요 수량	개당 가격
유리잔	2개	5,000원
파일	4권	1,000원
유성매직	1자루	2,000원
테이프	2개	1,500원

① 125,500원
② 148,000원
③ 165,000원
④ 185,500원
⑤ 213,000원

18 A부처에서 갑, 을, 병, 정 4명의 직원으로부터 국외연수 신청을 받아 선발 가능성이 가장 높은 한 명을 추천하려는 가운데, 정부가 선발 기준 개정안을 내놓았다. 현행 기준과 개정안 기준을 적용할 때, 각각 선발 가능성이 가장 높은 사람은?

〈선발 기준안 비교〉

구분	현행	개정안
외국어 성적	30점	50점
근무 경력	40점	20점
근무 성적	20점	10점
포상	10점	20점
합계	100점	100점

※ 근무 경력은 15년 이상이 만점 대비 100%, 10년 이상 15년 미만 70%, 10년 미만 50%이다. 다만 근무 경력이 최소 5년 이상인 자만 선발 자격이 있다.
※ 포상은 3회 이상이 만점 대비 100%, 1 ~ 2회 50%, 0회 0%이다.

〈A부처의 국외연수 신청자 현황〉

구분	갑	을	병	정
근무 경력	30년	20년	10년	3년
포상	2회	4회	0회	5회

※ 외국어 성적은 갑과 을이 만점 대비 50%이고, 병이 80%, 정이 100%이다.
※ 근무 성적은 을만 만점이고, 갑·병·정 셋은 서로 동점이라는 사실만 알려져 있다.

	현행	개정안
①	갑	을
②	갑	병
③	을	갑
④	을	을
⑤	을	정

19 다음은 정부가 지원하는 '○○연구과제'를 수행할 연구자 선정 시의 가점 및 감점 기준이다. 고득점자 순으로 2명을 선정할 때 〈보기〉의 연구과제 신청자 중 선정될 자를 모두 고르면?

〈연구자 선정 시 가점 및 감점 기준〉

아래의 각 항목들은 중복 적용이 가능하며, 각자의 사전평가점수에서 가감된다.

1. 가점 부여항목(각 10점)
   가. 최근 2년 이내(이하 선정시점 기준)에 연구과제 최종 결과평가에서 최우수 등급을 받은 자
   나. 최근 3년 이내에 국내외 과학기술논문색인지수(이하 'SCI'라 함) 논문을 게재한 실적이 있는 자
   다. 최근 3년 이내에 기술실시계약을 체결하여 받은 기술료 총액이 2천만 원 이상인 자
2. 감점 부여항목(각 5점)
   가. 최근 2년 이내(이하 선정시점 기준)에 연구과제 최종 결과평가에서 최하위 등급을 받은 자
   나. 최근 3년 이내에 연구과제 선정 후 협약체결 포기 경력이 있는 자
   다. 최근 3년 이내에 연구과제의 연구수행 도중 연구를 포기한 경력이 있는 자

보기

ㄱ. 사전평가점수는 70점으로, 1년 전에 연구과제 최종 결과평가에서 최우수 등급을 부여받은 후, 2건의 기술실시계약을 체결하여 각각 1천 5백만 원을 받았다.

ㄴ. 사전평가점수는 80점으로, 2년 전에 연구과제를 중도 포기하였으나, 그로부터 1년 후 후속연구를 통해 SCI 논문을 게재하였다.

ㄷ. 사전평가점수는 75점으로, 1년 전에 연구과제 최종 결과평가에서 최우수 등급을 부여받았으나, 바로 그 해에 선정된 신규 연구과제의 협약체결을 포기하였다.

ㄹ. 사전평가점수는 90점으로, 3년 전에 연구과제 최종 결과평가에서 최우수 등급을 부여받았으나, 그로부터 1년 후에는 연구과제에 대한 중간평가에서 최하위 등급을 부여받았다.

※ 각 사례에서 시간은 '○○연구과제' 선정시점을 기준으로 함

① ㄱ, ㄴ   ② ㄱ, ㄷ
③ ㄱ, ㄹ   ④ ㄴ, ㄷ
⑤ ㄴ, ㄹ

20 다음은 인터넷 쇼핑몰 이용약관의 주요내용이다. 〈보기〉에서 (가), (나), (다), (라)를 구입한 쇼핑몰을 바르게 연결한 것은?

〈이용약관의 주요내용〉

쇼핑몰	주문 취소	환불	배송비	포인트 적립
A	주문 후 7일 이내 취소 가능	10% 환불수수료+송금수수료 차감	무료	구입금액의 3%
B	주문 후 10일 이내 취소 가능	환불수수료+송금수수료 차감	20만 원 이상 무료	구입금액의 5%
C	주문 후 7일 이내 취소 가능	환불수수료+송금수수료 차감	1회 이용시 1만 원	없음
D	주문 후 당일에만 취소 가능	환불수수료+송금수수료 차감	5만 원 이상 무료	없음
E	취소 불가능	고객 귀책사유에 의한 환불 시에만 10% 환불수수료	1만 원 이상 무료	구입금액의 10%
F	취소 불가능	원칙적으로 환불 불가능 (사업자 귀책사유일 때만 환불 가능)	100g당 2,500원	없음

보기

- 철수는 부모님의 선물로 (가)를 구입하였는데, 판매자의 업무착오로 배송이 지연되어 판매자에게 전화로 환불을 요구하였다. 판매자는 판매금액 그대로를 통장에 입금해 주었고 구입 시 발생한 포인트도 유지하여 주었다.
- 영희는 (나)를 구매할 때 배송료를 고려하여 한 가지씩 여러 번에 나누어 구매하기보다는 가능한 한 한꺼번에 주문하곤 하였다.
- 인터넷 사이트에서 (다)를 20,000원에 주문한 민수는 다음 날 같은 물건을 18,000원에 파는 가게를 발견하고 전날 주문한 물건을 취소하려 했지만 취소가 되지 않아 곤란을 겪은 적이 있다.
- (라)를 10만 원에 구매한 철호는 도착한 물건의 디자인이 마음에 들지 않아 환불 및 송금수수료와 배송료를 감수하는 손해를 보면서도 환불할 수밖에 없었다.

	(가)	(나)	(다)	(라)
①	E	B	C	D
②	F	E	D	B
③	E	D	F	C
④	F	C	E	B
⑤	B	A	D	C

21 다음은 아동수당 제도에 대한 매뉴얼이다. 〈보기〉의 대화 중 바르게 처리한 것을 모두 고르면?

〈아동수당제도〉

- 아동수당은 만 6세 미만 아동의 보호자에게 월 10만 원의 수당을 지급하는 제도
- 아동수당은 보육료나 양육수당과는 별개의 제도로서 다른 복지급여를 받고 있어도 수급이 가능하지만, 반드시 신청을 해야 혜택을 받을 수 있음
- 6월 20일부터 사전 신청 접수가 시작되고, 9월 21일부터 수당이 지급
- 아동수당 수급대상 아동을 보호하고 있는 보호자나 대리인은 20일부터 아동 주소지 읍·면·동 주민센터에 방문 신청 또는 복지로 홈페이지 및 모바일 앱에서 신청
- 아동수당 제도 첫 도입에 따라 초기에 아동수당 신청이 한꺼번에 몰릴 것으로 예상돼 연령별 신청 기간을 운영(각 연령별 신청기간은 만 0~1세는 20~25일, 만 2~3세는 26~30일, 만 4~5세는 7월 1~5일, 전 연령은 7월 6일부터)
- 아동수당은 신청한 달의 급여분(사전신청은 제외)부터 지급. 따라서 9월분 아동수당을 받기 위해서는 9월말까지 아동수당을 신청(단 소급적용은 되지 않음)
- 아동수당 관련 신청서 작성요령이나 수급 가능성 등 자세한 내용은 아동수당 홈페이지에서 확인 가능

보기

고객 : 저희 아이가 만 5세인데요. 아동수당을 지급받을 수 있나요?
(가) : 네, 만 6세 미만의 아동이면 9월 21일부터 10만 원의 수당을 지급받을 수 있습니다.
고객 : 제가 보육료를 지원받고 있는데, 아동수당도 받을 수 있는 건가요?
(나) : 아동수당은 보육료와는 별개의 제도로 신청만 하면 수당을 받을 수 있어요.
고객 : 그럼 아동 수당을 신청을 하려면 어떻게 해야 하나요?
(다) : 아동 주소지의 주민센터를 방문하거나 복지로 홈페이지나 모바일 앱에서 신청하시면 됩니다.
고객 : 따로 정해진 신청기간은 없나요?
(라) : 6월 20일부터 사전 신청 접수가 시작되고, 9월 말까지 아동수당을 신청하면 되지만 소급적용이 되지 않습니다. 10월에 신청하시면 9월 아동수당은 지급받을 수 없으므로 9월 말까지 신청해주시면 될 것 같습니다.
고객 : 네, 감사합니다.
(마) : 아동수당 관련 신청서 작성요령이나 수급 가능성 등의 자세한 내용은 메일로 문의해 주세요.

① (가), (나)
② (가), (다)
③ (가), (나), (다)
④ (나), (다), (라)
⑤ (나), (다), (마)

22 A사원의 추론이 올바를 때, 다음 자료의 빈칸에 들어갈 진술로 적절한 것을 〈보기〉에서 모두 고르면?

> A사원은 인사과에서 인사고과를 담당하고 있다. 그는 올해 우수 직원을 선정하여 표창하기로 했으니 인사고과에서 우수한 평가를 받은 직원을 후보자로 추천하라는 과장의 지시를 받았다. 평가 항목은 대민봉사, 업무역량, 성실성, 청렴도이고 각 항목은 상(3점), 중(2점), 하(1점)로 평가한다. A사원이 추천한 표창 후보자는 갑돌, 을순, 병만, 정애 네 명이며, 이들이 받은 평가는 다음과 같다.
>
> | 구분 | 대민봉사 | 업무역량 | 성실성 | 청렴도 |
> |------|----------|----------|--------|--------|
> | 갑돌 | 상 | 상 | 상 | 하 |
> | 을순 | 중 | 상 | 하 | 상 |
> | 병만 | 하 | 상 | 상 | 중 |
> | 정애 | 중 | 중 | 중 | 상 |
>
> A사원은 네 명의 후보자에 대한 평가표를 과장에게 제출하였다. 과장은 "평가 점수 총합이 높은 순으로 선발하고, 동점자 사이에서는 _____"라고 하였다.
> A사원은 과장과의 면담 후 이들 중 세 명이 표창을 받게 된다고 추론하였다.

보기

ㄱ. 두 개 이상의 항목에서 상의 평가를 받은 후보자를 선발한다.
ㄴ. 청렴도에서 하의 평가를 받은 후보자를 제외한 나머지 후보자를 선발한다.
ㄷ. 하의 평가를 받은 항목이 있는 후보자를 제외한 나머지 후보자를 선발한다.

① ㄱ

② ㄴ

③ ㄷ

④ ㄱ, ㄴ

⑤ ㄴ, ㄷ

23 다음 자료를 근거로 판단할 때, 〈보기〉에서 옳은 것을 모두 고르면?

- 첫차는 06:00에 출발하며, 24:00 이내에 모든 버스가 운행을 마치고 종착지에 들어온다.
- 버스의 출발지와 종착지는 같고 한 방향으로만 운행되며, 한 대의 버스가 1회 운행하는 데 소요되는 총 시간은 2시간이다. 이때 교통체증 등의 도로사정은 고려하지 않는다.
- 출발지를 기준으로 시간대별 배차 간격은 아래와 같다. 예를 들면 평일의 경우 버스 출발지를 기준으로 한 버스 출발 시간은 …, 11:40, 12:00, 12:30, … 순이다.

구분	A시간대(06:00 ~ 12:00)	B시간대(12:00 ~ 14:00)	C시간대(14:00 ~ 24:00)
평일	20분	30분	40분
토요일	30분	40분	60분
일요일(공휴일)	40분	60분	75분

> **보기**
>
> ㄱ. 공휴일인 어린이날에는 출발지에서 13:00에 버스가 출발한다.
> ㄴ. 막차는 출발지에서 반드시 22:00 이전에 출발한다.
> ㄷ. 일요일에 막차가 종착지에 도착하는 시간은 23:20이다.
> ㄹ. 출발지에서 09:30에 버스가 출발한다면, 이 날은 토요일이다.

① ㄱ, ㄴ
② ㄴ, ㄹ
③ ㄱ, ㄴ, ㄷ
④ ㄱ, ㄴ, ㄹ
⑤ ㄴ, ㄷ, ㄹ

24 다음 중 남은 경기결과에 따른 최종 대회성적에 대한 설명으로 옳지 않은 것은?

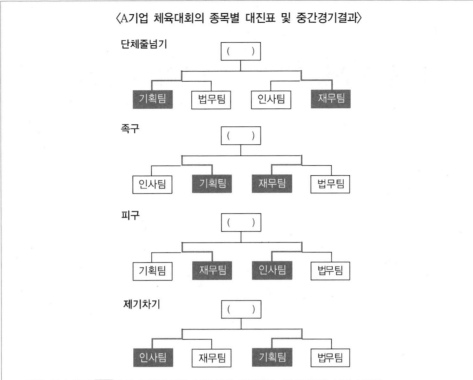

〈A기업 체육대회의 종목별 대진표 및 중간경기결과〉

단체줄넘기

기획팀 / 법무팀 / 인사팀 / 재무팀

족구

인사팀 / 기획팀 / 재무팀 / 법무팀

피구

기획팀 / 재무팀 / 인사팀 / 법무팀

제기차기

인사팀 / 재무팀 / 기획팀 / 법무팀

※ 굵은 선과 음영(■■)으로 표시된 팀은 이긴 팀을 의미하며, 결승전만을 남긴 상황임

〈종목별 승점 배점표〉

순위 \ 종목	단체줄넘기	족구	피구	제기차기
1위	120	90	90	60
2위	80	60	60	40
3·4위	40	30	30	20

※ 1) 최종 대회성적은 종목별 승점합계가 가장 높은 팀이 종합 우승, 두 번째로 높은 팀이 종합 준우승임
2) 승점합계가 동일한 팀이 나올 경우, 단체줄넘기 종목의 순위가 높은 팀이 최종 순위가 높음
3) 모든 경기에 무승부는 없음

① 남은 경기결과와 상관없이 법무팀은 종합 우승을 할 수 없다.
② 재무팀이 남은 경기 중 2종목에서 이기더라도 기획팀이 종합 우승을 할 수 있다.
③ 기획팀이 남은 경기에서 모두 지면, 재무팀이 종합 우승을 한다.
④ 재무팀이 남은 경기에서 모두 지더라도 재무팀은 종합 준우승을 한다.
⑤ 인사팀이 남은 경기에서 모두 이기더라도 인사팀은 종합 우승을 할 수 없다.

25 다음 자료를 참고할 때, 〈보기〉에서 옳은 것만을 모두 고르면?

갑은 결혼 준비를 위해 스튜디오 업체(A, B), 드레스 업체(C, D), 메이크업 업체(E, F)의 견적서를 각각 받았는데, 최근 생긴 B업체만 정가에서 10 % 할인한 가격을 제시하였다. 아래 표는 각 업체가 제시한 가격의 총액을 계산한 결과이다. (단, A ~ F 각 업체의 가격은 모두 상이하다)

스튜디오	드레스	메이크업	총액
A	C	E	76만 원
이용 안 함	C	F	58만 원
A	D	E	100만 원
이용 안 함	D	F	82만 원
B	D	F	127만 원

보기

ㄱ. A업체 가격이 26만 원이라면, E업체 가격이 F업체 가격보다 18만 원 비싸다.
ㄴ. B업체의 할인 전 가격은 50만 원이다.
ㄷ. C업체 가격이 30만 원이라면, E업체 가격은 28만 원이다.
ㄹ. D업체 가격이 C업체 가격보다 26만 원 비싸다.

① ㄱ
② ㄴ
③ ㄱ, ㄴ
④ ㄷ, ㄹ
⑤ ㄴ, ㄷ, ㄹ

26 다음 글을 근거로 판단할 때, 〈보기〉의 진술 중 반드시 참인 설명을 모두 고르면?

장애 아동을 위한 특수 교육 학교가 있다. 그 학교에는 키 성장이 멈추거나 더디어서 110cm 미만인 아동이 10명, 심한 약시로 꾸준한 치료와 관리가 필요한 아동이 10명 있다. 키가 110cm 미만인 아동은 모두 특수 스트레칭 교육을 받는다. 그리고 특수 스트레칭 교육을 받는 아동 중에는 약시인 아동은 없다. 어떤 아동이 약시인 경우에만 특수 영상장치가 설치된 학급에서 교육을 받는다. 숙이, 철이, 석이는 모두 이 학교에 다니는 아동이다.

보기

ㄱ. 특수 스트레칭 교육을 받으면서 특수 영상장치가 설치된 반에서 교육을 받는 아동은 없다.
ㄴ. 숙이가 약시가 아니라면, 그의 키는 110cm 미만이다.
ㄷ. 석이가 특수 영상장치가 설치된 반에서 교육을 받는다면, 그는 키가 110cm 이상이다.
ㄹ. 철이 키가 120cm이고 약시는 아니라면, 그는 특수 스트레칭 교육을 받지 않는다.

① ㄱ, ㄴ
② ㄱ, ㄷ
③ ㄴ, ㄷ
④ ㄴ, ㄹ
⑤ ㄷ, ㄹ

27 다음 글과 상황을 근거로 판단할 때, 〈보기〉에서 옳은 설명을 모두 고르면?

'에너지이용권'은 에너지 취약계층에게 난방에너지 구입을 지원하는 것으로 관련 내용은 다음과 같다.

월별 지원금액	1인 가구 : 81,000원 2인 가구 : 102,000원 3인 이상 가구 : 114,000원
지원형태	신청서 제출 시 실물카드와 가상카드 중 선택 • 실물카드 : 에너지원(등유, 연탄, LPG, 전기, 도시가스)을 다양하게 구매 가능함. 단, 아파트 거주자는 관리비가 통합고지서로 발부되기 때문에 신청할 수 없음 • 가상카드 : 전기·도시가스·지역난방 중 택일. 매월 요금이 자동 차감됨. 단, 사용기간(발급일로부터 1개월) 만료 시 잔액이 발생하면 전기요금 차감
신청대상	생계급여 또는 의료급여 수급자로서 다음 각 호의 어느 하나에 해당하는 사람을 포함한 가구의 가구원 1. 1954. 12. 31. 이전 출생자 2. 2002. 1. 1. 이후 출생자 3. 등록된 장애인(1 ~ 6급)
신청방법	수급자 본인 또는 가족이 신청 ※ 담당공무원이 대리 신청 가능
신청서류	1. 에너지이용권 발급 신청서 2. 전기, 도시가스 또는 지역난방 요금고지서(영수증), 아파트 거주자의 경우 관리비 통합고지서 3. 신청인의 신분증 사본 4. 대리 신청일 경우 신청인 본인의 위임장, 대리인의 신분증 사본

〈상황〉

갑 ~ 병은 에너지이용권을 신청하고자 한다.
• 갑 : 3급 장애인, 실업급여 수급자, 1인 가구, 아파트 거주자
• 을 : 2005. 1. 1. 출생, 의료급여 수급자, 4인 가구, 단독 주택 거주자
• 병 : 1949. 3. 22. 출생, 생계급여 수급자, 2인 가구, 아파트 거주자

보기

ㄱ. 갑은 에너지이용권 발급 신청서, 관리비 통합고지서, 본인 신분증 사본을 제출하고, 81,000원의 에너지이용권을 요금 자동 차감 방식으로 지급받을 수 있다.

ㄴ. 담당공무원인 정이 을을 대리하여 신청 서류를 모두 제출하고, 을은 114,000원의 에너지이용권을 실물카드 형태로 지급받을 수 있다.

ㄷ. 병은 도시가스를 선택하여 102,000원의 에너지이용권을 가상카드 형태로 지급받을 수 있으며, 이용권 사용기간 만료 시 잔액이 발생한다면 전기요금이 차감될 것이다.

① ㄱ
② ㄴ
③ ㄷ
④ ㄱ, ㄷ
⑤ ㄴ, ㄷ

28 다음 글을 근거로 판단할 때, 〈보기〉에서 인증이 가능한 경우만을 모두 고르면?

S국 친환경농산물의 종류는 4가지로, 인증기준에 부합하는 재배방법은 각각 다음과 같다.
1) 유기농산물의 경우 일정 기간(다년생 작물 3년, 그 외 작물 2년) 이상을 농약과 화학비료를 사용하지 않고 재배한다.
2) 무농약농산물의 경우 농약을 사용하지 않고, 화학비료는 권장량의 2분의 1 이하로 사용하여 재배한다.
3) 저농약농산물의 경우 화학비료는 권장량의 2분의 1 이하로 사용하고, 농약은 살포시기를 지켜 살포 최대횟수의 2분의 1 이하로 사용하여 재배한다.

〈농산물별 관련 기준〉

종류	재배기간 내 화학비료 권장량(kg/ha)	재배기간 내 농약살포 최대횟수	농약 살포시기
사과	100	4	수확 30일 전까지
감귤	80	3	수확 30일 전까지
감	120	4	수확 14일 전까지
복숭아	50	5	수확 14일 전까지

※ $1ha = 10,000m^2$, $1t = 1,000kg$

보기
ㄱ. 갑은 $5km^2$의 면적에서 재배기간 동안 농약을 전혀 사용하지 않고 20t의 화학비료를 사용하여 사과를 재배하였으며, 이 사과를 수확하여 무농약농산물 인증신청을 하였다.
ㄴ. 을은 3ha의 면적에서 재배기간 동안 농약을 1회 살포하고 50kg의 화학비료를 사용하여 복숭아를 재배하였다. 하지만 수확시기가 다가오면서 병충해 피해가 나타나자 농약을 추가로 1회 살포하였고, 열흘 뒤 수확하여 저농약농산물 인증신청을 하였다.
ㄷ. 병은 지름이 1km인 원 모양의 농장에서 작년부터 농약을 전혀 사용하지 않고 감귤을 재배하였다. 작년에는 5t의 화학비료를 사용하였으나, 올해는 전혀 사용하지 않고 감귤을 수확하여 유기농산물 인증신청을 하였다.
ㄹ. 정은 가로와 세로가 각각 100m, 500m인 과수원에서 감을 재배하였다. 재배기간 동안 총 2회(올해 4월 말과 8월 초) 화학비료 100kg씩을 뿌리면서 병충해 방지를 위해 농약도 함께 살포하였다. 정은 추석을 맞아 9월 말에 감을 수확하여 저농약농산물 인증신청을 하였다.

① ㄱ, ㄹ
② ㄴ, ㄷ
③ ㄱ, ㄴ, ㄹ
④ ㄱ, ㄷ, ㄹ
⑤ ㄴ, ㄷ, ㄹ

29 제시된 자료에 근거하여 총공사비를 최소화하도록 공법을 적용할 때, 총공사기간은?

〈공종의 공법별 공사기간 및 항목별 공사비〉

(단위 : 개월, 억 원)

공종 \ 공법	구분	공사기간	항목별 공사비		
	공법		재료비	노무비	경비
토공사	A	4	4	6	4
	B	3	7	5	3
	C	3	5	5	3
골조공사	D	12	30	20	14
	E	14	24	20	15
	F	15	24	24	16
마감공사	G	6	50	30	10
	H	7	50	24	12

- 공종, 공법, 항목별 공사비는 각각 제시된 3가지, 8종류, 3항목만 있음.
- 공사는 세 가지 공종을 모두 포함하고, 공종별로 한 종류의 공법만을 적용함.
- 항목별 공사비는 해당 공법의 공사기간 동안 소요되는 해당 항목의 총비용임.
- 총공사기간은 공종별로 적용한 공법의 공사기간의 합이고, 총공사비는 공종별로 적용한 공법의 항목별 공사비의 총합임.

① 8개월
② 10개월
③ 12개월
④ 18개월
⑤ 24개월

30 다음 글의 내용이 참일 때, 참인지 거짓인지 알 수 있는 것만을 〈보기〉에서 모두 고르면?

> 머신러닝은 컴퓨터 공학에서 최근 주목 받고 있는 분야이다. 이 중 샤펠식 과정은 성공적인 적용 사례들로 인해 우리에게 많이 알려진 학습 방법이다. 머신러닝의 사례 가운데 샤펠식 과정에 해당하면서 의사결정트리 방식을 따르지 않는 경우는 없다.
>
> 머신러닝은 지도학습과 비지도학습이라는 두 배타적 유형으로 나눌 수 있고, 모든 머신러닝의 사례는 이 두 유형 중 어디엔가 속한다. 샤펠식 과정은 모두 전자에 속한다. 머신러닝에서 새로 떠오르는 방법은 강화학습인데, 강화학습을 활용하는 모든 경우는 후자에 속한다. 그리고 의사결정트리 방식을 적용한 사례들 가운데 강화학습을 활용하는 머신러닝의 사례도 있다.

　ㄱ. 의사결정트리 방식을 적용한 모든 사례는 지도학습의 사례이다.
　ㄴ. 샤펠식 과정의 적용 사례가 아니면서 의사결정트리 방식을 적용한 경우가 존재한다.
　ㄷ. 강화학습을 활용하는 머신러닝 사례들 가운데 의사결정트리 방식이 적용되지 않은 경우는 없다.

① ㄴ
② ㄷ
③ ㄱ, ㄴ
④ ㄱ, ㄷ
⑤ ㄱ, ㄴ, ㄷ

31 다음 자료는 A사 피자 1판 주문 시 구매방식별 할인혜택과 비용을 나타낸 것이다. 이를 근거로 정가가 12,500원인 A사 피자 1판을 가장 싸게 살 수 있는 구매방식은?

〈구매방식별 할인혜택과 비용〉

구매방식	할인혜택과 비용
스마트폰앱	정가의 25% 할인
전화	정가에서 1,000원 할인 후, 할인된 가격의 10% 추가 할인
회원카드와 쿠폰	회원카드로 정가의 10% 할인 후, 할인된 가격의 15%를 쿠폰으로 추가 할인
직접방문	정가의 30% 할인(교통비용 1,000원 발생)
교환권	A사 피자 1판 교환권(구매비용 10,000원 발생)

※ 구매방식은 한 가지만 선택함

① 스마트폰앱
② 전화
③ 회원카드와 쿠폰
④ 직접방문
⑤ 교환권

32 배점기준표를 근거로 할 때, 다음 중 최우선 순위의 당첨 대상자는?

보금자리주택 특별공급 사전예약이 진행된다. 신청자격은 사전예약 입주자 모집 공고일 현재 미성년(만 20세 미만)인 자녀를 3명 이상 둔 서울, 인천, 경기도 등 수도권 지역에 거주하는 무주택 가구주에게 있다. 청약저축통장이 필요 없고, 당첨자는 배점 기준표에 의한 점수 순에 따라 선정된다. 특히 자녀가 만 6세 미만 영유아일 경우, 2명 이상은 10점, 1명은 5점을 추가로 받게 된다. 총점은 가산점을 포함하여 90점 만점이며 배점기준은 다음 배점기준표와 같다.

〈배점기준표〉

배점요소	배점기준	점수
미성년 자녀수	4명 이상	40
	3명	35
가구주 연령·무주택 기간	가구주 연령이 만 40세 이상이고, 무주택 기간 5년 이상	20
	가구주 연령이 만 40세 미만이고, 무주택 기간 5년 이상	15
	무주택 기간 5년 미만	10
당해 시·도 거주기간	10년 이상	20
	5년 이상~10년 미만	15
	1년 이상~5년 미만	10
	1년 미만	5

※ 다만 동점인 경우 ① 미성년 자녀수가 많은 자, ② 미성년 자녀수가 같을 경우, 가구주의 연령이 많은 자 순으로 선정한다.

① 만 7세 이상 만 17세 미만인 자녀 4명을 두고, 인천에서 8년 거주하고 있으며, 14년 동안 무주택 자인 만 45세의 가구주
② 만 19세와 만 15세의 자녀를 두고, 대전광역시에서 10년 이상 거주하고 있으며, 7년 동안 무주택 자인 만 40세의 가구주
③ 각각 만 1세, 만 3세, 만 7세, 만 10세인 자녀를 두고, 서울에서 4년 거주하고 있으며, 15년 동안 무주택자인 만 37세의 가구주
④ 각각 만 6세, 만 8세, 만 12세, 만 21세인 자녀를 두고, 서울에서 9년 거주하고 있으며, 20년 동안 무주택자인 만 47세의 가구주
⑤ 만 7세 이상 만 11세 미만인 자녀 3명을 두고, 경기도 하남시에서 15년 거주하고 있으며, 10년 동안 무주택자인 만 45세의 가구주

33 다음 글을 근거로 판단할 때, 〈보기〉에서 옳은 설명을 모두 고르면?

○○축구대회에는 모두 32개 팀이 참가하여 한 조에 4개 팀씩 8개 조로 나누어 경기를 한다. 각 조의 4개 팀이 서로 한 번씩 경기를 하여 승점 – 골득실차 – 다득점 – 승자승 – 추첨의 순서에 의해 각 조의 1, 2위 팀이 16강에 진출한다. 각 팀은 16강에 오르기까지 총 3번의 경기를 치르게 되며, 매 경기마다 승리한 팀은 승점 3점을 얻게 되고, 무승부를 기록한 팀은 승점 1점, 패배한 팀은 0점을 획득한다.

그중 1조에 속한 A, B, C, D팀은 현재까지 각 2경기씩 치렀으며, 그 결과는 A : B=4 : 1, A : D=1 : 0, B : C=2 : 0, C : D=2 : 1이었다. 아래의 표는 그 결과를 정리한 것이다. 내일 각 팀은 16강에 오르기 위한 마지막 경기를 치르는데, A팀은 C팀과, B팀은 D팀과 경기를 갖는다.

〈마지막 경기를 남겨 놓은 각 팀의 전적〉

구분	승	무	패	득 / 실점	승점
A팀	2	0	0	5 / 1	6
B팀	1	0	1	3 / 4	3
C팀	1	0	1	2 / 3	3
D팀	0	0	2	1 / 3	0

보기

ㄱ. A팀이 C팀과의 경기에서 이긴다면, A팀은 B팀과 D팀의 경기 결과에 상관없이 16강에 진출한다.

ㄴ. A팀이 C팀과 1 : 1로 비기고 B팀이 D팀과 0 : 0으로 비기면 A팀과 B팀이 16강에 진출한다.

ㄷ. C팀과 D팀이 함께 16강에 진출할 가능성은 전혀 없다.

ㄹ. D팀은 마지막 경기의 결과에 관계없이 16강에 진출할 수 없다.

① ㄱ, ㄴ
② ㄱ, ㄹ
③ ㄷ, ㄹ
④ ㄱ, ㄴ, ㄷ
⑤ ㄴ, ㄷ, ㄹ

34 다음은 공사에서 발표한 행동강령 위반 신고물품 최종 처리결과이다. 제시된 표에 대한 설명으로 적절한 것은?

〈행동강령 위반 신고물품 처리현황〉

연번	접수일시	제공받은 물품	제공자 인적사항		처리내용	처리일시
			소속	성명		
1	19.01.28	귤 1상자(10kg)	직무관련자	안○○	복지단체기증	19.01.29
2	19.04.19	결혼경조금 200,000원	직무관련자	이○○	즉시 반환	19.04.23
3	19.08.11	박카스 10상자(100병)	민원인	김○○	즉시 반환	19.08.12
4	19.11.11	사례금 100,000원	민원인	리○○	즉시 반환	19.11.14
5	19.12.11	과메기 1상자	직무관련자	박○○	즉시 반환	19.12.12
6	20.09.07	음료 1상자	민원인	유○○	즉시 반환	20.09.07
7	20.09.24	음료 1상자	민원인	김○○	즉시 반환	20.09.24
8	21.02.05	육포 1상자	직무관련자	최○○	즉시 반환	21.02.11
9	21.04.29	1만 원 상품권 5매	직무관련업체	○○마켓	즉시 반환	21.05.03
10	21.07.06	음료 1상자	민원인	차○○	복지단체기증	21.07.06
11	21.09.01	표고버섯 선물세트 3개, 견과류 선물세트 1개	직무관련업체	○○단체	즉시 반환	21.09.01
12	21.09.07	표고버섯 선물세트 3개, 확인미상 물품 1개	직무관련업체	○○단체	즉시 반환	21.09.07
13	21.09.12	과일선물세트 1개	직무관련업체	○○병원	즉시 반환	21.09.12
14	21.09.12	음료 1상자	민원인	장○○	복지단체기증	21.09.12
15	21.09.22	사례금 20,000원	민원인	고○○	즉시 반환	21.09.23
16	21.10.19	홍보 포스트잇	직무관련업체	○○화학	즉시 반환	21.10.19

① 신고 물품 중 직무관련업체로부터 제공받은 경우가 가장 많았다.
② 모든 신고물품은 접수일시로부터 3일 이내에 처리되었다.
③ 2019년 4월부터 2021년 9월까지 접수된 신고물품 중 개인으로부터 제공받은 신고물품이 차지하는 비중은 80% 이상이다.
④ 민원인으로부터 받은 50,000원 미만의 사례금은 신고대상이 아니다.
⑤ 직무관련업체로부터 받은 물품은 모두 즉시 반환되었다.

35 다음 자료를 참고할 때, 연구모임 A∼E 중 두 번째로 많은 총 지원금을 받는 모임은?

〈지원계획〉

• 지원을 받기 위해서는 한 모임당 6명 이상 9명 미만으로 구성되어야 한다.
• 기본지원금
  한 모임당 1,500천 원을 기본으로 지원한다. 단, 상품개발을 위한 모임의 경우는 2,000천 원을 지원한다.
• 추가지원금
  연구 계획 사전평가결과에 따라, '상' 등급을 받은 모임에는 구성원 1인당 120천 원을, '중' 등급을 받은 모임에는 구성원 1인당 100천 원을, '하' 등급을 받은 모임에는 구성원 1인당 70천 원을 추가로 지원한다.
• 협업 장려를 위해 협업이 인정되는 모임에는 위의 두 지원금을 합한 금액의 30%를 별도로 지원한다.

〈연구모임 현황 및 평가결과〉

모임	상품개발 여부	구성원 수	연구 계획 사전평가결과	협업 인정 여부
A	○	5	상	○
B	×	6	중	×
C	×	8	상	○
D	○	7	중	×
E	×	9	하	×

① A모임　　　　　　　　② B모임
③ C모임　　　　　　　　④ D모임
⑤ E모임

36 다음 자료를 근거로 판단할 때, 〈보기〉에서 옳은 설명을 모두 고르면?

갑은 관내 도장업체(A ~ C)에 사옥 바닥(면적 : 60m²) 도장공사를 의뢰하려고 한다.

〈관내 도장업체 정보〉

업체	1m²당 작업시간	시간당 비용
A	30분	10만 원
B	1시간	8만 원
C	40분	9만 원

- 개별 업체의 작업속도는 항상 일정하다.
- 여러 업체가 참여하는 경우, 각 참여 업체는 언제나 동시에 작업하며 업체당 작업시간은 동일하다. 이때 각 참여 업체가 작업하는 면은 겹치지 않는다.
- 모든 업체는 시간당 비용을 기준으로 분당 비용을 받는다(예 A가 6분 동안 작업한 경우 1만 원을 받는다).

보기

ㄱ. 작업을 가장 빠르게 끝내기 위해서는 A와 C에게만 작업을 맡겨야 한다.

ㄴ. B와 C에게 작업을 맡기는 경우, 작업 완료까지 24시간이 소요된다.

ㄷ. A, B, C에게 작업을 맡기는 경우, B와 C에게 작업을 맡기는 경우보다 많은 비용이 든다.

① ㄱ

② ㄴ

③ ㄷ

④ ㄱ, ㄴ

⑤ ㄴ, ㄷ

37 제시된 자료를 근거로 할 때, 다음 설명 중 옳은 것은?

- (최종심사점수)=(서면심사 최종반영점수)+(현장평가단 최종반영점수)
- 서면심사 최종반영점수

점수순위	1위	2위	3위	4위	5위
최종반영점수(점)	50	45	40	35	30

※ 점수순위는 서면심사점수가 높은 순서임.

- 현장평가단 최종반영점수

득표율	90% 이상	80% 이상 90% 미만	70% 이상 80% 미만	60% 이상 70% 미만	60% 미만
최종반영점수(점)	50	40	30	20	10

$$※ \ [득표율(\%)]=\frac{(현평가단\ 득표수)}{(현장평가단\ 총\ 인원수)}\times100$$

〈부처별 정부3.0 우수사례 경진대회 심사결과〉

구분＼부서	A	B	C	D	E
서면심사점수(점)	73	79	83	67	70
현장평가단 득표수(표)	176	182	172	145	137
최종심사점수(점)	( )	( )	90	( )	55

※ 현장평가단 총 인원수는 200명임.

① 현장평가단 최종반영점수에서 30점을 받은 부서는 E이다.
② E가 현장평가단으로부터 3표를 더 받는다면 최종심사점수의 순위가 바뀌게 된다.
③ A가 서면심사점수를 5점 더 받는다면 최종심사점수의 순위가 바뀌게 된다.
④ 서면심사점수가 가장 낮은 부서는 최종심사점수도 가장 낮다.
⑤ 서면심사 최종반영점수와 현장평가단 최종반영점수간의 차이가 가장 큰 부서는 C이다.

38 다음 자료를 근거로 판단할 때, 정치 담당인 A기자가 3월 출장여비로 받을 수 있는 총액은?

〈A기자의 3월 출장내역〉

구분	출장지	출장 시작 및 종료 시각	비고
출장 1	세종시	09시 ~ 16시	방송사 차량 사용
출장 2	인천시	14시 ~ 18시	–
출장 3	서울시	09시 ~ 16시	업무추진비 사용

• 출장여비 기준
  출장여비는 출장수당과 교통비의 합이다.
  1) 세종시 출장
     – 출장수당 : 1만 원
     – 교통비 : 2만 원
  2) 세종시 이외 출장
     – 출장수당 : 2만 원(13시 이후 출장 시작 또는 15시 이전 출장 종료 시 1만 원 차감)
     – 교통비 : 3만 원
• 출장수당의 경우 업무추진비 사용 시 1만 원이 차감되며, 교통비의 경우 방송사 차량 사용 시 1만 원이 차감된다.

① 10만 원
② 11만 원
③ 12만 원
④ 13만 원
⑤ 14만 원

39 갑이 컴퓨터를 구입하려고 할 때, 다음 중 컴퓨터 구매조건과 기준에 근거하여 구입할 컴퓨터는?

〈컴퓨터 구매조건〉

컴퓨터 \ 항목	램 메모리 용량 (Giga Bytes)	하드 디스크 용량 (Tera Bytes)	가격 (천 원)
A	4	2	500
B	16	1	1,500
C	4	3	2,500
D	16	2	2,500
E	8	1	1,500

〈기준〉

• 컴퓨터를 구입할 때, 램 메모리 용량, 하드 디스크 용량, 가격을 모두 고려한다.
• 램 메모리와 하드 디스크 용량이 크면 클수록, 가격은 저렴하면 저렴할수록 선호한다.
• 각 항목별로 가장 선호하는 경우 100점, 가장 선호하지 않는 경우 0점, 그 외의 경우 50점을 각각 부여한다. 단, 가격은 다른 항목보다 중요하다고 생각하여 2배의 점수를 부여한다.
• 각 항목별 점수의 합이 가장 큰 컴퓨터를 구입한다.

① A
② B
③ C
④ D
⑤ E

40 다음은 X방송국의 팀별 성과급 지급 기준이다. Y팀의 성과평가결과가 〈보기〉와 같다면 지급되는 성과급의 1년 총액은?

〈성과급 지급 방법〉

가. 성과급 지급은 성과평가 결과와 연계함

나. 성과평가는 시청률, 홍보율, 서비스 만족도의 총합으로 평가함. 단, 시청률, 홍보율, 서비스 만족도의 가중치를 각각 0.4, 0.4, 0.2로 부여함

다. 성과평가 결과를 활용한 성과급 지급 기준

성과평가 점수	성과평가 등급	분기별 성과급 지급액	비고
9.0 이상	A	100만 원	성과평가 등급이 A이면 직전분기 차감액의 50%를 가산하여 지급
8.0 이상 9.0 미만	B	90만 원(10만 원 차감)	
7.0 이상 8.0 미만	C	80만 원(20만 원 차감)	
7.0 미만	D	40만 원(60만 원 차감)	

보기

구분	1/4분기	2/4분기	3/4분기	4/4분기
시청률	8	8	10	8
홍보율	8	6	8	8
서비스 만족도	6	8	10	8

① 350만 원   ② 360만 원
③ 370만 원   ④ 380만 원
⑤ 390만 원

CHAPTER 03

상황판단능력

01 추론 및 분석능력

상황과 제시된 자료의 판단을 통해 관련 내용을 추론하고 분석하는 능력으로, 이를 판단하기 위해 주어진 상황과 제시된 자료를 토대로 논리적으로 추론하여 판단하거나 분석을 통해 답을 구하는 문제 등이 출제된다.

02 상황이해능력

제시된 상황 속에서 이와 관련된 조건이나 규칙 등을 적용하여 상황을 이해하는 능력으로, 이를 판단하기 위해 상황 속 주어진 정보나 제시된 규칙 및 조건을 바탕으로 하여 종합적으로 활용하여 풀어가는 문제 등이 출제된다.

조문 및 규칙 제시

- 상황판단능력에서는 법조문이나 규칙, 규정 등을 구체적으로 제시하고 이를 해석할 수 있는지, 혹은 사례에 적용할 수 있는 지를 묻는 문제가 다수 출제된다.
- 문제를 처음 접하면 어렵게 느껴질 수 있지만, 법조문 문제 역시 형태를 달리한 '내용일치 문제'에 해당하므로 법조문 구조에 익숙해진다면 더 쉽게 답을 구할 수 있는 유형이다.

다음 글을 근거로 판단할 때, 〈보기〉에서 규정을 위반한 행위를 모두 고르면?

제00조(청렴의 의무)

① 공무원은 직무와 관련하여 직접적이든 간접적이든 사례·증여 또는 향응을 주거나 받을 수 없다.

② 공무원은 직무상의 관계가 있든 없든 그 소속 상관에게 증여하거나 소속 공무원으로부터 증여를 받아서는 아니 된다.

제00조(정치운동의 금지)

① 공무원은 정당이나 그 밖의 정치단체의 결성에 관여하거나 이에 가입할 수 없다.

② 공무원은 선거에서 특정 정당 또는 특정인을 지지 또는 반대하기 위한 다음의 행위를 하여서는 아니 된다.

   1. 투표를 하거나 하지 아니하도록 권유 운동을 하는 것

   2. 기부금을 모집 또는 모집하게 하거나, 공공자금을 이용 또는 이용하게 하는 것

   3. 타인에게 정당이나 그 밖의 정치단체에 가입하게 하거나 가입하지 아니하도록 권유 운동을 하는 것

③ 공무원은 다른 공무원에게 제1항과 제2항에 위배되는 행위를 하도록 요구하거나, 정치적 행위에 대한 보상 또는 보복으로서 이익 또는 불이익을 약속하여서는 아니 된다.

제00조(집단행위의 금지)

① 공무원은 노동운동이나 그 밖에 공무 외의 일을 위한 집단행위를 하여서는 아니 된다. 다만, 사실상 노무에 종사하는 공무원은 예외로 한다.

② 제1항 단서에 규정된 공무원으로서 노동조합에 가입된 자가 조합 업무에 전임하려면 소속 장관의 허가를 받아야 한다.

보기

ㄱ. 공무원 甲은 그 소속 상관에게 직무상 관계없이 고가의 도자기를 증여하였다.

ㄴ. 사실상 노무에 종사하는 공무원으로서 노동조합에 가입된 乙은 소속 장관의 허가를 받아 조합 업무에 전임하고 있다.

ㄷ. 공무원 丙은 동료 공무원 丁에게 선거에서 A정당을 지지하기 위한 기부금을 모집하도록 요구하였다.

ㄹ. 공무원 戊는 국회의원 선거기간에 B후보를 낙선시키기 위해 해당 지역구 지인들을 대상으로 다른 후보에게 투표하도록 권유 운동을 하였다.

① ㄱ, ㄴ   ② ㄴ, ㄷ

③ ㄷ, ㄹ   ④ ㄱ, ㄴ, ㄹ

⑤ ㄱ, ㄷ, ㄹ

정답 ⑤

ㄱ. 공무원은 직무상의 관계가 있든 없든 그 소속 상관에게 증여하거나 소속 공무원으로부터 증여를 받아서는 아니 된다고 하였으므로 규정을 위반한 행위이다.

ㄷ. 공무원은 선거에서 특정 정당을 지지하기 위해 기부금을 모집 또는 모집하게 하는 행위를 하여서는 아니 된다고 하였으므로 규정을 위반한 행위이다.

ㄹ. 공무원은 선거에서 특정인을 반대하기 위해 투표를 하거나 하지 아니하도록 권유 운동을 하여서는 아니 된다고 하였으므로 규정을 위반한 행위이다.

30초 컷 풀이 Tip

제시된 조문을 천천히 읽고 문제를 풀 수 있다면 좋겠지만, 시험이라는 특성상 시간이 제한되어 있으므로 법조문의 세부적인 내용을 꼼꼼히 읽기보다는 선택지를 판단할 때 해당 부분을 찾아 풀이해야 한다. 단, 그 세부항목이 어떤 것에 해당하는지는 확실히 정리하고 선택지를 읽어야 문제를 풀어나가는 데 무리가 없다.

논리 / 수리 일치

- 제시문에 포함된 조건을 찾아 문제를 해결해나가는 유형으로, 주로 경우의 수를 이용한 대상들의 배치를 묻는 문제가 많다.
- 논리적인 추론과정을 요구하는 논리형 문제와 수리적인 추론과정을 요구하는 수리형 문제가 출제된다.

다음 〈보기〉를 보고 이들의 대화를 근거로 판단할 때, 다음 중 6월생은 누구인가?

보기

- 같은 해에 태어난 5명(지나, 정선, 혜명, 민경, 효인)은 각자 자신의 생일을 알고 있다.
- 5명은 자신을 제외한 나머지 4명의 생일이 언제인지는 모르지만, 3월생이 2명, 6월생이 1명, 9월생이 2명이라는 사실은 알고 있다.
- 아래 대화는 5명이 한 자리에 모여 나눈 대화를 순서대로 기록한 것이다.
- 5명은 대화의 진행에 따라 상황을 논리적으로 판단하고, 솔직하게 대답한다.

민경 : 지나야, 네 생일이 5명 중에서 제일 빠르니?
지나 : 그럴 수도 있지만 확실히는 모르겠어.
정선 : 혜명아, 네가 지나보다 생일이 빠르니?
혜명 : 그럴 수도 있지만 확실히는 모르겠어.
지나 : 민경아, 넌 정선이가 몇 월생인지 알겠니?
민경 : 아니, 모르겠어.
혜명 : 효인아, 넌 민경이보다 생일이 빠르니?
효인 : 그럴 수도 있지만 확실히는 모르겠어.

① 지나   ② 정선
③ 혜명   ④ 민경
⑤ 효인

정답 ②

주어진 질문과 대답을 순서대로 살펴보면 다음과 같다.

ⅰ) 민경과 지나 : 생일이 5명 중에서 가장 빠를 가능성이 있다고 하였으므로 지나의 생일은 3월이 되어야 한다. 다만 다른 3월생의 날짜를 알지 못하므로 가장 빠른지의 여부를 확신하지 못하는 것이다.

ⅱ) 정선과 혜명 : 앞의 대화에서 지나가 3월생이라고 하였는데 정선의 생일이 그보다 빠를 가능성이 있다고 하였다. 따라서 나머지 3월생은 혜명이 된다.

ⅲ) 지나와 민경 : 이제 남은 자리는 6월(1명)과 9월(2명)이다. 만약 민경이 6월생이라면 나머지 정선과 효인은 9월이 되어야 하므로 몇 월생인지는 알 수 있다. 하지만 그렇지 않다고 하였으므로 민경은 9월생이 되어야 한다.

ⅳ) 혜명과 효인 : 민경이 9월생인데 효인은 자신이 민경보다 생일이 빠른지를 확신할 수 없다고 하였다. 만약 효인이 6월생이었다면 당연히 자신의 생일이 빠르다는 것을 알 수 있지만 그렇지 않다고 하였으므로 효인은 9월생이어야 한다.

따라서 남은 6월생의 자리에는 정선이 들어가게 된다.

30초 컷 풀이 Tip

이 유형의 문제 풀이에서 중요한 것은 조건을 얼마나 간결하고 정확하게 도식화 할 수 있는지이다. 즉, 문제에서 제시된 상황을 조건에 맞게 도식화하여야 하는 데, 이때 어느 것을 기준으로 항복들을 배치할 지가 애매한 경우가 종종 있다. 이 경우에는 일단 조건에서 가장 많이 등장하는 것을 중심에 놓고 판단하는 것이 좋다.

규칙의 적용

- 규칙이나 평가기준 등을 제시하고 그것을 실제 사례에 적용하는 유형의 문제이다.
- 주로 입장료 계산이나 메뉴 가격 계산 등이 출제되며, 장소나 시간, 예외 조건 등 항목에 따라 다른 계산을 사용해야 할 수 있으므로 조건을 꼼꼼히 확인해야 한다.

다음 글을 근거로 판단할 때, 국제행사의 개최도시로 선정될 곳은?

갑사무관은 대한민국에서 열리는 국제행사의 개최도시를 선정하기 위해 다음과 같은 후보도시 평가표를 만들었다. 후보도시 평가표에 따른 점수와 국제해양기구의 의견을 모두 반영하여, 합산점수가 가장 높은 도시를 개최도시로 선정하고자 한다.

〈후보도시 평가표〉

구분	서울	인천	대전	부산	제주
1) 회의 시설 1,500명 이상 수용가능한 대회의장 보유 등	A	A	C	B	C
2) 숙박 시설 도보거리에 특급 호텔 보유 등	A	B	A	A	C
3) 교통 공항접근성 등	B	A	C	B	B
4) 개최 역량 대규모 국제행사 개최 경험 등	A	C	C	A	B

※ A : 10점, B : 7점, C : 3점

〈국제해양기구의 의견〉

- 외국인 참석자의 편의를 위해 '교통'에서 A를 받은 도시의 경우 추가로 5점을 부여해 줄 것
- 바다를 끼고 있는 도시의 경우 추가로 5점을 부여해 줄 것
- 예상 참석자가 2,000명 이상이므로 '회의 시설'에서 C를 받은 도시는 제외할 것

① 서울 ② 인천
③ 대전 ④ 부산
⑤ 제주

먼저, 회의시설에서 C를 받은 도시는 제외한다고 하였으므로 대전과 제주를 제외한 서울과 인천, 부산만을 놓고 판단하자.

구분	서울	인천	부산
회의 시설	10	10	7
숙박 시설	10	7	10
교통	7	10	7
개최 역량	10	3	10
*가산점	–	10	5
합산점수	37	40	39

따라서 합산점수가 가장 높은 인천이 개최도시로 선정된다.

30초 컷 풀이 Tip

생소한 규칙을 제시하고 그것을 실제 사례에 적용하는 유형은 규칙 자체를 처음부터 이해하려고 하면 시간이 많이 걸리므로, 처음 읽을 때에는 문제의 흐름만 파악한 다음 선택지를 직접 대입하여 풀이하는 것이 시간을 단축시킬 수 있다.

- 글과 상황을 제시한 다음, 이에 따른 계산을 통해 답을 도출해 내는 유형이다.
- 문제를 풀기 위한 정보가 상황 속에 산재되어 있는 경우가 많으므로, 주어진 글과 상황을 잘 대입하여야 한다.

다음 글과 상황을 근거로 판단할 때, 甲이 납부해야 할 수수료를 옳게 짝지은 것은?

특허에 관한 절차를 밟는 사람은 다음 각 호의 수수료를 내야 한다.

1. 특허출원료
    가. 특허출원을 국어로 작성된 전자문서로 제출하는 경우 : 매건 46,000원. 다만 전자문서를 특허청에서 제공하지 아니한 소프트웨어로 작성하여 제출한 경우에는 매건 56,000원으로 한다.
    나. 특허출원을 국어로 작성된 서면으로 제출하는 경우 : 매건 66,000원에 서면이 20면을 초과하는 경우 초과하는 1면마다 1,000원을 가산한 금액
    다. 특허출원을 외국어로 작성된 전자문서로 제출하는 경우 : 매건 73,000원
    라. 특허출원을 외국어로 작성된 서면으로 제출하는 경우 : 매건 93,000원에 서면이 20면을 초과하는 경우 초과하는 1면마다 1,000원을 가산한 금액
2. 특허심사청구료 : 매건 143,000원에 청구범위의 1항마다 44,000원을 가산한 금액

〈상황〉

甲은 청구범위가 3개 항으로 구성된 총 27면의 서면을 작성하여 1건의 특허출원을 하면서, 이에 대한 특허심사도 함께 청구한다.

	국어로 작성한 경우	외국어로 작성한 경우
①	66,000원	275,000원
②	73,000원	343,000원
③	348,000원	343,000원
④	348,000원	375,000원
⑤	349,000원	375,000원

제시된 상황에서는 전자문서가 아닌 서면으로 제출하였으므로 특허출원료 산정 시 '나'와 '라' 조항이 적용된다.

ⅰ) 국어로 작성한 경우
- 특허출원료 : 66,000원＋(7×1,000원)＝73,000원
- 특허심사청구료 : 143,000원＋(44,000×3)＝275,000원
- 수수료 총액 : 348,000원

ⅱ) 외국어로 작성한 경우
- 특허출원료 : 93,000원＋(7×1,000원)＝100,000원
- 특허심사청구료 : 275,000원
- 수수료 총액 : 375,000원

30초 컷 풀이 Tip

계산형의 문제는 조건이나 단서 등을 놓치면 오류가 발생하므로, 평소 다양한 문제를 많이 풀어보면서 자신의 강점과 약점을 파악한 후, 풀 수 없는 문제는 패스하고 풀 수 있는 문제에 집중하여 정답률을 높이는 것이 핵심 전략이라고 할 수 있다.

01 다음 글과 상황을 근거로 판단할 때, 갑 정당과 그 소속 후보자들이 최대로 실시할 수 있는 선거방송 시간의 총합은?

- K국 의회는 지역구의원과 비례대표의원으로 구성된다.
- 의회의원 선거에서 정당과 후보자는 선거방송을 실시할 수 있다. 선거방송은 방송광고와 방송연설로 이루어진다.
- 선거운동을 위한 방송광고는 비례대표의원 후보자를 추천한 정당이 방송매체별로 각 15회 이내에서 실시할 수 있으며, 1회 1분을 초과할 수 없다.
- 후보자는 방송연설을 할 수 있다. 비례대표의원 선거에서는 정당별로 비례대표의원 후보자 중에서 선임된 대표 2인이 각각 1회 10분 이내에서 방송매체별로 각 1회 실시할 수 있다. 지역구의원 선거에서는 각 후보자가 1회 10분 이내, 방송매체별로 각 2회 이내에서 실시할 수 있다.

〈상황〉

- K국 방송매체로는 텔레비전 방송사 1개, 라디오 방송사 1개가 있다.
- K국 갑 정당은 의회의원 선거에서 지역구의원 후보 100명을 출마시키고 비례대표의원 후보 10명을 추천하였다.

① 2,070분
② 4,050분
③ 4,070분
④ 4,340분
⑤ 5,225분

02 다음 〈조건〉에 따라 오피스텔 입주민들이 쓰레기 배출한다고 할 때, 적절하지 않은 것은?

> **조건**
> - 5개 동 주민들은 모두 다른 날에 쓰레기를 버린다.
> - 쓰레기 배출은 격일로 이루어진다.
> - 5개 동 주민들은 A동, B동, C동, D동, E동 순서대로 쓰레기를 배출한다.
> - 규칙은 A동이 첫째 주 일요일에 쓰레기를 배출하는 것으로 시작한다.

① A와 E는 같은 주에 쓰레기를 배출할 수 있다.
② 10주 차 일요일에는 A동이 쓰레기를 배출한다.
③ A동은 모든 요일에 쓰레기를 배출한다.
④ 2주에 걸쳐 쓰레기를 2회 배출할 수 있는 동은 두 개 동이다.
⑤ B동이 처음으로 수요일에 쓰레기를 버리는 주는 8주 차이다.

03 A국에서는 부동산을 매매·상속 등의 방법으로 취득하는 사람은 취득세, 농어촌특별세, 등록세, 지방교육세를 납부하여야 한다. 다음 글을 근거로 할 때, 자경농민인 갑이 공시지가 3억 5천만 원의 농지를 상속받아 주변농지의 시가 5억 원으로 신고한 경우, 갑이 납부하여야 할 세금액은? (단, 신고불성실가산세, 상속세, 증여세 등은 고려하지 않는다)

> **〈부동산 취득시 납부하여야 할 세금의 산출방법〉**
> - 취득세는 부동산 취득 당시 가액에 2%의 세율을 곱하여 산정한다. 다만 자경농민이 농지를 상속으로 취득하는 경우에는 취득세가 비과세된다. 그리고 농어촌특별세는 결정된 취득세액에 10%의 세율을 곱하여 산정한다.
> - 등록세는 부동산 취득 당시 가액에 0.8%의 세율을 곱하여 산정한다. 다만 자경농민이 농지를 취득하는 때 등록세의 세율은 상속의 경우 취득가액의 0.3%, 매매의 경우 1%이다. 그리고 지방교육세는 결정된 등록세액에 20%의 세율을 곱하여 산정한다.
> - 부동산 취득 당시 가액은 취득자가 신고한 가액과 공시지가(시가표준액) 중 큰 금액으로 하며, 신고 또는 신고가액의 표시가 없는 때에는 공시지가를 과세표준으로 한다.

① 75만 원
② 126만 원
③ 180만 원
④ 280만 원
⑤ 1,280만 원

04 다음 글과 상황을 근거로 판단할 때, 출장을 함께 갈 수 있는 직원들의 조합으로 가능한 것은?

K방송사 보도국에서는 3월 11일 회계감사 관련 법 통과 시위 취재를 위해 본점으로 출장을 가야한다. 오전 08시 정각 출발이 확정되어 있으며, 출발 후 K방송국에 복귀하기까지 총 8시간이 소요된다. 단, 비가 오는 경우 1시간이 추가로 소요된다.
- 출장인원 중 한 명이 직접 운전하여야 하며, '운전면허 1종 보통' 소지자만 운전할 수 있다.
- 출장시간에 사내 업무가 겹치는 경우에는 출장을 갈 수 없다.
- 출장인원 중 부상자가 포함되어 있는 경우, 서류 박스 운반 지연으로 인해 30분이 추가로 소요된다.
- 차장은 책임자로서 출장인원에 적어도 한 명 포함되어야 한다.
- 주어진 조건 외에는 고려하지 않는다.

〈상황〉

- 3월 11일은 하루 종일 비가 온다.
- 3월 11일 당직 근무는 17시 10분에 시작한다.

직원	직급	운전면허	건강상태	출장 당일 사내 업무
갑	차장	1종 보통	부상	없음
을	차장	2종 보통	건강	17시 15분 취재원과 면담
병	과장	없음	건강	17시 35분 B사건 취재 회의
정	과장	1종 보통	건강	당직 근무
무	대리	2종 보통	건강	없음

① 갑, 을, 병
② 갑, 병, 정
③ 을, 병, 무
④ 을, 정, 무
⑤ 병, 정, 무

05 다음 국내 대학(원) 재학생 학자금 대출 조건을 근거로 판단할 때, 〈보기〉에서 적절한 설명을 모두 고르면?[단, 갑 ~ 병은 국내 대학(원)의 재학생이다]

〈국내 대학(원) 재학생 학자금 대출 조건〉

구분		X학자금 대출	Y학자금 대출
신청 대상	신청 연령	35세 이하	55세 이하
	성적 기준	직전 학기 12학점 이상 이수 및 평균 C학점 이상 (단, 장애인, 졸업학년인 경우 이수학점 기준 면제)	직전 학기 12학점 이상 이수 및 평균 C학점 이상 (단, 대학원생, 장애인, 졸업학년인 경우 이수학점 기준 면제)
	가구소득 기준	소득 1 ~ 8분위	소득 9, 10분위
	신용 요건	제한 없음	금융채무불이행자, 저신용자 대출 불가
대출 한도	등록금	학기당 소요액 전액	학기당 소요액 전액
	생활비	학기당 150만 원	학기당 100만 원
상환 사항	상환 방식 (졸업 후)	• 기준소득을 초과하는 소득 발생 이전 : 유예 • 기준소득을 초과하는 소득 발생 이후 : 기준소득 초과분의 20%를 원천 징수 ※ 기준소득 : 연 □천만 원	• 졸업 직후 매월 상환 • 원금균등분할상환과 원리금균등분할 상환 중 선택

보기

ㄱ. 34세로 소득 7분위인 대학생 갑이 직전 학기에 14학점을 이수하여 평균 B학점을 받았을 경우 X학자금 대출을 받을 수 있다.

ㄴ. X학자금 대출 대상이 된 을의 한 학기 등록금이 300만 원일 때, 한 학기당 총 450만 원을 대출 받을 수 있다.

ㄷ. 50세로 소득 9분위인 대학원생 병(장애인)은 신용 요건에 관계없이 Y학자금 대출을 받을 수 있다.

ㄹ. 대출금액이 동일하고 졸업 후 소득이 발생하지 않았다면, X학자금 대출과 Y학자금 대출의 매월 상환금액은 같다.

① ㄱ, ㄴ　　　　　　　　　　② ㄱ, ㄷ

③ ㄷ, ㄹ　　　　　　　　　　④ ㄱ, ㄴ, ㄹ

⑤ ㄴ, ㄷ, ㄹ

다음 글과 상황을 근거로 판단할 때, 갑이 납부하는 송달료의 합계는?

송달이란 소송의 당사자와 그 밖의 이해관계인에게 소송상의 서류의 내용을 알 수 있는 기회를 주기 위해 법에 정한 방식에 따라 하는 통지행위를 말하며, 송달에 드는 비용을 송달료라고 한다. 소 또는 상소를 제기하려는 사람은, 소장이나 상소장을 제출할 때 당사자 수에 따른 계산방식으로 산출된 송달료를 수납은행(대부분 법원구내 은행)에 납부하고 그 은행으로부터 교부받은 송달료납부서를 소장이나 상소장에 첨부하여야 한다. 송달료 납부의 기준은 아래와 같다.

- 소 또는 상소 제기 시 납부해야 할 송달료
  가. 민사 제1심 소액사건 : (당사자 수)×(송달료 10회분)
  나. 민사 제1심 소액사건 이외의 사건 : (당사자 수)×(송달료 15회분)
  다. 민사 항소사건 : (당사자 수)×(송달료 12회분)
  라. 민사 상고사건 : (당사자 수)×(송달료 8회분)
- 송달료 1회분 : 3,200원
- 당사자 : 원고, 피고
- 사건의 구별
  가. 소액사건 : 소가 2,000만 원 이하의 사건
  나. 소액사건 이외의 사건 : 소가 2,000만 원을 초과하는 사건
  ※ 소가(訴價)라 함은 원고가 승소하면 얻게 될 경제적 이익을 화폐단위로 평가한 금액을 말한다.

〈상황〉

갑은 보행로에서 자전거를 타다가 을의 상품진열대에 부딪쳐서 부상을 당하였고, 이 상황을 병이 목격하였다. 갑은 을에게 자신의 병원치료비와 위자료를 요구하였다. 그러나 을은 갑의 잘못으로 부상당한 것으로 자신에게는 책임이 없으며, 오히려 갑 때문에 진열대가 파손되어 손해가 발생했으므로 갑이 손해를 배상해야 한다고 주장하였다. 갑은 자신을 원고로, 을을 피고로 하여 병원치료비와 위자료로 합계 금 2,000만 원을 구하는 소를 제기하였다. 제1심 법원은 증인 병의 증언을 바탕으로 갑에게 책임이 있다는 을의 주장이 옳다고 인정하여, 갑의 청구를 기각하는 판결을 선고하였다. 이 판결에 대해서 갑은 항소를 제기하였다.

① 76,800원
② 104,800원
③ 124,800원
④ 140,800원
⑤ 172,800원

07 중소기업청은 우수 중소기업 지원자금을 5,000억 원 한도 내에서 아래와 같은 지침에 따라 A ~ D기업에 배분하고자 한다. 각 기업별 지원 금액을 순서대로 나열한 것은?

<지침>

가. 평가지표별 점수 부여 : 평가지표별로 1위 기업에게는 4점, 2위는 3점, 3위는 2점, 4위는 1점을 부여한다. 다만, 부채비율이 낮을수록 순위가 높으며, 나머지 지표는 클수록 순위가 높다.

나. 기업 평가순위 부여 : 획득한 점수의 합이 큰 기업 순으로 평가순위(1위 ~ 4위)를 부여한다.

다. 지원한도 : (1) 평가 순위 1위 기업에는 2,000억 원, 2위는 1,500억 원, 3위는 1,000억 원, 4위는 500억 원까지 지원할 수 있다.

   (2) 각 기업에 대한 지원한도는 순자산의 2/3로 제한된다. 다만, 평가순위가 3위와 4위인 기업 중 부채비율이 400% 이상인 기업에게는 순자산의 1/2 만큼만 지원할 수 있다.

라. 지원요구금액이 지원한도보다 적은 경우에는 지원요구금액 만큼만 배정한다.

〈평가지표와 각 기업의 순자산 및 지원요구금액〉

구분		A	B	C	D
평가 지표	경상이익률(%)	5	2	1.5	3
	영업이익률(%)	5	1	2	1.5
	부채비율(%)	500	350	450	300
	매출액증가율(%)	8	10	9	11
순자산(억 원)		2,100	600	900	3,000
지원요구금액(억 원)		2,000	500	1,000	1,800

	A기업	B기업	C기업	D기업
①	1,400	400	450	1,800
②	1,050	500	1,000	1,800
③	1,400	400	500	2,000
④	1,050	500	450	2,000
⑤	1,400	500	450	1,800

08 다음은 정부기관의 운영방식을 나타낸 자료이다. 〈보기〉의 내용 중 자료에 부합하는 것을 모두 고르면?(단, 책임운영기관인 A는 중앙행정기관인 B의 소속이다)

〈정부기관의 운영방식〉

구분	책임운영기관	중앙행정기관
설치근거	• 행정자치부장관이 소속 중앙행정기관의 장과 기획예산처장관의 의견을 들어 설치 • 소속 중앙행정기관의 장이 행정자치부장관과 협의하여 설치 가능	소속 중앙행정기관의 설치와 직무범위는 법률(정부조직법)로 규정
기관장 임용	소속 중앙행정기관장이 공모 (계약직, 5년 범위 내 2년 임기 보장)	국무총리가 제청, 대통령이 임명
직원 임명권자	• 부(副)기관장은 소속 중앙행정기관장 • 그 밖에는 소속 책임운영기관장	• 3급 이상은 대통령 • 4급 이하는 소속 중앙행정기관장
직제 제·개정	소속 중앙행정기관장의 승인을 얻어 행정자치부와 협의하여 기본운영규정에 규정	• 소속 중앙행정기관의 장이 행정자치부장관에게 제출 • 소속 중앙행정기관의 장은 필요한 경우 직제시행규칙을 제·개정
정원관리	• 총정원만 대통령령으로 규정 • 직급별 정원은 소속 중앙행정기관장의 승인을 얻어 기본운영규정에 규정	직급별 정원을 대통령령으로 규정
초과수입금	직접·간접비용에 사용 가능	사용 불가

> **보기**
>
> ㄱ. A기관의 5급 사무관 정원은 B기관장의 승인을 받아 대통령령으로 규정되었다.
> ㄴ. A기관은 국제협력실 신설을 위한 직제개정을 하고자 B기관장의 승인을 얻었다.
> ㄷ. B기관의 김사무관은 2020년도 상반기 중점사업 실적에 의한 초과수입금을 하반기의 중점사업을 위하여 재투자하였다.
> ㄹ. A기관 총무과 소속의 6급 박주사는 A기관장의 임명을 받았다.

① ㄱ, ㄴ   ② ㄱ, ㄷ
③ ㄴ, ㄷ   ④ ㄴ, ㄹ
⑤ ㄷ, ㄹ

09 다음 글을 근거로 판단할 때, 〈보기〉의 금액으로 바르게 연결된 것은?

> 정부는 경기활성화를 위해 감세안을 만들어 2021년부터 시행하고자 한다. 감세 효과 파악을 위해 2023년까지 감세안에 따른 세수 변화 규모를 추산했다.
>
> 〈연도별 세수 총액〉
>
> | 연도 | 세수 총액(단위 : 원) |
> |---|---|
> | 2020년 | 42조 5,000억 |
> | 2021년 | 41조 8,000억 |
> | 2022년 | 41조 4,000억 |
> | 2023년 | 41조 3,000억 |
>
> 감세에 따른 세수 감소 총액을 계산하는 방식은 다음과 같은 두 가지가 사용될 수 있다.
> • A방식 : 감세안이 시행된 해부터 매년 전년도와 비교했을 때, 발생하는 감소분을 누적으로 합계하는 방식
> • B방식 : 감세안이 시행된 해의 직전 연도를 기준년도로 하여 기준년도와 비교했을 때, 매년 발생하는 감소분을 누적으로 합계하는 방식

보기

ㄱ. A방식에 따라 계산한 2021년의 세수 감소액은?
ㄴ. B방식에 따라 계산한 2022년까지의 세수 감소 총액은?
ㄷ. A방식, B방식에 따라 각각 계산한 2023년까지의 세수 감소 총액의 차이는?

	ㄱ	ㄴ	ㄷ
①	3,000억 원	1조 1,000억 원	1조 2,000억 원
②	3,000억 원	1조 8,000억 원	1조 8,000억 원
③	7,000억 원	1조 1,000억 원	1조 2,000억 원
④	7,000억 원	1조 8,000억 원	1조 2,000억 원
⑤	7,000억 원	1조 8,000억 원	1조 8,000억 원

10 경영학과에 재학 중인 A ~ E는 계절학기 시간표에 따라 요일별로 하나의 강의만 수강한다. 전공 수업을 신청한 C는 D보다 앞선 요일에 수강하고, E는 교양 수업을 신청한 A보다 나중에 수강한다고 할 때, 다음 중 항상 참이 되는 것은?

월	화	수	목	금
전공1	전공2	교양1	교양2	교양3

① A가 수요일에 강의를 듣는다면 E는 교양2 강의를 듣는다.
② B가 전공 수업을 듣는다면 C는 화요일에 강의를 듣는다.
③ C가 화요일에 강의를 듣는다면 E는 교양3 강의를 듣는다.
④ D는 반드시 전공 수업을 듣는다.
⑤ E는 반드시 교양 수업을 듣는다.

11 다음은 방송산업 매출실적에 대한 자료이다. ⓐ+ⓑ+ⓒ+ⓓ의 값으로 적절한 것은?(단, 소수점 셋째 자리부터 버린다)

〈방송산업별 매출실적〉

(단위 : 개, 명, 백만 원)

구분	사업체 수	종사자 수	매출액	업체당 평균 매출액	1인당 평균 매출액
지상파방송		13,691	3,914,473	73,858	286
종합유선방송	94		2,116,851	22,520	437
일반위성방송	1	295	374,385		1,269
홈쇼핑PP방송	6	3,950	2,575,400	429,233	
IPTV방송	3	520	616,196	205,399	1,185
전체	157	23,302	9,597,305	61,129	412

ⓐ 전체 사업체 수 대비 지상파방송 사업체 수의 비율은?
ⓑ 홈쇼핑PP방송 사업체 수와 종합유선방송 종사자 수의 합은?
ⓒ (일반위성방송 평균 매출액)−(지상파방송 업체당 평균 매출액)×2는?
ⓓ (홈쇼핑PP방송 1인당 평균 매출액)×1,000−(IPTV방송 매출액)은?

① 261,826.75
② 267,358.75
③ 271,826.75
④ 276,826.75
⑤ 281,358.75

12 다음을 근거로 판단할 때 A국 사람들이 나눈 대화 중 적절한 것은?(단, 여권은 모두 유효하며, 아래 대화의 시점은 2022년 2월 26일이다)

〈A국의 비자면제협정 체결 현황〉

(2020. 4. 기준)

대상여권	국가(체류기간)
외교관	우크라이나(90일), 우즈베키스탄(60일)
외교관·관용	이집트(90일), 일본(3개월), 에콰도르(외교관 : 업무수행기간, 관용 : 3개월), 캄보디아(60일)
외교관·관용·일반	포르투갈(60일), 베네수엘라(외교관·관용 : 30일, 일반 : 90일), 영국(90일), 터키(90일), 이탈리아(90일), 파키스탄(3개월, 2008.10.1부터 일반 여권 소지자에 대한 비자면제협정 일시정지)

※ 2020년 4월 이후 변동사항은 고려하지 않는다.
※ 상대국에 파견하는 행정원의 경우에는 관용 여권을 발급한다.
※ 면제기간은 입국한 날부터 기산(起算)한다.
※ 상기 협정들은 상호적인 규정이다.

① 희선 : 포르투갈인이 일반 여권을 가지고 2021년 2월 2일부터 같은 해 4월 6일까지 A국을 방문했을 때 비자를 발급받을 필요가 없었겠군.

② 현웅 : A국이 작년에 4개월 동안 우즈베키스탄에 행정원을 파견한 경우 비자를 취득해야 했지만, 같은 기간 동안 에콰도르에 행정원을 파견한 경우 비자를 취득할 필요가 없었겠군.

③ 유리 : 나는 일반 여권으로 2020년 5월 1일부터 같은 해 8월 15일까지 이탈리아에 비자 없이 체류했었고, 2021년 1월 2일부터 같은 해 3월 31일까지 영국에도 체류했었어.

④ 용훈 : 외교관 여권을 가지고 같은 기간을 A국에서 체류하더라도 이집트 외교관은 비자를 발급받아야 하지만, 파키스탄 외교관은 비자를 발급받지 않아도 되는 경우가 있겠군.

⑤ 예리 : 관용 여권을 가지고 2021년 5월 5일부터 같은 해 5월 10일까지 파키스탄을 방문했던 A국 국회의원은 비자를 취득해야 했었겠군.

13 다음 공공도서관 시설 및 도서관 자료 구비 기준과 상황을 근거로 판단할 때, 〈보기〉에서 옳은 설명을 모두 고르면?

〈공공도서관 시설 및 도서관 자료 구비 기준〉

봉사대상 인구(명)	시설		도서관 자료	
	건물면적(m²)	열람석(석)	기본장서(권)	연간증서(권)
10만 이상 ~ 30만 미만	1,650 이상	350 이상	30,000 이상	3,000 이상
30만 이상 ~ 50만 미만	3,300 이상	800 이상	90,000 이상	9,000 이상
50만 이상	4,950 이상	1,200 이상	150,000 이상	15,000 이상

1. 봉사대상 인구란 도서관이 설치되는 해당 시의 인구를 말한다. 연간증서(年間增書)는 설립 다음 해부터 매년 추가로 늘려야 하는 장서로서 기본장서에 포함된다.
2. 전체 열람석의 10% 이상을 노인과 장애인 열람석으로 할당하여야 한다.
3. 공공도서관은 기본장서 외에 다음 각 목에서 정하는 자료를 갖추어야 한다.
   가. 봉사대상 인구 1천 명당 1종 이상의 연속간행물
   나. 봉사대상 인구 1천 명당 10종 이상의 시청각자료

〈상황〉

○○부는 신도시인 K시에 2024년 상반기 개관을 목표로 공공도서관 건설을 추진 중이다. K시의 예상 인구 추계는 다음과 같다.

구분	2022년	2025년	2030년	2040년
예상 인구(명)	13만	15만	30만	50만

※ K시 도서관은 예정대로 개관한다.
※ 2022년 인구는 실제 인구이며, 인구는 해마다 증가한다고 가정한다.

보기

ㄱ. K시 도서관 개관 시 확보해야 할 최소 기본장서는 30,000권이다.
ㄴ. K시의 예상 인구 추계자료와 같이 인구가 증가한다면, 2025년에는 노인 및 장애인 열람석을 2024년에 비해 35석 추가로 더 확보해야 한다.
ㄷ. K시의 예상 인구 추계자료와 같이 인구가 증가하고, 2025년 ~ 2030년에 매년 같은 수로 인구가 늘어난다면, 2028년에는 최소 240종 이상의 연속간행물과 2,400종 이상의 시청각자료를 보유해야 한다.
ㄹ. 2030년 실제 인구가 예상 인구의 80% 수준에 불과하다면, 개관 이후 2030년 말까지 추가로 보유해야 하는 총 연간증서는 최소 18,000권이다.

① ㄱ, ㄴ
② ㄱ, ㄷ
③ ㄴ, ㄹ
④ ㄱ, ㄷ, ㄹ
⑤ ㄴ, ㄷ, ㄹ

14 다음 상황을 근거로 판단할 때, A시에서 B시까지의 거리는?

> 갑은 을이 운전하는 자동차를 타고 A시에서 B시를 거쳐 C시로 가는 중이었다. A, B, C는 일직선 상에 순서대로 있으며, 을은 자동차를 일정한 속력으로 운전하여 도시 간 최단 경로로 이동했다.
> A시를 출발한지 20분 후 갑은 을에게 지금까지 얼마나 왔는지 물어보았다.
> "여기서부터 B시까지 거리의 딱 절반만큼 왔어."라고 을이 대답하였다.
> 그로부터 75km를 더 간 후에 갑은 다시 물어보았다.
> "C시까지는 얼마나 남았지?"
> 을은 다음과 같이 대답했다.
> "여기서부터 B시까지 거리의 딱 절반만큼 남았어."
> 그로부터 30분 뒤에 갑과 을은 C시에 도착하였다.

① 35km   ② 40km

③ 45km   ④ 50km

⑤ 55km

15 다음 통역경비 산정기준과 상황을 근거로 판단할 때, A사가 S시에서 개최한 설명회에 쓴 총 통역경비는?

〈통역경비 산정기준〉

- 통역경비는 통역료와 출장비(교통비, 이동보상비)의 합으로 산정한다.
- 통역료(통역사 1인당)

구분	기본요금(3시간까지)	추가요금(3시간 초과시)
영어, 아랍어, 독일어	500,000원	100,000원/시간
베트남어, 인도네시아어	600,000원	150,000원/시간

- 출장비(통역사 1인당)
  - 교통비는 왕복으로 실비 지급
  - 이동보상비는 이동 시간당 10,000원 지급

〈상황〉

A사는 2022년 3월 9일 갑시에서 설명회를 개최하였다. 통역은 영어와 인도네시아어로 진행되었고, 영어 통역사 2명과 인도네시아어 통역사 2명이 통역하였다. 설명회에서 통역사 1인당 영어 통역은 4시간, 인도네시아어 통역은 2시간 진행되었다. S시까지는 편도로 2시간이 소요되며, 개인당 교통비는 왕복으로 100,000원이 들었다.

① 244만 원   ② 276만 원

③ 288만 원   ④ 296만 원

⑤ 326만 원

16 다음 글과 상황을 근거로 판단할 때, 미란이가 지원받을 수 있는 주택보수비용의 최대 액수는?

• 주택을 소유하고 해당 주택에 거주하는 가구를 대상으로 주택 노후도 평가를 실시하여 그 결과(경・중・대보수)에 따라 아래와 같이 주택보수비용을 지원

〈주택보수비용 지원 내용〉

구분	경보수	중보수	대보수
보수항목	도배 혹은 장판	수도시설 혹은 난방시설	지붕 혹은 기둥
주택당 보수비용 지원한도액	350만 원	650만 원	950만 원

• 소득인정액에 따라 위 보수비용 지원한도액의 80 ~ 100%를 차등지원

구분	중위소득 25% 미만	중위소득 25% 이상 35% 미만	중위소득 35% 이상 43% 미만
지원율	100%	90%	80%

〈상황〉

미란이는 현재 거주하고 있는 A주택의 소유자이며, 소득인정액이 중위소득 40%에 해당한다. A주택의 노후도 평가 결과, 지붕의 수선이 필요한 주택보수비용 지원 대상에 선정되었다.

① 520만 원 ② 650만 원
③ 760만 원 ④ 855만 원
⑤ 950만 원

17 다음 복약설명서에 따라 갑이 두 약을 복용할 때 적절한 것은?

〈복약설명서〉

1. 약품명 : 가나다정
   • 복용법 및 주의사항
     – 식전 15분에 복용하는 것이 가장 좋으나 식전 30분부터 식사 직전까지 복용이 가능합니다.
     – 식사를 거르게 될 경우에 복용을 거릅니다.
     – 식이요법과 운동요법을 계속하고, 정기적으로 혈당(혈액 속에 섞여 있는 당분)을 측정해야 합니다.
     – 야뇨(夜尿)를 피하기 위해 최종 복용시간은 오후 6시까지로 합니다.
     – 저혈당을 예방하기 위해 사탕 등 혈당을 상승시킬 수 있는 것을 가지고 다닙니다.

2. 약품명 : ABC정
   • 복용법 및 주의사항
     – 매 식사 도중 또는 식사 직후에 복용합니다.
     – 복용을 잊은 경우 식사 후 1시간 이내에 생각이 났다면 즉시 약을 복용하도록 합니다. 식사 후 1시간이 초과되었다면 다음 식사에 다음 번 분량만을 복용합니다.
     – 씹지 말고 그대로 삼켜서 복용합니다.
     – 정기적인 혈액검사를 통해서 혈중 칼슘, 인의 농도를 확인해야 합니다.

---

① 식사를 거르게 될 경우 가나다정만 복용한다.
② 두 약을 복용하는 기간 동안 정기적으로 혈액검사를 할 필요는 없다.
③ 저녁식사 전 가나다정을 복용하려면 저녁식사는 늦어도 오후 6시 30분에는 시작해야 한다.
④ ABC정은 식사 중에 다른 음식과 함께 씹어 복용할 수 있다.
⑤ 식사를 30분 동안 한다고 할 때, 두 약의 복용시간은 최대 1시간 30분 차이가 날 수 있다.

18 제시된 정보만으로 판단할 때 기초생활수급자로 선정할 수 없는 경우는?

> 가. 기초생활수급자 선정기준
> - 부양의무자가 없거나, 부양의무자가 있어도 부양능력이 없거나 또는 부양을 받을 수 없는 자로서 소득인정액이 최저생계비 이하인 자
>   ※ 부양능력 있는 부양의무자가 있어도 부양을 받을 수 없는 경우란, 부양의무자가 교도소 등에 수용되거나 병역법에 의해 징집·소집되어 실질적으로 부양을 할 수 없는 경우와 가족관계 단절 등을 이유로 부양을 거부하거나 기피하는 경우 등을 가리킨다.
> 나. 매월 소득인정액 기준
> - 소득인정액＝소득평가액＋재산의 소득환산액
> - 소득평가액＝실제소득－가구특성별 지출비용
>   1) 실제소득 : 근로소득, 사업소득, 재산소득
>   2) 가구특성별 지출비용 : 경로연금, 장애수당, 양육비, 의료비, 중·고교생 입학금 및 수업료
> 다. 가구별 매월 최저생계비
>
> (단위 : 만 원)
>
> | 1인 | 2인 | 3인 | 4인 | 5인 | 6인 |
> |-----|-----|-----|-----|-----|-----|
> | 42 | 70 | 94 | 117 | 135 | 154 |
>
> 라. 부양의무자의 범위
> - 수급권자의 배우자, 수급권자의 1촌의 직계혈족 및 그 배우자, 수급권자와 생계를 같이 하는 2촌 이내의 혈족

① 유치원생 아들 둘과 함께 사는 A는 재산의 소득환산액이 12만 원이고, 구멍가게에서 월 100만 원의 수입을 얻고 있으며, 양육비로 월 20만 원씩 지출하고 있다.

② 부양능력이 있는 근로소득 월 60만 원의 조카와 살고 있는 B는 실제소득 없이 재산의 소득환산액이 36만 원이며, 의료비로 월 30만 원을 지출한다.

③ 중학생이 된 두 딸을 혼자 키우고 있는 C는 재산의 소득환산액이 24만 원이며, 근로소득으로 월 80만 원이 있지만, 두 딸의 수업료로 각각 월 11만 원씩 지출하고 있다.

④ 외아들을 잃은 D는 어린 손자 두 명과 부양능력이 있는 며느리와 함께 살고 있다. D는 근로소득이 월 80만 원, 재산의 소득환산액이 48만 원이며, 의료비로 월 15만 원을 지출하고 있다.

⑤ 군대 간 아들 둘과 함께 사는 고등학생 딸을 둔 E는 재산의 소득환산액이 36만 원이며, 월 평균 60만 원의 근로소득을 얻고 있지만, 딸의 수업료로 월 30만 원을 지출하고 있다.

19 다음과 같은 방법으로 산정할 때, 〈보기〉에 제시된 상황의 경우 지체기간은?

〈지체일수 산정방법〉

가. 계약기간 내에 준공검사요청서를 제출한 경우
   - 계약기간 경과 후 검사에 불합격하여 보완지시를 한 경우, 보완지시일로부터 최종검사에 합격한 날까지를 지체일수로 산정
   - 불합격판정으로 계약기간 내에 보완지시를 한 경우, 계약기간 다음 날부터 최종검사에 합격한 날까지 지체일수 산정
나. 계약기간을 경과하여 준공검사요청서를 제출한 경우
   - 검사의 합격 여부 및 보완지시 여부에 관계없이 계약기간 다음 날부터 최종검사에 합격한 날까지를 지체일수에 산정

보기

공공정보시스템을 구축하는 A사업의 계약기간은 2020년 1월 5일부터 2020년 11월 4일까지이다. 이 사업을 낙찰 받은 X사는 같은 해 10월 15일 준공검사 요청을 하여 준공검사를 받았으나 불합격 판정을 받았다. 보완지시를 받은 같은 해 10월 25일부터 보완작업을 수행하여 같은 해 11월 10일에 재검사를 요청하였다. 그리고 재검사를 거쳐 같은 해 11월 19일에 준공검사 합격통보를 받았다.

① 10월 25일 ~ 11월 10일
② 10월 25일 ~ 11월 19일
③ 11월 4일 ~ 11월 19일
④ 11월 5일 ~ 11월 19일
⑤ 11월 11일 ~ 11월 19일

20 갑사업의 택지개발예정지구지정 기준일은 2002년 2월 20일이고, 최초 보상계획공고일은 2004년 7월 28일이다. 갑사업으로 인한 이주대책 대상자와 그 대책 내용으로 적절한 것은?(단, 아래에서 주택의 소유자란 주택의 현재 소유자를 가리키며, 주택 소유자의 전입일은 해당 주택을 소유하게 된 시점과 같다. 또한 거주란 전입신고를 한 상태를 의미한다)

> - 기준일 이전부터 최초 보상계획공고일까지 사업지구 내에 허가주택을 소유하고 계속 그 주택에 거주한 자로서 당해 사업에 따라 그 주택이 철거되는 자는 이주자택지 또는 전용면적 $85m^2$ 이하 공공분양아파트 중 하나를 선택할 수 있다. 다만 그 주택을 계속 소유한 채 최초 보상계획공고일 전에 다른 곳으로 전출한 자는 전용면적 $85m^2$ 이하 공공분양아파트를 받을 수 있다.
> - 기준일 이전부터 최초 보상계획공고일까지 사업지구 내에 무허가주택을 소유하고 계속하여 거주한 자로서 당해 사업에 따라 그 주택이 철거되는 자는 전용면적 $85m^2$ 이하 공공분양아파트를 받을 수 있다.
> - 기준일 3개월 전부터 최초 보상계획공고일까지 계속하여 거주한 사업지구 내 허가주택의 세입자는 전용면적 $60m^2$ 이하 국민임대아파트 또는 주거이전비 중 하나를 선택할 수 있다.
> ※ 이주대책이란 공익사업의 시행으로 인하여 주거용 건축물을 제공함에 따라 생활의 근거를 상실하게 되는 자를 위하여 사업시행자에 의해 수립되는 대책임.

① 전입일이 2002년 5월 4일이고, 전출일이 2005년 5월 18일인 무허가주택 소유자 A는 전용면적 $85m^2$ 이하 공공분양아파트를 받을 수 있다.

② 허가주택을 임차한 B의 전입일이 2001년 12월 30일이고, 전출일이 2004년 9월 19일인 경우, B는 전용면적 $60m^2$ 이하 국민임대아파트를 받을 수 있다.

③ 전입일이 2000년 4월 18일이고, 전출일이 2003년 8월 28일인 허가주택 소유자 C는 이주자택지를 받을 수 있다.

④ 전입일이 2000년 4월 6일이고, 전출일이 2004년 5월 23일인 허가주택 소유자 D는 전용면적 $85m^2$ 이하 공공분양아파트만 받을 수 있다.

⑤ 허가주택을 임차한 E의 전입일이 2001년 8월 18일이고, 전출일이 2004년 6월 30일인 경우, E는 주거이전비를 받을 수 있다.

21 다음 글을 근거로 판단할 때, 〈보기〉에서 옳은 설명을 모두 고르면?

8개 국가의 장관이 회담을 위해 K국에 모였다. 각국의 장관은 자신이 사용하는 언어로 의사소통을 하려고 한다. 그런데 회담이 갑자기 개최되어 통역관을 충분히 확보하지 못한 상황이다. 따라서 의사소통을 위해서는 여러 단계의 통역을 거칠 수도 있고, 2개 이상의 언어를 사용하는 장관이 통역관의 역할을 겸할 수도 있다.

현재 회담에 참여하는 장관과 배석 가능한 통역관은 다음과 같다.

장관	사용언어
A	네팔어
B	영어
C	우즈베크어, 러시아어
D	카자흐어, 러시아어
E	영어, 스와힐리어
F	에스파냐어
G	스와힐리어
H	한국어

통역관	통역 가능한 언어
갑	한국어, 우즈베크어
을	영어, 네팔어
병	한국어, 에스파냐어
정	한국어, 영어, 스와힐리어

보기

ㄱ. A장관이 F장관과 의사소통을 하기 위해서는 최소한 3명의 통역관이 배석하여야 한다.
ㄴ. 통역관이 정밖에 없다면 H장관은 최대 3명의 장관과 의사소통을 할 수 있다.
ㄷ. 통역관 정이 없으면 G장관은 어느 장관과도 의사소통을 할 수 없다.
ㄹ. 8명의 장관과 4명의 통역관이 모두 회담에 참석하면 모든 장관들은 서로 의사소통이 가능하다.

① ㄱ, ㄴ   ② ㄱ, ㄷ
③ ㄱ, ㄴ, ㄹ   ④ ㄱ, ㄷ, ㄹ
⑤ ㄴ, ㄷ, ㄹ

22 다음 글을 근거로 판단할 때 〈보기〉에서 적절한 것을 모두 고르면?

> 체약국이 아닌 국가가 다자조약(多者條約)에 가입을 희망하면서 다자조약의 일부 규정에 대해 행한 유보선언에 대하여 모든 당사국이 전원 일치로 반대한 경우, 그 국가는 가입국이 되지 못한다. 다만 체약국 중 한 국가라도 유보에 동의하면, 유보에 동의한 국가(유보동의국)와 유보를 희망하는 국가(유보국) 사이에서 유보 내용이 조약에 반영된다.
>
> 반면 체약국 중 어떤 국가가 유보에 반대하면 유보를 반대한 국가(유보반대국)와 유보국 사이에서 조약은 일단 유보 없이 발효된다. 다만 이러한 유보반대국이 조약의 발효에도 명시적으로 반대하면, 유보국은 그 유보반대국과의 관계에서 당해 다자조약의 당사국이 되지 않는다.
>
> A국, B국, C국이 체약국인 다자조약에 D국이 새로 가입하면서 제7조를 자국에 적용하지 않는다고 유보하였다. D국의 유보에 대하여 A국은 동의하였고, B국은 유보만 반대하였고, C국은 유보를 반대하면서 동시에 조약의 발효에도 명시적으로 반대하였다.
>
> ※ 조약의 유보란 조약의 서명·비준·수락·승인·가입 시에 특정 규정의 법적 효과를 배제하거나 변경하여 자국에 적용하려는 의사표시를 말함.

보기

ㄱ. D국과 B국, D국과 C국 간에는 조약이 적용된다.
ㄴ. D국과 A국 간에는 제7조가 적용되지 않는다.
ㄷ. A국과 C국 간에는 제7조가 적용되지 않는다.
ㄹ. D국과 A국 간에는 제7조가 적용되고, D국과 B국 간에는 조약이 적용되지 않는다.
ㅁ. B국과 C국 간에는 제7조가 적용되지 않는다.

① ㄱ

② ㄴ

③ ㄴ, ㄷ

④ ㄷ, ㄹ

⑤ ㄹ, ㅁ

23 다음 규정에 대한 비판으로 기사문을 작성한다고 할 때, 타당하지 않은 것은?

<A광역시 개인택시면허 발급 우선순위 규정>

면허대상	우선순위	내용
택시 운전자	1	• 10년 이상 무사고자로서 A광역시 소재 동일회사에서 8년 이상 근속하여 운전 중인 자 • 17년 이상 무사고자로서 A광역시 소재 운수회사에서 10년 이상 운전 중인 자
	2	• 8년 이상 무사고자로서 A광역시 소재 동일회사에서 5년 이상 근속하여 운전 중인 자
	3	• 10년 이상 무사고자로서 A광역시 소재 동일회사에서 3년 이상 근속하여 운전 중인 자

① 개인택시면허 발급의 우선순위를 정함에 있어서, 위 규정은 개인택시운전에 필요한 법규 준수성, 숙련성, 무사고 운전경력 등을 평가하는 절대적 기준은 아니다.

② 개인택시면허를 발급받으려는 운전자는 근무하던 택시회사가 폐업할 경우 위의 규정으로 인해 피해를 입게 된다.

③ 직업에 종사하는 데 필요한 전문지식을 습득하기 위한 전문 직업교육장을 임의로 선택하는 자유를 제한하는 규정이다.

④ 개인택시면허를 발급받으려는 운전자의 직장이동을 어렵게 하여 직업의 자유를 지나치게 제한하는 것이다.

⑤ 위 규정에 의하면 9년 무사고자로서 A광역시 소재 동일회사에서 4년 근속한 자가 우선순위 부여 대상에서 제외되는 문제가 있다.

24 다음 제시문을 읽고 〈조건〉에 따라 추론할 때 〈보기〉에서 반드시 적절한 것을 고르면?

부산광역시 행정구역의 하나인 영도구는 2008년 1월 1일부터 신축되는 모든 건물의 주차장에 장애인을 위한 주차구역을 반드시 설치하도록 규정하였다. 또한 부산광역시는 2008년 1월 1일부터 신축되는 모든 건물의 출입구에 장애인을 위한 경사로를 설치할 것을 의무화하였다. 한편 경상남도는 2008년 1월 1일부터 신축되는 모든 건물의 엘리베이터 내에 장애인을 위한 점자 표시를 의무화하였다. 장애인을 위한 이러한 사회적 배려는 법으로 규정되기 이전부터 자율적으로 시행되어 왔다.

조건
- 하위 행정구역에는 자신이 속해 있는 상위 행정구역의 규정이 적용된다.
- 건물 A는 출입구에 장애인을 위한 경사로가 설치되어 있다.
- 건물 A는 장애인을 위한 주차구역을 구비하고 있지 않다.
- 건물 A는 엘리베이터 내에 장애인을 위한 점자 표시가 되어 있다.
- 규정을 준수하지 않은 건물은 신축될 수 없다.

보기
ㄱ. 만일 건물 A가 2008년 1월이 되기 전에 세워졌다면 그 건물은 영도구 안에 위치해 있다.
ㄴ. 만일 건물 A가 2008년 1월에 신축되었다면 위의 세 행정구역 중 어디에 위치해 있는지 알 수 없다.
ㄷ. 만일 건물 A가 2008년 3월에 신축되었다면 그 건물은 영도구 안에 위치해 있지 않다.
ㄹ. 영도구에 장애인을 위한 경사로가 설치되어 있는 건물은 2008년 1월 1일 이후에 신축된 것이다.
ㅁ. 영도구에서 2008년 1월 1일 이후에 신축된 모든 건물의 엘리베이터 내에는 점자 표시가 되어 있다.

① ㄱ, ㅁ
② ㄴ, ㄷ
③ ㄴ, ㄹ
④ ㄷ, ㄹ
⑤ ㄷ, ㅁ

25 다음 글과 상황을 근거로 판단할 때 옳은 것은?

헌법재판소가 위헌으로 결정한 법률 또는 법률조항은 그 위헌결정이 있는 날부터 효력을 상실한다. 그러나 위헌으로 결정된 형벌에 관한 법률 또는 법률조항(이하 '형벌조항'이라고 함)은 소급하여 그 효력을 상실한다. 이는 죄형법정주의 원칙에 의할 때, 효력이 상실된 형벌조항에 따라 유죄의 책임을 지는 것은 타당하지 않다는 점을 고려한 것이다.

그러나 위헌인 형벌조항에 대해서 일률적으로 해당 조항의 제정 시점까지 소급효를 인정하는 것은 문제가 있다. 왜냐하면 헌법재판소가 기존에 어느 형벌조항에 대해서 합헌결정을 하였지만 그 후 시대 상황이나 국민의 법감정 등 사정변경으로 위헌결정을 한 경우, 해당 조항의 제정 시점까지 소급하여 그 효력을 상실하게 하여 과거에 형사처벌을 받은 사람들까지도 재심을 청구할 수 있게 하는 것은 부당하기 때문이다. 따라서 위헌으로 결정된 형벌조항에 대해서 종전에 합헌결정이 있었던 경우에는 그 결정이 선고된 날의 다음 날로 소급하여 효력을 상실하는 것으로 규정함으로써 그 소급효를 제한한다. 이러한 소급효 제한의 취지로 인해 동일한 형벌조항에 대해서 헌법재판소가 여러 차례 합헌결정을 한 때에는 최후에 합헌결정을 선고한 날의 다음 날로 소급하여 그 형벌조항의 효력이 상실되는 것으로 본다.

한편, 헌법재판소의 위헌결정이 내려진 형벌조항에 근거하여 유죄의 확정판결을 받은 사람은 '무죄임을 확인해 달라'는 취지의 재심청구가 인정된다. 또한 그 유죄판결로 인해 실형을 선고받고 교도소에서 복역하였던 사람은 구금일수에 따른 형사보상금 청구가 인정되며, 벌금형을 선고받아 이를 납부한 사람도 형사보상금 청구가 인정된다.

※ 소급효 : 법률이나 판결 등의 효력이 과거 일정 시점으로 거슬러 올라가서 미치는 것

〈상황〉

1953. 9. 18.에 제정된 형법 제241조의 간통죄에 대해서, 헌법재판소는 1990. 9. 10., 1993. 3. 31., 2001. 10. 25., 2008. 10. 30.에 합헌결정을 하였지만, 2015. 2. 26.에 위헌결정을 하였다. 다음과 같이 형사처벌을 받았던 갑, 을, 병은 재심청구와 형사보상금 청구를 하였다.

• 갑 : 2007. 10. 1. 간통죄로 1년의 징역형이 확정되어 1년간 교도소에서 복역하였다.
• 을 : 2010. 6. 1. 간통죄로 징역 1년과 집행유예 2년을 선고받고, 교도소에서 복역한 바 없이 집행유예기간이 경과되었다.
• 병 : 2013. 8. 1. 간통죄로 1년의 징역형이 확정되어 1년간 교도소에서 복역하였다.

※ 집행유예 : 유죄판결을 받은 사람에 대하여 일정 기간 형의 집행을 유예하고, 그 기간을 무사히 지내면 형의 선고는 효력을 상실하는 것으로 하여 실형을 과하지 않는 제도

① 갑의 재심청구는 인정되나 형사보상금 청구는 인정되지 않는다.
② 을의 재심청구와 형사보상금 청구는 모두 인정된다.
③ 을의 재심청구는 인정되나 형사보상금 청구는 인정되지 않는다.
④ 병의 재심청구와 형사보상금 청구는 모두 인정되지 않는다.
⑤ 병의 재심청구는 인정되나 형사보상금 청구는 인정되지 않는다.

26 다음 제시된 커피의 종류, 은희의 취향 및 오늘 아침의 상황으로 판단할 때, 오늘 아침에 은희가 주문할 커피로 옳은 것은?

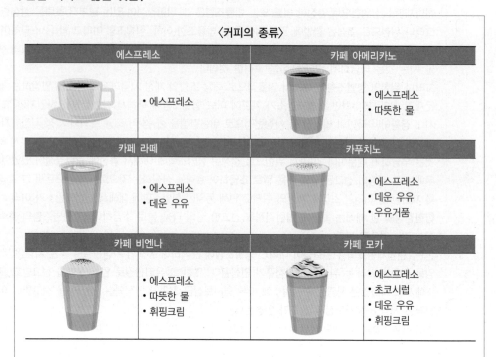

〈커피의 종류〉

에스프레소		카페 아메리카노	
	• 에스프레소		• 에스프레소 • 따뜻한 물
카페 라떼		카푸치노	
	• 에스프레소 • 데운 우유		• 에스프레소 • 데운 우유 • 우유거품
카페 비엔나		카페 모카	
	• 에스프레소 • 따뜻한 물 • 휘핑크림		• 에스프레소 • 초코시럽 • 데운 우유 • 휘핑크림

〈은희의 취향〉

• 배가 고플 때에는 데운 우유가 들어간 커피를 마신다.
• 다른 음식과 함께 커피를 마실 때에는 데운 우유를 넣지 않는다.
• 스트레스를 받으면 휘핑크림이나 우유거품을 추가한다.
• 피곤하면 휘핑크림이 들어간 경우에 한하여 초코시럽을 추가한다.

〈오늘 아침의 상황〉

출근을 하기 위해 지하철을 탄 은희는 꽉 들어찬 사람들 사이에서 스트레스를 받으며 내리기만을 기다리고 있었다. 목적지에 도착한 은희는 커피를 마시며 기분을 달래기 위해 커피전문점에 들렀다. 아침식사를 하지 못해 배가 고프고 고된 출근길에 피곤하지만, 시간 여유가 없어 오늘 아침은 커피만 마실 생각이다. 또한 은희는 요즘 체중관리를 위해 휘핑크림은 넣지 않기로 하였다.

① 카페 라떼
② 카페 아메리카노
③ 카푸치노
④ 카페 모카
⑤ 카페 비엔나

27 다음 글을 근거로 판단할 때 8월 1일의 요일은?

> 7월의 첫날 갑은 자동차 수리를 맡겼다. 갑은 그 달 마지막 월요일인 네 번째 월요일에 자동차를 찾아가려 했으나, 사정이 생겨 그 달 마지막 금요일인 네 번째 금요일에 찾아갔다.
>
> ※ 날짜는 양력 기준

① 월요일   ② 화요일
③ 수요일   ④ 목요일
⑤ 금요일

28 K부는 현재 각종의 민원업무를 처리하는 데 있어서 먼저 접수된 민원을 우선 처리하는 '선착순 우선 원칙'을 고수하고 있다. 그러나 일부 국민들은 처리기일이 적게 소요되는 민원을 처리기일이 오래 소요되는 민원보다 우선 처리하는 '짧은 사례 우선 원칙'을 채택하여야 한다고 주장하고 있다. 다음과 같은 상황을 근거로 판단할 때 〈보기〉에서 옳은 설명을 모두 고르면?

> • 갑, 을, 병 3명의 민원인이 같은 날에 순서대로 각각 민원 A, B, C를 민원 담당자에게 접수하였다.
> • 민원 담당자가 민원 A, B, C를 처리하는 데 필요한 소요일수는 각각 16일, 8일, 4일이다.
> • 민원 담당자는 민원 A, B, C를 동시에 처리할 수 없고 한 번에 하나씩만 처리할 수 있다.

보기

ㄱ. 선착순 우선 원칙에 의할 경우보다 짧은 사례 우선 원칙에 의할 경우 B가 완료되는 데 소요되는 기간은 $\frac{1}{2}$ 로 줄어든다.

ㄴ. 선착순 우선 원칙보다 짧은 사례 우선 원칙에 의할 경우 갑, 을, 병 모두 혜택을 볼 수 있다.

ㄷ. 민원 담당자의 입장에서 보면 민원 A, B, C를 모두 처리하는 데 필요한 기간은 선착순 우선원칙에 의하는 것과 짧은 사례 우선 원칙에 의하는 것 사이에 차이가 없다.

ㄹ. 선착순 우선 원칙에 의할 경우와 짧은 사례 우선 원칙에 의할 경우 민원 C의 완료 기간은 총 24일 차이가 난다.

ㅁ. 민원인 갑, 을, 병이 접수한 민원이 처리에 들어갈 때까지 각 민원인이 대기한 기간을 합한 총 대기기간은 선착순 우선 원칙에 의할 경우와 짧은 사례 우선 원칙에 의할 경우 간에 차이가 없다.

① ㄱ, ㄴ, ㄹ   ② ㄱ, ㄷ, ㄹ
③ ㄱ, ㄷ, ㅁ   ④ ㄴ, ㄷ, ㅁ
⑤ ㄴ, ㄹ, ㅁ

29 다음은 맛집 프로그램에서 맛집을 선택하기 위한 정보와 평가 기준을 근거로 판단할 때, 총점이 가장 높은 음식점으로 옳은 것은?

〈맛집 정보〉

평가 항목 음식점	음식종류	이동거리	가격 (1인 기준)	맛평점 (★ 5개 만점)	방 예약 가능 여부
자금성	중식	150m	7,500원	★★☆	○
샹젤리제	양식	170m	8,000원	★★★	○
경복궁	한식	80m	10,000원	★★★★	×
도쿄타워	일식	350m	9,000원	★★★★☆	×
광화문	한식	300m	12,000원	★★★★★	×

※ ☆은 ★의 반 개이다.

〈평가 기준〉

• 평가 항목 중 이동거리, 가격, 맛평점에 대하여 각 항목별로 5, 4, 3, 2, 1점을 각각의 음식점에 하나씩 부여한다.
  – 이동거리가 짧은 음식점일수록 높은 점수를 준다.
  – 가격이 낮은 음식점일수록 높은 점수를 준다.
  – 맛평점이 높은 음식점일수록 높은 점수를 준다.
• 평가 항목 중 음식종류에 대하여 일식 5점, 한식 4점, 양식 3점, 중식 2점을 부여한다.
• 방 예약이 가능한 경우 가점 1점을 부여한다.
• 총점은 음식종류, 이동거리, 가격, 맛평점의 4가지 평가항목에서 부여 받은 점수와 가점을 합산하여 산출한다.

① 자금성
② 샹젤리제
③ 광화문
④ 도쿄타워
⑤ 경복궁

30 A기자는 소프트웨어(이하 S/W라 표기한다) '수출 중점대상 국가'를 선정하여 보도를 하고자 한다. 다음 국가별 현황과 평가 기준에 근거할 때, 옳은 설명을 〈보기〉에서 모두 고르면?

〈국가별 현황〉

국가명	시장매력도			정보화수준	접근가능성
	S/W시장규모 (백만불)	S/W성장률 (%)	인구규모 (백만명)	전자정부순위	S/W수출액 (백만 원)
A국	550	13.6	232	106	9,103
B국	333	8.7	3	82	2,459
C국	315	8.7	87	91	2,597
D국	1,706	8.2	27	95	2,777
E국	1,068	7.2	64	64	2,158

〈평가 기준〉

- 국가별 종합점수는 시장매력도(30점 만점), 정보화수준(30점 만점), 접근가능성(40점 만점)의 합계(100점 만점)로 구하며, 종합점수가 높을수록 종합순위도 높다.
- 시장매력도 점수는 시장매력도가 가장 높은 국가에 30점, 가장 낮은 국가에 0점, 그 밖의 모든 국가에 15점을 부여한다. S/W시장규모가 클수록, S/W성장률이 높을수록, 인구규모가 클수록 시장매력도가 높다.
- 정보화수준 점수는 전자정부순위가 가장 높은 국가에 30점, 가장 낮은 국가에 0점, 그 밖의 모든 국가에 15점을 부여한다.
- 접근가능성 점수는 S/W수출액이 가장 높은 국가에 40점, 가장 낮은 국가에 0점, 그 밖의 모든 국가에 20점을 부여한다.

보기

ㄱ. 정보화수준 점수는 E국이 30점, A국이 0점이고, 다른 국가들은 모두 15점이다.
ㄴ. 접근가능성 점수는 A국이 30점, E국이 0점이고, 다른 국가들은 모두 15점이다.
ㄷ. 시장매력도 점수를 S/W시장규모만을 고려하여 결정할 경우, A국과 D국의 종합점수는 동일하다.
ㄹ. S/W시장규모가 10억 불 이상이면서 동시에 인구가 5천만 명 이상인 국가가 가장 매력적 시장이라는 결론이 났을 경우, E국이 선정된다.

① ㄱ, ㄴ　　　　　　　　② ㄱ, ㄷ
③ ㄱ, ㄹ　　　　　　　　④ ㄴ, ㄷ
⑤ ㄷ, ㄹ

31 정부포상 대상자 추천의 제한요건에 관한 다음 규정을 근거로 판단할 때, 2020년 8월 정부포상 대상자로 추천을 받을 수 있는 자는?

---

1) 형사처벌 등을 받은 자

　가) 형사재판에 계류 중인 자

　나) 금고 이상의 형을 받고 그 집행이 종료된 후 5년을 경과하지 아니한 자

　다) 금고 이상의 형의 집행유예를 받은 경우 그 집행유예의 기간이 완료된 날로부터 3년을 경과하지 아니한 자

　라) 금고 이상의 형의 선고유예를 받은 경우에는 그 기간 중에 있는 자

　마) 포상추천일 전 2년 이내에 벌금형 처벌을 받은 자로서 1회 벌금액이 200만 원 이상이거나 2회 이상의 벌금형 처분을 받은 자

2) 공정거래관련법 위반 법인 및 그 임원

　가) 최근 2년 이내 3회 이상 고발 또는 과징금 처분을 받은 법인 및 그 대표자와 책임 있는 임원 (단, 고발에 따른 과징금 처분은 1회로 간주)

　나) 최근 1년 이내 3회 이상 시정명령 처분을 받은 법인 및 그 대표자와 책임 있는 임원

---

① 금고 1년 형을 선고 받아 복역한 후 2018년 10월 출소한 자

② 2020년 8월 현재 형사재판에 계류 중인 자

③ 2019년 10월 이후 현재까지, 공정거래관련법 위반으로 3회 시정명령 처분을 받은 기업의 대표자

④ 2019년 1월, 교통사고 후 필요한 구호조치를 하지 않아 500만 원의 벌금형 처분을 받은 자

⑤ 2018년 7월 이후 현재까지, 공정거래관련법 위반으로 고발에 따른 과징금 처분을 2회 받은 기업

32 다음은 근로장려금 신청자격 요건에 대한 정부제출안과 국회통과안의 내용이다. 이에 근거하여 〈보기〉에서 적절하지 않은 설명을 모두 고르면?

〈근로장려금 신청자격 요건에 관한 사항〉

요건	정부제출안	국회통과안
총 소득	부부의 연간 총 소득이 1,700만 원 미만일 것(총소득은 근로소득과 사업소득 등 다른 소득을 합산한 소득)	좌동
부양자녀	다음 항목을 모두 갖춘 자녀를 2인 이상 부양할 것 (1) 거주자의 자녀이거나 동거하는 입양자일 것 (2) 18세 미만일 것(단, 중증장애인은 연령제한을 받지 않음) (3) 연간 소득금액의 합계액이 100만 원 이하일 것	다음 항목을 모두 갖춘 자녀를 1인 이상 부양할 것 (1) ~ (3) 좌동
주택	세대원 전원이 무주택자일 것	세대원 전원이 무주택자이거나 기준시가 5천만 원 이하의 주택을 한 채 소유할 것
재산	세대원 전원이 소유하고 있는 재산 합계액이 1억 원 미만일 것	좌동
신청 제외자	(1) 3개월 이상 국민기초생활보장급여 수급자 (2) 외국인(단, 내국인과 혼인한 외국인은 신청 가능)	좌동

보기

ㄱ. 정부제출안보다 국회통과안에 의할 때 근로장려금 신청자격을 갖춘 대상자의 수가 더 줄어들 것이다.

ㄴ. 두 안의 총 소득요건과 부양자녀요건을 충족하고, 소유재산이 주택(5천만 원), 토지(3천만 원), 자동차(2천만 원)인 A는 정부제출안에 따르면 근로장려금을 신청할 수 없지만 국회통과안에 따르면 신청할 수 있다.

ㄷ. 소득이 없는 20세 중증장애인 자녀 한 명만을 부양하는 B가 국회통과안에서의 다른 요건들을 모두 충족하고 있다면 B는 국회통과안에 의해 근로장려금을 신청할 수 있다.

ㄹ. 총 소득, 부양자녀, 주택, 재산 요건을 모두 갖춘 한국인과 혼인한 외국인은 정부제출안에 따르면 근로장려금을 신청할 수 없지만 국회통과안에 따르면 신청할 수 있다.

① ㄱ, ㄴ   ② ㄱ, ㄷ

③ ㄷ, ㄹ   ④ ㄱ, ㄴ, ㄹ

⑤ ㄴ, ㄷ, ㄹ

33 다음 글을 근거로 판단할 때, 〈보기〉에서 적절한 것만을 모두 고르면?

K국의 영유아보육법은 영유아가 안전하고 쾌적한 환경에서 건강하게 성장할 수 있도록 다음과 같이 어린이집의 보육교사 최소 배치 기준을 규정하고 있다.

연령	보육교사 대 영유아 비율
(1) 만 1세 미만	1 : 3
(2) 만 1세 이상 만 2세 미만	1 : 5
(3) 만 2세 이상 만 3세 미만	1 : 7

위와 같이 각 연령별로 반을 편성하고 각 반마다 보육교사를 배치하되, 다음 기준에 따라 혼합반을 운영할 수 있다.

혼합반 편성	보육교사 대 영유아 비율
(1)과 (2)	1 : 3
(2)와 (3)	1 : 5
(1)과 (3)	편성 불가능

보기

ㄱ. 만 1세 미만 영유아 4명, 만 1세 이상 만 2세 미만 영유아 5명을 보육하는 어린이집은 보육교사를 최소 3명 배치해야 한다.

ㄴ. 만 1세 이상 만 2세 미만 영유아 6명, 만 2세 이상 만 3세 미만 영유아 12명을 보육하는 어린이집은 보육교사를 최소 3명 배치해야 한다.

ㄷ. 만 1세 미만 영유아 1명, 만 2세 이상 만 3세 미만 영유아 2명을 보육하는 어린이집은 보육교사를 최소 1명 배치해야 한다.

① ㄱ
② ㄴ
③ ㄷ
④ ㄱ, ㄴ
⑤ ㄱ, ㄷ

34 다음 글과 〈보기〉의 대화를 근거로 판단할 때, 대학생, 성별, 학과, 가면을 모두 적절하게 짝지은 것은?

대학생 5명(A ~ E)이 모여 주말에 가면파티를 하기로 했다.
- 남학생이 3명이고 여학생이 2명이다.
- 5명은 각각 행정학과, 경제학과, 식품영양학과, 정치외교학과, 전자공학과 재학생이다.
- 5명은 각각 늑대인간, 유령, 처녀귀신, 좀비, 드라큘라 가면을 쓸 것이다.
- 본인의 성별, 학과, 가면에 대해 한 명은 모두 거짓만을 말하고 있고 나머지는 모두 진실만을 말하고 있다.

조건

A : 식품영양학과와 경제학과에 다니지 않는 남학생인데 드라큘라 가면을 안 쓸 거야.
B : 행정학과에 다니는 남학생인데 늑대인간 가면을 쓸 거야.
C : 식품영양학과에 다니는 남학생인데 처녀귀신 가면을 쓸 거야.
D : 정치외교학과에 다니는 여학생인데 좀비 가면을 쓸 거야.
E : 전자공학과에 다니는 남학생인데 드라큘라 가면을 쓸 거야.

	대학생	성별	학과	가면
①	A	여	행정학과	늑대인간
②	B	여	경제학과	유령
③	C	남	식품영양학과	좀비
④	D	여	정치외교학과	드라큘라
⑤	E	남	전자공학과	처녀귀신

35 다음 글을 근거로 판단할 때, 수호가 세탁을 통해 가질 수 있는 수건의 색조합으로 적절하지 않은 것은?

> • 수호는 현재 빨간색, 파란색, 노란색, 흰색, 검은색 수건을 각 1개씩 가지고 있다.
> • 수호는 본인의 세탁기로 세탁하며, 동일한 수건을 여러 번 세탁할 수 있다.
> • 수호가 가지고 있는 세탁기는 수건을 2개까지 동시에 세탁할 수 있고, 다른 색의 수건을 함께 세탁하면 다음과 같이 색이 변한다.
>   − 빨간색 수건과 파란색 수건을 함께 세탁하면, 모두 보라색 수건이 된다.
>   − 빨간색 수건과 노란색 수건을 함께 세탁하면, 각각 빨간색 수건과 주황색 수건이 된다.
>   − 파란색 수건과 노란색 수건을 함께 세탁하면, 각각 파란색 수건과 초록색 수건이 된다.
>   − 흰색 수건을 다른 색 수건과 함께 세탁하면, 모두 그 다른 색 수건이 된다.
>   − 검은색 수건을 다른 색 수건과 함께 세탁하면, 모두 검은색 수건이 된다.

① 빨간색 1개, 파란색 1개, 보라색 2개, 검은색 1개
② 주황색 1개, 파란색 1개, 노란색 1개, 검은색 2개
③ 빨간색 1개, 주황색 1개, 파란색 2개, 검은색 1개
④ 보라색 3개, 초록색 1개, 검은색 1개
⑤ 빨간색 2개, 초록색 1개, 검은색 2개

36 다음 글을 근거로 판단할 때, B구역 청소를 하는 요일은?

> 甲레스토랑은 매주 1회 휴업일(수요일)을 제외하고 매일 영업한다. 甲레스토랑의 청소시간은 영업일 저녁 9시부터 10시까지이다. 이 시간에 A구역, B구역, C구역 중 하나를 청소한다. 청소의 효율성을 위하여 청소를 한 구역은 바로 다음 영업일에는 하지 않는다. 각 구역은 매주 다음과 같이 청소한다.
> • A구역 청소는 일주일에 1회 한다.
> • B구역 청소는 일주일에 2회 하되, B구역 청소를 한 후 영업일과 휴업일을 가리지 않고 이틀간은 B구역 청소를 하지 않는다.
> • C구역 청소는 일주일에 3회 하되, 그 중 1회는 일요일에 한다.

① 월요일과 목요일
② 월요일과 금요일
③ 월요일과 토요일
④ 화요일과 금요일
⑤ 화요일과 토요일

37 다음 글을 근거로 판단할 때, ○○백화점이 한 해 캐롤 음원이용료로 지불해야 하는 최대 금액은?

> ○○백화점에서는 매년 크리스마스 트리 점등식(11월 네 번째 목요일) 이후 돌아오는 첫 월요일부터 크리스마스(12월 25일)까지 백화점 내에서 캐롤을 틀어 놓는다(단, 휴점일 제외). 이 기간 동안 캐롤을 틀기 위해서는 하루에 2만 원의 음원이용료를 지불해야 한다. ○○백화점 휴점일은 매월 네 번째 수요일이지만, 크리스마스와 겹칠 경우에는 정상영업을 한다.

① 48만 원
② 52만 원
③ 58만 원
④ 60만 원
⑤ 66만 원

38 다음 전투능력을 가진 생존자 현황과 〈조건〉을 근거로 판단할 때, 생존자들이 탈출할 수 있는 경우는?(단, 다른 조건은 고려하지 않는다)

〈전투능력을 가진 생존자 현황〉

직업	인원	전투능력	건강상태	보유품목
경찰	1명	6	질병	–
사냥꾼	1명	4	정상	–
의사	1명	2	정상	전투력 강화제 1개
무사	1명	8	정상	–
폭파전문가	1명	4	부상	다이너마이트

조건

- 좀비 바이러스에 의해 갑국에 거주하던 많은 사람들이 좀비가 되었다. 건물에 갇힌 생존자들은 동, 서, 남, 북 4개의 통로를 이용해 5명씩 팀을 이루어 탈출을 시도한다. 탈출은 통로를 통해서만 가능하며, 한 쪽 통로를 선택하면 되돌아올 수 없다.
- 동쪽 통로에 11마리, 서쪽 통로에 7마리, 남쪽 통로에 11마리, 북쪽 통로에 9마리의 좀비들이 있다. 선택한 통로의 좀비를 모두 제거해야만 탈출할 수 있다.
- 남쪽 통로의 경우, 통로 끝이 막혀 탈출할 수 없지만 팀에 폭파전문가가 있다면 다이너마이트를 사용하여 막힌 통로를 뚫고 탈출할 수 있다.
- '전투'란 생존자가 좀비를 제거하는 것을 의미하며 선택한 통로에서 일시에 이루어진다.
- '전투능력'은 정상인 건강상태에서 해당 생존자가 전투에서 제거하는 좀비의 수를 의미하며, 질병이나 부상상태인 사람은 그 능력이 50% 줄어든다.
- 전투력 강화제는 건강상태가 정상인 생존자들 중 1명에게만 사용할 수 있으며, 전투능력을 50% 향상시킨다. 사용 가능한 대상은 의사 혹은 의사의 팀 내 구성원이다.
- 생존자의 직업은 다양하며, 아이(들)와 노인(들)은 전투능력과 보유품목이 없고 건강상태는 정상이다.

	탈출 통로	팀 구성 인원
①	동쪽 통로	폭파전문가 – 무사 – 노인(3)
②	서쪽 통로	사냥꾼 – 경찰 – 아이(2) – 노인
③	남쪽 통로	사냥꾼 – 폭파전문가 – 아이 – 노인(2)
④	남쪽 통로	폭파전문가 – 사냥꾼 – 의사 – 아이(2)
⑤	북쪽 통로	경찰 – 의사 – 아이(2) – 노인

39 다음 쓰레기 분리배출 규정을 준수한 것으로 옳은 것은?

〈쓰레기 분리배출 규정〉

• 배출 시간 : 수거 전날 저녁 7시 ~ 수거 당일 새벽 3시까지(월요일 ~ 토요일에만 수거함)
• 배출 장소 : 내 집 앞, 내 점포 앞
• 쓰레기별 분리배출 방법
　－ 일반 쓰레기 : 쓰레기 종량제 봉투에 담아 배출
　－ 음식물 쓰레기 : 단독주택의 경우 수분 제거 후 음식물 쓰레기 종량제 봉투에 담아서, 공동주택의 경우 음식물 전용용기에 담아서 배출
　－ 재활용 쓰레기 : 종류별로 분리하여 투명 비닐봉투에 담아 묶어서 배출
　　① 1종(병류)
　　② 2종(캔, 플라스틱, 페트병 등)
　　③ 3종(폐비닐류, 과자 봉지, 1회용 봉투 등)
　　※ 1종과 2종의 경우 뚜껑을 제거하고 내용물을 비운 후 배출.
　　※ 종이류·박스·스티로폼은 각각 별도로 묶어서 배출.
　－ 폐가전·폐가구 : 폐기물 스티커를 부착하여 배출
• 종량제 봉투 및 폐기물 스티커 구입 : 봉투판매소

---

① 갑은 토요일 저녁 8시에 일반 쓰레기를 쓰레기 종량제 봉투에 담아 자신의 집 앞에 배출하였다.

② 공동주택에 사는 을은 먹다 남은 찌개를 그대로 음식물 쓰레기 종량제 봉투에 담아 주택 앞에 배출하였다.

③ 병은 투명 비닐봉투에 캔과 스티로폼을 함께 담아 자신의 집 앞에 배출하였다.

④ 정은 사이다가 남아 있는 페트병을 투명 비닐봉투에 담아서 집 앞에 배출하였다.

⑤ 무는 집에서 쓰던 냉장고를 버리기 위해 폐기물 스티커를 구입 후 부착하여 월요일 저녁 9시에 자신의 집 앞에 배출하였다.

40 다음 글과 S시의 도로명 현황을 근거로 판단할 때, S시에서 발견될 수 있는 도로명은?

도로명의 구조는 일반적으로 두 개의 부분으로 나누어지는데 앞부분을 전부요소, 뒷부분을 후부요소라고 한다.

전부요소는 대상물의 특성을 반영하여 이름붙인 것이며 다른 곳과 구분하기 위해 명명된 부분이다. 즉, 명명의 배경이 반영되어 성립된 요소로 다양한 어휘가 사용된다. 후부요소로는 '로, 길, 골목'이 많이 쓰인다.

그런데 도로명은 전부요소와 후부요소만 결합한 기본형이 있고, 후부요소에 다른 요소가 첨가된 확장형이 있다. 확장형은 후부요소에 '1, 2, 3, 4···' 등이 첨가된 일련번호형과 '동, 서, 남, 북, 좌, 우, 윗, 아래, 앞, 뒷, 사이, 안, 중앙' 등의 어휘들이 첨가된 방위형이 있다.

〈S시의 도로명 현황〉

S시의 도로명을 모두 분류한 결과, 도로명의 전부요소로는 한글고유어보다 한자어가 더 많이 발견되었고, 기본형보다 확장형이 많이 발견되었다. 확장형의 후부요소로는 일련번호형이 많이 발견되었고, 일련번호는 '로'와만 결합되었다. 그리고 방위형은 '골목'과만 결합되었으며 사용된 어휘는 '동, 서, 남, 북'으로만 한정되었다.

① 행복1가
② 대학2로
③ 국민3길
④ 덕수궁뒷길
⑤ 꽃동네중앙골목

※ 본 모의고사는 채용공고 및 보도자료에 따라 SD에듀에서 임의로 구성한 것이므로 실제 시험과 상이할 수 있습니다.

PART 2

제**1**회

최종점검 모의고사

모바일 OMR
답안채점 / 성적분석
서비스

⏱ 응시시간 : 60분 ▤ 문항 수 : 50문항 정답 및 해설 p.032

※ 제시된 낱말의 대응 관계로 볼 때, 빈칸에 들어가기에 적절한 것을 고르시오. **[1~3]**

01

> 거드름 : 거만 = 삭임 : (   )

① 신체
② 등산
③ 소화
④ 소통
⑤ 검진

02

> 전화기 : 통화 = (   ) : 수면

① 식탁
② 수업
③ 치료
④ 침대
⑤ 거울

03

> 하트 : 사랑 = 네잎클로버 : (   )

① 운명
② 까마귀
③ 행운
④ 불행
⑤ 우연

※ 다음 제시된 낱말의 대응 관계로 볼 때 빈칸에 들어가기에 적절한 것끼리 짝지어진 것을 고르시오.
[4~5]

04

(A) : 희망 = 이바지 : (B)

	A	B
①	효과	효능
②	사려	수긍
③	공헌	귀감
④	특별	범상
⑤	염원	공헌

05

새 : (A) = 꽃 : (B)

	A	B
①	부리	열매
②	간격	식물원
③	하늘	수분
④	매	개나리
⑤	둥지	축하

※ 마지막 명제가 참일 때, 다음 빈칸에 들어갈 명제로 가장 적절한 것을 고르시오. [6~8]

06

> • 전쟁이 없어지면 세계 평화가 온다.
> • _____
> 그러므로 세계 평화가 오지 않으면 냉전체제가 계속된다.

① 전쟁이 없어지면 냉전체제가 계속된다.
② 세계 평화가 오면 전쟁이 없어진다.
③ 전쟁이 없어지지 않으면 냉전체제가 계속된다.
④ 세계 평화가 오려면 전쟁이 없어져야 한다.
⑤ 세계 평화가 오려면 냉전체제가 계속되어야 한다.

07

> • 경찰에 잡히지 않으면 도둑질을 하지 않은 것이다.
> • _____
> 그러므로 감옥에 안 가면 도둑질을 하지 않은 것이다.

① 도둑질을 하면 감옥에 간다.
② 감옥에 가면 도둑질을 한다.
③ 도둑질을 하면 경찰에 잡힌다.
④ 경찰에 잡히면 감옥에 간다.
⑤ 경찰은 도둑질을 하지 않는다.

08

> • 병원에 가지 않았다면 사고가 나지 않은 것이다.
> • _____
> 그러므로 무단횡단을 하면 병원에 간다.

① 사고가 나지 않으면 무단횡단을 하지 않은 것이다.
② 병원에 가지 않았다면 무단횡단을 하지 않은 것이다.
③ 병원에 가면 사고가 나지 않은 것이다.
④ 병원에 가면 무단횡단을 한 것이다.
⑤ 사고가 나면 무단횡단을 하지 않은 것이다.

09

- 가장 큰 B종 공룡보다 A종 공룡은 모두 크다.
- 일부의 C종 공룡은 가장 큰 B종 공룡보다 작다.
- 가장 큰 D종 공룡보다 B종 공룡은 모두 크다.

① 가장 작은 A종 공룡만 한 D종 공룡이 있다.
② 가장 작은 C종 공룡만 한 D종 공룡이 있다.
③ 어떤 C종 공룡은 가장 작은 A종 공룡보다 작다.
④ 어떤 A종 공룡은 가장 큰 C종 공룡보다 작다.
⑤ 어떤 D종 공룡은 가장 작은 B종 공룡보다 클 수 있다.

10

- 어떤 꽃은 향기롭다.
- 향기로운 꽃은 주위에 나비가 많다.
- 주위에 나비가 많은 모든 꽃은 아카시아이다.

① 주위에 나비가 없는 꽃은 아카시아이다.
② 어떤 꽃은 아카시아이다.
③ 주위에 나비가 많은 꽃은 향기롭다.
④ 어떤 꽃은 나비가 많지 않다.
⑤ 모든 아카시아는 향기롭다.

11

- 세경이는 전자공학을 전공한다.
- 원영이는 사회학을 전공한다.
- 세경이는 복수전공으로 패션디자인을 전공한다.

① 원영이는 전자공학을 전공한다.
② 세경이는 전자공학과 패션디자인 모두를 전공한다.
③ 원영이의 부전공은 패션디자인이다.
④ 세경이의 부전공은 패션디자인이다.
⑤ 원영이의 복수전공은 전자공학이다.

PART 2

12 K회사에서는 근무 연수가 1년씩 높아질수록 사용할 수 있는 여름 휴가 일수가 하루씩 늘어난다. K회사에 근무하는 A ~ E사원은 각각 서로 다른 해에 입사하였고, 최대 근무 연수가 4년을 넘지 않는다고 할 때, 다음 내용을 바탕으로 적절하게 추론한 것은?

- 올해로 3년 차인 A사원은 여름 휴가일로 최대 4일을 사용할 수 있다.
- B사원은 올해 여름휴가로 5일을 모두 사용하였다.
- C사원이 사용할 수 있는 여름 휴가 일수는 A사원의 휴가 일수보다 짧다.
- 올해 입사한 D사원은 1일을 여름 휴가일로 사용할 수 있다.
- E사원의 여름 휴가 일수는 D사원보다 길다.

① E사원은 C사원보다 늦게 입사하였다.
② 근무한 지 1년이 채 되지 않으면 여름휴가를 사용할 수 없다.
③ C사원의 올해 근무 연수는 2년이다.
④ B사원의 올해 근무 연수는 4년이다.
⑤ 근무 연수가 높은 순서대로 나열하면 'B - A - C - E - D'이다.

13 같은 반 학생인 A, B, C, D, E의 영어 단어 시험 결과이다. 다음 내용을 바탕으로 적절하게 추론한 것은?

- A는 이번 시험에서 1문제의 답을 틀렸다.
- B는 이번 시험에서 10문제의 답을 맞혔다.
- C만 유일하게 이번 시험에서 20문제 중 답을 다 맞혔다.
- D는 이번 시험에서 B보다 많은 문제의 답을 틀렸다.
- E는 지난 시험에서 15문제의 답을 맞혔고, 이번 시험에서는 지난 시험보다 더 많은 문제의 답을 맞혔다.

① A는 E보다 많은 문제의 답을 틀렸다.
② C는 가장 많이 답을 맞혔고, B는 가장 많이 답을 틀렸다.
③ B는 D보다 많은 문제의 답을 맞혔지만, E보다는 적게 답을 맞혔다.
④ D는 E보다 많은 문제의 답을 맞혔다.
⑤ E는 이번 시험에서 5문제 이상의 답을 틀렸다.

14 주차장에 이부장, 박과장, 김대리 세 사람의 차가 나란히 주차되어 있는데, 순서는 알 수 없다. 다음 중 한 사람의 말이 거짓이라고 할 때, 주차장에 주차된 순서로 적절한 것은?

- 이부장 : 내 옆에는 박과장 차가 세워져 있더군.
- 박과장 : 제 옆에 김대리 차가 있는 걸 봤어요.
- 김대리 : 이부장님 차가 가장 왼쪽에 있어요.
- 이부장 : 김대리 차는 가장 오른쪽에 주차되어 있던데.
- 박과장 : 저는 이부장님 옆에 주차하지 않았어요.

① 김대리 – 이부장 – 박과장
② 박과장 – 김대리 – 이부장
③ 박과장 – 이부장 – 김대리
④ 이부장 – 박과장 – 김대리
⑤ 이부장 – 김대리 – 박과장

15 민지, 아름, 진희, 희정, 세영은 함께 15시에 상영하는 영화를 예매하였고, 상영시간에 맞춰 영화관에 도착하는 순서대로 각자 상영관에 입장하였다. 다음 대화에서 한 사람이 거짓말을 하고 있을 때, 가장 마지막으로 영화관에 도착한 사람은 누구인가?(단, 다섯 명 모두 다른 시간에 도착하였다)

- 민지 : 나는 마지막에 도착하지 않았어. 다음에 분명 누군가가 왔어.
- 아름 : 내가 가장 먼저 영화관에 도착했어. 진희의 말은 진실이야.
- 진희 : 나는 두 번째로 영화관에 도착했어.
- 희정 : 나는 세 번째로 도착했고, 진희는 내가 도착한 다음에서야 왔어.
- 세영 : 나는 영화가 시작한 뒤에야 도착했어. 나는 마지막으로 도착했어.

① 민지
② 아름
③ 진희
④ 희정
⑤ 세영

16

| | | 7 | 8 | 13 | 38 | (|) | 788 | | |

① 160   ② 161
③ 162   ④ 163
⑤ 164

17

| | | 57 | 45 | 36 | (|) | 18 | 9 | | |

① 31   ② 30
③ 29   ④ 28
⑤ 27

18 다음은 중소기업 방송광고 활성화(제작비) 지원사업 절차이다. 다음 중 이에 대한 설명으로 적절하지 않은 것은?

〈중소기업 방송광고 활성화(제작비) 지원사업 절차〉

사업 시행 공고 (한국방송광고진흥공사)	3월, 7월	홈페이지 등에 공고

⇩

지원 신청 (해당 기업)	3월, 7월	• 신청자격 : 이노비즈 등 인증 중소기업으로 접수 마감일 기준 최근 1년 이내 지상파(전국) 또는 종합편성방송사에 방송광고 집행 실적이 없는 기업 • 신청 접수 : (1차) 3월 21일 ~ 4월 1일, (2차) 7월 18일 ~ 7월 29일

⇩

지원대상 선정 (지원협의회)	4월, 8월	• 예비심사(필요 시 시행) • 본심사

⇩

사업수행 협약 체결 (지원대상기업, 한국방송광고진흥공사)	4월, 8월	선정 통보 후 5일 이내 협약 체결

⇩

사업 수행 (지원대상기업)	협약 후 3개월 이내	• 방송광고 제작 계약서 제출(협약 후 45일 이내) • 방송광고 제작 • 방송광고 청약

⇩

사업 수행 완료 후 기금 지원 신청 (지원대상기업 → 한국방송광고진흥공사)	협약 후 3개월 이내	• 완성된 방송광고물 • 완성된 방송광고물의 제작비 상세 명세서 • 완성된 방송광고물의 방송광고 심의 소재 등록증 • 방송광고 청약서 등과 함께 기금 지원 신청서 제출

⇩

검증 및 기금 지원 결정 (지원협의회)	기금 지원 신청 익월	• 기금 지원 신청 금액 및 완성된 방송광고물의 검증 • 지원협의회 최종 승인 및 지급

① 1차는 4월 1일까지 신청 접수를 하면 된다.
② 4월과 8월에 지원협의회에서 지원대상을 선정하는데 모두 예비심사와 본심사를 받아야 한다.
③ 지원대상 선정과 같은 달에 사업수행 협약을 체결한다.
④ 협약 후 45일 이내에 방송광고 제작 계약서를 제출하고, 3개월 이내에 방송광고물을 제작한다.
⑤ 이노비즈 등 인증 중소기업이어야 지원 신청이 가능하다.

19 귀하는 점심식사 중 식당에 있는 TV에서 정부의 정책에 대한 뉴스가 나오는 것을 보았다. 함께 점심을 먹는 동료들과 뉴스를 보고 나눈 대화의 내용으로 적절하지 않은 것은?

〈뉴스〉

앵커 : 저소득층에게 법률서비스를 제공하는 정책을 구상 중입니다. 정부는 무료로 법률자문을 하겠다고 자원하는 변호사를 활용하는 자원봉사제도, 정부에서 법률 구조공단 등의 기관을 신설하고 변호사를 유급으로 고용하여 법률서비스를 제공하는 유급법률구조제도, 정부가 법률서비스의 비용을 대신 지불하는 법률보호제도 등의 세 가지 정책대안 중 하나를 선택할 계획입니다.

이 정책대안을 비교하는 데 고려해야 할 정책목표는 비용저렴성, 접근용이성, 정치적 실현가능성, 법률서비스의 전문성입니다. 정책대안과 정책목표의 관계는 화면으로 보여드립니다. 각 대안이 정책목표를 달성하는 데 유리한 경우는 (+)로, 불리한 경우는 (−)로 표시하였으며, 유·불리 정도는 같습니다. 정책목표에 대한 가중치의 경우, '0'은 해당 정책목표를 무시하는 것을, '1'은 해당 정책목표를 고려하는 것을 의미합니다.

〈정책대안과 정책목표의 상관관계〉

정책목표	가중치		정책대안		
	A안	B안	자원봉사제도	유급법률구조제도	법률보호제도
비용저렴성	0	0	+	−	−
접근용이성	1	0	−	+	−
정치적 실현가능성	0	0	+	−	+
전문성	1	1	−	+	−

① 아마도 전문성 면에서는 유급법률구조제도가 자원봉사제도보다 더 좋은 정책 대안으로 평가받게 되겠군.

② A안에 가중치를 적용할 경우 유급법률구조제도가 가장 적절한 정책대안으로 평가받게 되지 않을까?

③ 반대로 B안에 가중치를 적용할 경우 자원봉사제도가 가장 적절한 정책대안으로 평가받게 될 것 같아.

④ A안과 B안 중 어떤 것을 적용하더라도 정책대안 비교의 결과는 달라지지 않을 것으로 보여.

⑤ 비용저렴성을 달성하기에 가장 유리한 정책대안은 자원봉사제도로군.

20 경영기획실에서 근무하는 귀하는 매년 부서별 사업계획을 정리하는 업무를 맡고 있다. 다음 중 부서별 사업계획을 간략하게 정리한 보고서를 보고 귀하가 할 수 있는 생각으로 적절한 것은?

〈사업별 기간 및 소요예산〉

- A사업 : 총 사업기간은 2년으로, 첫해에는 1조 원, 둘째 해에는 4조 원의 예산이 필요하다.
- B사업 : 총 사업기간은 3년으로, 첫해에는 15조 원, 둘째 해에는 18조 원, 셋째 해에는 21조 원의 예산이 필요하다.
- C사업 : 총 사업기간은 1년으로, 총 소요예산은 15조 원이다.
- D사업 : 총 사업기간은 2년으로, 첫해에는 15조 원, 둘째 해에는 8조 원의 예산이 필요하다.
- E사업 : 총 사업기간은 3년으로, 첫해에는 6조 원, 둘째 해에는 12조 원, 셋째 해에는 24조 원의 예산이 필요하다.

올해를 포함한 향후 5년간 위의 5개 사업에 투자할 수 있는 예산은 아래와 같다.

〈연도별 가용예산〉

(단위 : 조 원)

1차연도(올해)	2차연도	3차연도	4차연도	5차연도
20	24	28.8	34.5	41.5

〈규정〉

(1) 모든 사업은 한번 시작하면 완료될 때까지 중단할 수 없다.
(2) 예산은 당해 사업연도에 남아도 상관없다.
(3) 각 사업연도의 예산은 이월될 수 없다.
(4) 모든 사업을 향후 5년 이내에 반드시 완료한다.

① B사업을 세 번째 해에 시작하고 C사업을 최종연도에 시행한다.
② A사업과 D사업을 첫해에 동시에 시작한다.
③ 첫해에는 E사업만 시작한다.
④ D사업을 첫해에 시작한다.
⑤ 첫해에 E사업과 A사업을 같이 시작한다.

21 제시문의 내용이 모두 참일 때, 다음 중 반드시 참인 것은?

> 만일 A정책이 효과적이라면, 부동산 수요가 조절되거나 공급이 조절된다. 만일 부동산 가격이 적정 수준에서 조절된다면, A정책이 효과적이라고 할 수 있다. 그리고 만일 부동산 가격이 적정 수준에서 조절된다면, 물가 상승이 없다는 전제 하에서 서민들의 삶이 개선된다. 부동산 가격은 적정 수준에서 조절된다. 그러나 물가가 상승한다면, 부동산 수요가 조절되지 않고 서민들의 삶도 개선되지 않는다. 물론 물가가 상승한다는 것은 분명하다.

① 서민들의 삶이 개선된다.
② 부동산 공급이 조절된다.
③ A정책이 효과적이라면, 물가가 상승하지 않는다.
④ A정책이 효과적이라면, 부동산 수요가 조절된다.
⑤ A정책이 효과적이라도, 부동산 가격은 적정 수준에서 조절되지 않는다.

22 A ~ E는 각기 다른 구역을 담당하고 있다. 이들이 담당하는 구역의 업무와 관련된 기획안이 제시되었다. 이에 대하여 A ~ E는 찬성과 반대 둘 중 하나의 의견을 제시했다고 알려졌다. 제시된 〈조건〉이 모두 참일 때, 다음 중 옳은 것은?

> **조건**
> • A 또는 D 둘 중 적어도 하나가 반대하면, C는 찬성하고 E는 반대한다.
> • B가 반대하면, A는 찬성하고 D는 반대한다.
> • D가 반대하면 C도 반대한다.
> • E가 반대하면 B도 반대한다.
> • 적어도 한 사람이 반대한다.

① A는 찬성하고 B는 반대한다.
② A는 찬성하고 E는 반대한다.
③ B와 D는 반대한다.
④ C는 반대하고 D는 찬성한다.
⑤ C와 E는 찬성한다.

23 제시된 내용이 모두 참일 때, 다음 중 외부 인사의 성명이 될 수 있는 것은?

직원은 지난 회의에서 만났던 외부 인사 세 사람에 대해 얘기하고 있다. 이들은 외부 인사들의 이름은 모두 정확하게 기억하고 있다. 그러나 그들의 성(姓)에 대해서는 그렇지 않다.

혜민 : 김지후와 최준수와는 많은 대화를 나눴는데, 이진서와는 거의 함께 할 시간이 없었어.
민준 : 나도 이진서와 최준수와는 시간을 함께 보낼 수 없었어. 그런데 지후는 최씨였어.
서현 : 진서가 최씨였고, 다른 두 사람은 김준수와 이지후였지.

세 명의 직원들은 외부 인사에 대하여 각각 단 한 명씩의 성명만을 올바르게 기억하고 있으며, 외부 인사들의 성씨는 각각 김씨, 이씨, 최씨이다.

① 김진서, 이준수, 최지후
② 최진서, 김준수, 이지후
③ 이진서, 김준수, 최지후
④ 최진서, 이준수, 김지후
⑤ 김진서, 최준수, 이지후

24 A ~ D 4개의 밭이 나란히 있다. 첫 해에 A에는 장미, B에는 진달래, C에는 튤립을 심었고, D에는 아무 것도 심지 않았다. 그리고 2년차에는 C에 아무 것도 심지 않기로 하였다. 이 경우 다음 〈조건〉을 따를 때, 3년차에 가능한 것은?

> **조건**
> • 하나의 밭에는 한 가지 꽃만 심는다.
> • 심을 수 있는 꽃은 장미, 튤립, 진달래, 백합, 나팔꽃이다.
> • 한 가지 꽃을 두 군데 이상 심으면 안 된다.
> • 장미와 튤립을 인접해서 심으면 안 된다.
> • 전 해에 장미를 심었던 밭에는 아무 것도 심지 않거나 진달래를 심고, 진달래를 심었던 밭에는 아무 것도 심지 않거나 장미를 심어야 한다(단, 아무 것도 심지 않았던 밭에는 그 전 해에 장미를 심었으면 진달래를, 진달래를 심었으면 장미를 심어야 한다).
> • 매년 한 군데 밭에만 아무 것도 심지 않아야 한다.
> • 각각의 밭은 4년에 한 번만 아무 것도 심지 않아야 한다.
> • 전 해에 심지 않은 꽃 중 적어도 한 가지는 심어야 한다.
> • 튤립은 2년에 1번씩 심어야 한다.

	A	B	C	D
①	장미	진달래	튤립	심지 않음
②	심지 않음	진달래	나팔꽃	백합
③	장미	심지 않음	나팔꽃	튤립
④	심지 않음	진달래	백합	나팔꽃
⑤	장미	진달래	심지 않음	튤립

25 K국은 A ~ D 정책을 실시하려고 한다. 제시된 〈조건〉을 근거로 각 정책을 비용 대비 효과가 가장 큰 순서대로 나열한 것은?

> 조건
> • A정책을 B정책 뒤에 실시하면 A정책의 효과가 절반으로 줄어든다.
> • D정책을 A정책 전에 실시하면 D정책의 효과는 0이 된다.
> • A정책과 B정책을 바로 이어서 실시하면 A정책과 B정책의 비용이 두 배가 된다.
> • A정책과 C정책을 서로 인접하여 실시하면 A정책과 C정책의 효과가 절반으로 줄어든다.
> • A정책과 D정책은 다른 정책 하나를 사이에 두고 실시하면 A정책과 D정책의 효과는 두 배가 된다.

① A－B－C－D
② A－B－D－C
③ A－C－B－D
④ A－C－D－B
⑤ A－D－C－B

26 세미나에 참석한 A사원, B사원, C주임, D주임, E대리는 각자 숙소를 배정받았다. A사원, D주임은 여자이고, B사원, C주임, E대리는 남자이다. 제시된 〈조건〉과 같이 숙소가 배정되었을 때, 다음 중 옳지 않은 것은?

> 조건
> • 숙소는 5층이며 각 층마다 1명씩 배정한다.
> • E대리의 숙소는 D주임의 숙소보다 위층이다.
> • 1층에는 주임을 배정한다.
> • 1층과 3층에는 남직원을 배정한다.
> • 5층에는 사원을 배정한다.

① D주임은 2층에 배정된다.
② 5층에 A사원이 배정되면 4층에 B사원이 배정된다.
③ 5층에 B사원이 배정되면 4층에 A사원이 배정된다.
④ C주임은 1층에 배정된다.
⑤ 5층에 B사원이 배정되면 3층에 E대리가 배정된다.

27 K시의 버스정류소 명칭 관리 및 운영계획을 근거로 판단할 때, 다음 중 항상 옳은 것은?(단, 모든 정류소는 K시 내에 있다)

〈K시 버스정류소 명칭 관리 및 운영계획〉

□ 정류소 명칭 부여기준
- 글자 수 : 15자 이내로 제한
- 명칭 수 : 2개 이내로 제한
  - 정류소 명칭은 지역대표성 명칭을 우선으로 부여
  - 2개를 병기할 경우 우선순위대로 하되, 중점(·)으로 구분

우선순위	지역대표성 명칭			특정법인(개인) 명칭	
	1	2	3	4	5
명칭	고유지명	공공기관, 공공시설	관광지	시장, 아파트, 상가, 빌딩	기타 (회사, 상점 등)

□ 정류소 명칭 변경 절차
- 자치구에서 명칭 부여기준에 맞게 홀수달 1일에 신청
  - 홀수달 1일에 하지 않은 신청은 그 다음 홀수달 1일 신청으로 간주
- 부여기준에 적합한지를 판단하여 시장이 승인 여부를 결정
- 관련기관은 정류소 명칭 변경에 따른 정비를 수행
- 관련기관은 정비결과를 시장에게 보고

명칭 변경 신청 (자치구)	▶	명칭 변경 승인 (시장)	▶	명칭 변경에 따른 정비(관련기관)	▶	정비결과 보고 (관련기관)
홀수달 1일 신청		신청일로부터 5일 이내		승인일로부터 7일 이내		정비완료일로부터 3일 이내

※ 단, 주말 및 공휴일도 일수(日數)에 산입하며, 당일(신청일, 승인일, 정비완료일)은 일수에 산입하지 않는다.

---

① 자치구가 7월 2일에 정류소 명칭 변경을 신청한 경우, K시의 시장은 늦어도 7월 7일까지는 승인 여부를 결정해야 한다.

② 자치구가 8월 16일에 신청한 정류소 명칭 변경이 승인될 경우, 늦어도 9월 16일까지는 정비결과가 시장에게 보고된다.

③ '가나서점·가나3단지아파트'라는 정류소 명칭은 부여기준에 적합하다.

④ '다라중학교·다라동1차아파트'라는 정류소 명칭은 글자 수가 많아 명칭 부여기준에 적합하지 않다.

⑤ 명칭을 변경하는 정류소에 '마바구도서관·마바시장·마바물산'이라는 명칭이 부여될 수 있다.

28 다음 글을 근거로 판단할 때, 〈보기〉에서 적절한 것을 모두 고르면?

- 다음과 같이 9개의 도시(A ~ I)가 위치하고 있다.

A	B	C
D	E	F
G	H	I

- A ~ I시가 미세먼지 저감을 위해 5월부터 차량 운행 제한 정책을 시행함에 따라 제한 차량의 도시 진입 및 도시 내 운행이 금지된다.
- 모든 차량은 4개의 숫자로 된 차량번호를 부여받으며 각 도시의 제한 요건은 아래와 같다.

도시		제한 차량
A, E, F, I	홀수일	차량번호가 홀수로 끝나는 차량
	짝수일	차량번호가 짝수로 끝나는 차량
B, G, H	홀수일	차량번호가 짝수로 끝나는 차량
	짝수일	차량번호가 홀수로 끝나는 차량
C, D	월요일	차량번호가 1 또는 6으로 끝나는 차량
	화요일	차량번호가 2 또는 7로 끝나는 차량
	수요일	차량번호가 3 또는 8로 끝나는 차량
	목요일	차량번호가 4 또는 9로 끝나는 차량
	금요일	차량번호가 0 또는 5로 끝나는 차량
	토·일요일	없음

※ 단, 0은 짝수로 간주한다.

- 도시 간 이동 시에는 도시 경계선이 서로 맞닿아 있지 않은 도시로 바로 이동할 수 없다. 예컨대 A시에서 E시로 이동하기 위해서는 반드시 B시나 D시를 거쳐야 한다.

보기

ㄱ. 갑은 5월 1일(토)에 E시에서 차량번호가 1234인 차량을 운행할 수 있다.
ㄴ. 을은 5월 6일(목)에 차량번호가 5639인 차량으로 A시에서 D시로 이동할 수 있다.
ㄷ. 병은 5월 중 어느 하루에 동일한 차량으로 A시에서 H시로 이동할 수 있다.
ㄹ. 정은 5월 15일(토)에 차량번호가 9790인 차량으로 D시에서 F시로 이동할 수 있다.

① ㄱ, ㄴ
② ㄱ, ㄹ
③ ㄴ, ㄷ
④ ㄴ, ㄹ
⑤ ㄷ, ㄹ

29 다음 중 〈조건〉에 따라 바르게 추론한 것만을 〈보기〉에서 모두 고르면?

> (가) ~ (마)팀이 현재 수행하고 있는 과제의 수는 다음과 같다.
> – (가)팀 : 0   – (나)팀 : 1
> – (다)팀 : 2   – (라)팀 : 2
> – (마)팀 : 3
> 이 과제에 추가하여 8개의 새로운 과제 a, b, c, d, e, f, g, h를 다음 〈조건〉에 따라 (가) ~ (마)팀에 배정한다.

> **조건**
> • 어느 팀이든 새로운 과제를 적어도 하나는 맡아야 한다.
> • 기존에 수행하던 과제를 포함해서 한 팀이 맡을 수 있는 과제는 최대 4개이다.
> • 기존에 수행하던 과제를 포함해서 4개 과제를 맡는 팀은 둘이다.
> • a, b는 한 팀이 맡아야 한다.
> • c, d, e는 한 팀이 맡아야 한다.

> **보기**
> ㄱ. a를 (나)팀이 맡을 수 없다.
> ㄴ. f를 (가)팀이 맡을 수 있다.
> ㄷ. 기존에 수행하던 과제를 포함해서 2개 과제를 맡는 팀이 반드시 있다.

① ㄱ   ② ㄴ
③ ㄱ, ㄷ   ④ ㄴ, ㄷ
⑤ ㄱ, ㄴ, ㄷ

30 A는 잊어버린 네 자리 숫자의 비밀번호를 기억해 내려고 한다. 비밀번호에 대해서 가지고 있는 단서가 〈조건〉과 같을 때 다음 중 옳지 않은 것은?

> **조건**
> • 비밀번호를 구성하고 있는 어떤 숫자도 소수가 아니다.
> • 6과 8 중에 단 하나만 비밀번호에 들어가는 숫자다.
> • 비밀번호는 짝수로 시작한다.
> • 골라낸 네 개의 숫자를 큰 수부터 차례로 나열해서 비밀번호를 만들었다.
> • 같은 숫자는 두 번 이상 들어가지 않는다.

① 비밀번호는 짝수이다.
② 비밀번호의 앞에서 두 번째 숫자는 4이다.
③ 위의 조건을 모두 만족시키는 번호는 모두 3개가 있다.
④ 비밀번호는 1을 포함하지만 9는 포함하지 않는다.
⑤ 위의 조건을 모두 만족시키는 번호 중 가장 작은 수는 6410이다.

31 제시된 〈조건〉이 모두 참일 때, 대책회의에 참석하는 전문가의 최대 인원수는?

8명의 전문가 A~H를 대상으로 코로나19 대책회의 참석 여부에 관해 조사한 결과 다음과 같은 정보를 얻었다.
- A, B, C 세 사람이 모두 참석하면, D나 E 가운데 적어도 한 사람은 참석한다.
- C와 D 두 사람이 모두 참석하면, F도 참석한다.
- E는 참석하지 않는다.
- F나 G 가운데 적어도 한 사람이 참석하면, C와 E 두 사람도 참석한다.
- H가 참석하면, F나 G 가운데 적어도 한 사람은 참석하지 않는다.

① 1명
② 2명
③ 3명
④ 4명
⑤ 5명

32 제시된 자료를 근거로 판단할 때, 다음 중 숫자코드가 될 수 있는 것은?

숫자코드를 만드는 규칙은 다음과 같다.
- 그림과 같이 작은 정사각형 4개로 이루어진 큰 정사각형이 있고, 작은 정사각형의 꼭짓점마다 1~9의 번호가 지정되어 있다.

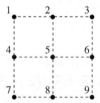

- 펜을 이용해서 9개의 점 중 임의의 하나의 점에서 시작하여(이하 시작점이라 한다) 다른 점으로 직선을 그어 나간다.
- 다른 점에 도달하면 펜을 종이 위에서 떼지 않고 또 다른 점으로 계속해서 직선을 그어 나간다. 단, 한 번 그은 직선 위에 또 다른 직선을 겹쳐서 그을 수 없다.
- 시작점을 포함하여 4개 이상의 점에 도달한 후 펜을 종이 위에서 뗄 수 있다. 단, 시작점과 동일한 점에서는 뗄 수 없다.
- 펜을 종이에서 뗀 후, 그어진 직선이 지나는 점의 번호를 순서대로 모두 나열한 것이 숫자코드가 된다. 예를 들어 1번 점에서 시작하여 6번, 5번, 8번 순으로 직선을 그었다면 숫자코드는 16580이다.

① 596
② 15953
③ 53695
④ 642987
⑤ 9874126

33 다음 중 프로야구 리그의 신인선수 선발규정과 리그 성적표를 보고 추론한 것으로 옳지 않은 것은?

〈신인선수 선발규정〉

구단 간의 전력 평준화를 통한 경기력 향상을 도모하기 위하여 신인선수 선발과정에서 하위구단에게 우선권을 부여한다. 구체적인 방식은 다음과 같다.

– 1순위 신인선발권 : 성적에 따라 각 구단에게 부여된 추첨표를 모두 하나의 추첨상자에 넣고, 1장을 추첨하여 당첨된 구단에게 준다.
– 2순위 신인선발권 : 1순위 당첨구단의 추첨표를 모두 제거한 후 1장을 추첨하여 당첨된 구단에게 준다.
– 3순위 신인선발권 : 1, 2순위 당첨구단의 추첨표를 모두 제거한 후 1장을 추첨하여 당첨된 구단에게 준다.
– 4순위 신인선발권 : 모든 추첨표를 제거한 후 1, 2, 3 순위 당첨구단을 제외한 나머지 구단에게 동일한 수의 추첨표를 부여하고, 1장을 추첨하여 당첨된 구단에게 준다.
– 5순위 신인선발권 : 4순위 당첨구단의 추첨표를 모두 제거하고 1장을 추첨하여 당첨된 구단에게 준다.
– 6순위 신인선발권 : 5순위까지 추첨되지 못한 구단에게 준다.
– 추첨표는 다음과 같이 부여한다.

전년순위	추첨표	금년순위	추첨표
1위	0장	1위	0장
2위	0장	2위	0장
3위	0장	3위	2장
4위	1장	4위	3장
5위	2장	5위	4장
6위	3장	6위	5장

〈리그 성적표〉

전년도		금년도	
순위	구단	순위	구단
1위	A	1위	A
2위	B	2위	C
3위	C	3위	D
4위	D	4위	B
5위	E	5위	F
6위	F	6위	E

① A구단은 1순위 신인선발권을 얻을 수는 없지만, 4순위 신인선발권을 얻을 확률은 1/3이다.
② B구단이 1순위 신인선발권을 얻을 확률은 D구단이 1순위 신인선발권을 얻을 확률과 같다.
③ C구단은 신인선발권 확보에서 A구단보다 유리한 입장에 있다.
④ E구단이 1순위 신인선발권을 얻게 된다면 F구단이 2순위 신인선발권을 얻을 확률은 50%를 넘는다.
⑤ E구단이나 F구단은 6순위 신인선발권을 얻을 가능성이 있다.

34 정부는 농산물 가격의 안정을 위해서 정부미를 방출할 계획이다. 제시된 자료를 근거로 정부미를 방출할 때, 다음 중 보관소에서 도시로 공급하는 정부미의 양을 바르게 제시한 것은?

〈정부미 공급 절차〉

1. 수송비용표에서 톤당 수송비가 가장 적은 경우를 골라 공급 및 수요 조건의 범위 내에서 가능한 한 많은 양을 할당한다.
2. 그 다음으로 톤당 수송비가 적은 경우를 골라 공급 및 수요 조건의 범위 내에서 가능한 한 많은 양을 할당한다.
3. 위 과정을 공급량과 수요량이 충족될 때까지 계속한다. 만일 두 개 이상의 경우에서 톤당 수송비가 같으면 더 많은 양을 할당할 수 있는 곳에 우선적으로 할당한다.

〈도시별 수요량과 보관소별 공급량〉

(단위 : 톤)

도시	수요량	보관소	공급량
A도시	140	서울보관소	120
B도시	300	대전보관소	200
C도시	60	부산보관소	180
합계	500	합계	500

〈톤당 수송비용〉

(단위 : 만 원)

구분	A도시	B도시	C도시
서울보관소	40	18	10
대전보관소	12	20	36
부산보관소	4	15	12

① 서울보관소는 A도시에 정부미 50톤을 공급한다.
② 서울보관소는 C도시에 정부미 60톤을 공급한다.
③ 대전보관소는 A도시에 정부미 100톤을 공급한다.
④ 대전보관소는 B도시에 정부미 140톤을 공급한다.
⑤ 부산보관소는 C도시에 정부미 10톤을 공급한다.

35 다음 상황과 대화를 근거로 판단할 때, 〈보기〉에서 옳은 설명을 모두 고른 것은?

지구와 거대한 운석이 충돌할 것으로 예상되자, A국 정부는 인류의 멸망을 막기 위해 갑, 을, 병 세 사람을 각각 냉동캡슐에 넣어 보존하기로 했다. 운석 충돌 후 시간이 흘러 지구에 다시 사람이 살 수 있는 환경이 조성되자, 3개의 냉동캡슐은 각각 다른 시점에 해동이 시작되어 하루 만에 완료되었다. 그 후 갑, 을, 병 세 사람은 2120년 9월 7일 한 자리에 모여 다음과 같은 대화를 나누었다.

갑 : 나는 2086년에 태어났습니다. 19살에 냉동캡슐에 들어갔고, 캡슐에서 해동된 지는 정확히 7년이 되었어요.

을 : 나는 2075년생입니다. 26살에 냉동캡슐에 들어갔고, 캡슐에서 해동된 것은 지금으로부터 1년 5개월 전입니다.

병 : 난 2083년 5월 17일에 태어났어요. 21살이 되기 두 달 전에 냉동캡슐에 들어갔고, 해동된 건 일주일 전이에요.

※ 이들이 밝히는 나이는 만 나이이며, 냉동되어 있는 기간은 나이에 산입되지 않는다.

보기

ㄱ. 갑, 을, 병이 냉동되어 있던 기간은 모두 다르다.

ㄴ. 대화를 나눈 시점에 갑이 병보다 나이가 어리다.

ㄷ. 가장 이른 연도에 냉동캡슐에 들어간 사람은 갑이다.

① ㄱ   ② ㄱ, ㄴ

③ ㄱ, ㄷ   ④ ㄴ, ㄷ

⑤ ㄱ, ㄴ, ㄷ

36 다음 글과 진술 내용을 근거로 판단할 때, 첫 번째 사건의 가해차량 번호와 두 번째 사건의 목격자를 올바르게 짝지은 것은?

- 어제 두 건의 교통사고가 발생하였다.
- 첫 번째 사건의 가해차량 번호는 다음 셋 중 하나이다.
  99★2703, 81★3325, 32★8624
- 어제 사건에 대해 진술한 목격자는 갑, 을, 병 세 명이다. 이 중 두 명의 진술은 첫 번째 사건의 가해차량 번호에 대한 것이고 나머지 한 명의 진술은 두 번째 사건의 가해차량 번호에 대한 것이다.
- 첫 번째 사건의 가해차량 번호는 두 번째 사건의 목격자 진술에 부합하지 않는다.
- 편의상 차량 번호에서 ★ 앞의 두 자리 수는 A, ★ 뒤의 네 자리 수는 B라고 한다.

〈진술 내용〉

- 갑 : A를 구성하는 두 숫자의 곱은 B를 구성하는 네 숫자의 곱보다 작다.
- 을 : B를 구성하는 네 숫자의 합은 A를 구성하는 두 숫자의 합보다 크다.
- 병 : B는 A의 50배 이하이다.

	첫 번째 사건의 가해차량 번호	두 번째 사건의 목격자
①	99★2703	갑
②	99★2703	을
③	81★3325	을
④	81★3325	병
⑤	32★8624	병

37 다음의 상황을 근거로 판단할 때, 길동이가 오늘 아침에 수행한 아침 일과에 포함될 수 없는 것은?

> 길동이는 오늘 아침 7시 20분에 기상하여, 25분 후인 7시 45분에 집을 나섰다. 길동이는 주어진 25분을 모두 아침 일과를 쉼없이 수행하는 데 사용했다.
>
> 아침 일과를 수행하는 데 정해진 순서는 없으며, 같은 아침 일과를 두 번 이상 수행하지 않는다. 단, 머리를 감았다면 반드시 말리며, 각 아침 일과 수행 중에 다른 아침 일과를 동시에 수행할 수는 없다. 각 아침 일과를 수행하는 데 소요되는 시간은 아래와 같다.

아침 일과	소요 시간
샤워	10분
세수	4분
머리 감기	3분
머리 말리기	5분
몸치장하기	7분
구두 닦기	5분
주스 만들기	15분
양말 신기	2분

① 세수
② 머리 감기
③ 구두 닦기
④ 몸치장하기
⑤ 주스 만들기

38 다음 상황을 근거로 판단할 때, 36개의 로봇 중 가장 빠른 로봇 1, 2위를 선발하기 위해 필요한 최소 경기 수는?

> • 전국 로봇달리기 대회에 36개의 로봇이 참가한다.
> • 경주 레인은 총 6개이고, 경기당 각 레인에 하나의 로봇만 배정할 수 있으나, 한 경기에 모든 레인을 사용할 필요는 없다.
> • 배정된 레인 내에서 결승점을 먼저 통과하는 순서대로 순위를 정한다.
> • 속력과 시간의 측정은 불가능하고, 오직 경기 결과에 의해서만 순위를 결정한다.
> • 로봇별 속력은 모두 다르고 각 로봇의 속력은 항상 일정하다.
> • 로봇의 고장과 같은 다른 요인은 경기 결과에 영향을 미치지 않는다.

① 7경기
② 8경기
③ 9경기
④ 10경기
⑤ 11경기

39 다음 글을 근거로 판단할 때, 〈보기〉의 가락을 연주하기 위해 ㉱를 누른 상태로 줄을 튕기는 횟수는?

줄이 하나인 현악기가 있다. 이 악기는 줄을 누를 수 있는 지점이 ㉮부터 ㉻까지 총 11곳 있고, 이 중 어느 한 지점을 누른 상태로 줄을 튕겨서 연주한다. ㉮를 누르고 줄을 튕기면 A음이 나고, ㉯를 누르고 줄을 튕기면 A음 보다 반음 높은 소리가 난다. 이런 식으로 ㉮~㉻순으로 누르는 지점을 옮길 때마다 반음씩 더 높은 소리가 나며, 최저 A음부터 최고 G음까지 낼 수 있다.

이들 음은 다음과 같은 특징이 있다.
• 반음 차이 두 개의 합은 한음 차이와 같다.
• A음보다 B음이, C음보다 D음이, D음보다 E음이, F음보다 G음이 한음 높고, 둘 중 낮은 음보다 반음 높은 음은 낮은 음의 이름 오른쪽에 #을 붙여 표시한다.
• B음보다 C음이, E음보다 F음이 반음 높다.

보기

E D# E D# E B D C A A A B E G B C

① 0회   ② 1회

③ 2회   ④ 3회

⑤ 4회

40 다음 상황을 근거로 판단할 때, 초록 모자를 쓰고 있는 사람과 A의 입장에서 왼편에 앉은 사람으로 모두 옳은 것은?

〈상황〉

- A, B, C, D 네 명이 정사각형 테이블의 각 면에 한 명씩 둘러앉아 있다.
- 빨강, 파랑, 노랑, 초록 색깔의 모자 4개가 있다. A, B, C, D는 이 중 서로 다른 색깔의 모자 하나씩을 쓰고 있다.
- A와 B는 여자이고 C와 D는 남자이다.
- A 입장에서 왼편에 앉은 사람은 파란 모자를 쓰고 있다.
- B 입장에서 왼편에 앉은 사람은 초록 모자를 쓰고 있지 않다.
- C 맞은편에 앉은 사람은 빨간 모자를 쓰고 있다.
- D 맞은편에 앉은 사람은 노란 모자를 쓰고 있지 않다.
- 노란 모자를 쓴 사람과 초록 모자를 쓴 사람 중 한 명은 남자이고 한 명은 여자이다.

	초록 모자를 쓰고 있는 사람	A 입장에서 왼편에 앉은 사람
①	A	B
②	A	D
③	B	C
④	B	D
⑤	C	B

41 A, B, C, D, E, F의 여섯 나라가 있다. A국은 가능하면 다른 나라들을 침공하여 합병하고자 하지만 다음과 같은 제약이 있어 고민하고 있다. 이 경우 A국이 최대한으로 합병할 수 있는 나라를 모두 고른 것은?

- B국과 C국은 서로 적대적이어서 연합할 수 없다.
- C국과 F국은 서로 적대적이어서 연합할 수 없다.
- D국과 F국은 서로 적대적이어서 연합할 수 없다.
- 세 나라가 연합하여야 다른 나라를 침공할 수 있다.
- 다른 나라에 의해 침공 받는 나라는 연합할 수 있는 나라가 있으면 최대한 연합하며, 두 나라가 연합할 경우 침공을 막을 수 있다.
- F국과 연합한 나라는 D국을 침공할 수 없다.
- E국은 중립국으로 어느 나라와도 연합하지 않고 또한 다른 나라가 침공할 수 없다.

① B
② C
③ F
④ B, F
⑤ C, F

42 어느 부처의 시설과에 A, B, C, D, E, F의 총 6명의 직원이 있다. 이들 가운데 반드시 4명의 직원으로만 팀을 구성하여 부처회의에 참석해 달라는 요청이 있었다. 만일 E가 불가피한 사정으로 그 회의에 참석할 수 없게 된 상황에서 아래의 〈조건〉을 모두 충족시켜야만 한다면 몇 개의 팀이 구성될 수 있는가?

> **조건**
> • 조건 1 : A 또는 B는 반드시 참석해야 한다. 하지만 A, B가 함께 참석할 수 없다.
> • 조건 2 : D 또는 E는 반드시 참석해야 한다. 하지만 D, E가 함께 참석할 수 없다.
> • 조건 3 : 만일 C가 참석하지 않게 된다면 D도 참석할 수 없다.
> • 조건 4 : 만일 B가 참석하지 않게 된다면 F도 참석할 수 없다.

① 0개   ② 1개
③ 2개   ④ 3개
⑤ 4개

43 그린 포럼의 일정을 조정하고 있는 A행정관이 고려해야 할 사항들이 다음과 같을 때, 반드시 참이라고는 할 수 없는 것은?

> • 포럼은 개회사, 발표, 토론, 휴식으로 구성하며, 휴식은 생략할 수 있다.
> • 포럼은 오전 9시에 시작하여 늦어도 당일 정오까지는 마쳐야 한다.
> • 개회사는 포럼 맨 처음에 10분 또는 20분으로 한다.
> • 발표는 3회까지 계획할 수 있으며, 각 발표시간은 동일하게 40분으로 하거나 동일하게 50분으로 한다.
> • 각 발표마다 토론은 10분으로 한다.
> • 휴식은 최대 2회까지 가질 수 있으며, 1회 휴식은 20분으로 한다.

① 발표를 2회 계획한다면, 휴식을 2회 가질 수 있는 방법이 있다.
② 발표를 2회 계획한다면, 오전 11시 이전에 포럼을 마칠 방법이 있다.
③ 발표를 3회 계획하더라도, 휴식을 1회 가질 수 있는 방법이 있다.
④ 각 발표를 50분으로 하더라도, 발표를 3회 가질 수 있는 방법이 있다.
⑤ 각 발표를 40분으로 하고 개회사를 20분으로 하더라도, 휴식을 2회 가질 수 있는 방법이 있다.

44 다음 재난관리 평가지침과 상황을 근거로 판단할 때 적절한 것은?

〈재난관리 평가지침〉

□ 순위산정 기준
- 최종순위 결정
  - 정량평가 점수(80점)와 정성평가 점수(20점)의 합으로 계산된 최종점수가 높은 순서대로 순위 결정
- 동점기관 처리
  - 최종점수가 동점일 경우에는 정성평가 점수가 높은 순서대로 순위 결정
□ 정성평가 기준
- 지자체 및 민간분야와의 재난안전분야 협력(10점 만점)

평가	상	중	하
선정비율	20%	60%	20%
배점	10점	6점	3점

- 재난관리에 대한 종합평가(10점 만점)

평가	상	중	하
선정비율	20%	60%	20%
배점	10점	5점	1점

일부 훼손된 평가표는 아래와 같다(단, 평가대상기관은 5개이다).

기관＼평가	정량평가 (80점 만점)	정성평가 (20점 만점)
A	71	20
B	80	11
C	69	11
D	74	
E	66	

① A기관이 2위일 수도 있다.
② B기관이 3위일 수도 있다.
③ C기관이 4위일 가능성은 없다.
④ D기관이 3위일 가능성은 없다.
⑤ E기관은 어떠한 경우에도 5위일 것이다.

45 다음 상황을 근거로 판단할 때, 짜장면 1그릇의 가격은?

- A중식당의 각 테이블별 주문 내역과 그 총액은 아래 표와 같다.
- 각 테이블에서는 음식을 주문 내역별로 1그릇씩 주문하였다.

테이블	주문 내역	총액(원)
1	짜장면, 탕수육	17,000
2	짬뽕, 깐풍기	20,000
3	짜장면, 볶음밥	14,000
4	짬뽕, 탕수육	18,000
5	볶음밥, 깐풍기	21,000

① 4,000원 ② 5,000원
③ 6,000원 ④ 7,000원
⑤ 8,000원

46 다음 글과 A여행사 해외여행 상품을 근거로 판단할 때, 세훈이 선택할 여행지는?

인희 : 다음 달 셋째 주에 연휴던데, 그때 여행갈 계획 있어?

세훈 : 응, 이번에는 꼭 가야지. 월요일, 수요일, 금요일이 공휴일이잖아. 그래서 우리 회사에서는 화요일과 목요일에만 연가를 쓰면 앞뒤 주말 포함해서 최대 9일 연휴가 되더라고. 그런데 난 연가가 하루밖에 남지 않아서 그렇게 길게는 안 돼. 그래도 이번엔 꼭 해외여행을 갈 거야.

인희 : 어디로 갈 생각이야?

세훈 : 나는 어디로 가든 상관없는데 여행지에 도착할 때까지 비행기를 오래 타면 너무 힘들더라고. 그래서 편도로 총 비행시간이 8시간 이내면서 직항 노선이 있는 곳으로 가려고.

인희 : 여행기간은 어느 정도로 할 거야?

세훈 : 남은 연가를 잘 활용해서 주어진 기간 내에서 최대한 길게 다녀오려고 해. A여행사 해외여행 상품 중에 하나를 정해서 다녀올 거야.

〈A여행사 해외여행 상품〉

여행지	여행기간(한국시각 기준)	총 비행시간(편도)	비행기 환승 여부
두바이	4박 5일	8시간	직항
모스크바	6박 8일	8시간	직항
방콕	4박 5일	7시간	1회 환승
홍콩	3박 4일	5시간	직항
뉴욕	4박 5일	14시간	직항

① 두바이 ② 모스크바
③ 방콕 ④ 홍콩
⑤ 뉴욕

47 다음 글과 상황을 근거로 판단할 때, 갑이 둘째 딸에게 물려주려는 땅의 크기는?

한 도형이 다른 도형과 접할 때, 안쪽에서 접하는 것을 내접, 바깥쪽에서 접하는 것을 외접이라고 한다. 이를테면 한 개의 원이 다각형의 모든 변에 접할 때, 그 다각형은 원에 외접한다고 하며 원은 다각형에 내접한다고 한다. 한편 원이 한 다각형의 각 꼭짓점을 모두 지날 때 그 원은 다각형에 외접한다고 하며, 다각형은 원에 내접한다고 한다. 정다각형은 반드시 내접원과 외접원을 가지게 된다.

〈상황〉

갑은 죽기 전 자신이 가진 가로와 세로가 각각 100m인 정사각형의 땅을 다음과 같이 나누어 주겠다는 유서를 작성하였다.

"내 전 재산인 정사각형의 땅에 내접하는 원을 그리고, 다시 그 원에 내접하는 정사각형을 그린다. 그 내접하는 정사각형에 해당하는 땅을 첫째 딸에게 주고, 나머지 부분은 둘째 딸에게 물려준다."

① 4,000m^2

② 5,000m^2

③ 6,000m^2

④ 7,000m^2

⑤ 8,000m^2

48 A~E 5명이 다음 규칙에 따라 게임을 하고 있다. 4 → 1 → 1의 순서로 숫자가 호명되어 게임이 진행되었다면 네 번째 술래는?

- A → B → C → D → E 순으로 반시계방향으로 동그랗게 앉아있다.
- 한 명의 술래를 기준으로, 술래는 항상 숫자 3을 배정받고, 반시계방향으로 술래 다음 사람이 숫자 4를, 그 다음 사람이 숫자 5를, 술래 이전 사람이 숫자 2를, 그 이전 사람이 숫자 1을 배정받는다.
- 술래는 1~5의 숫자 중 하나를 호명하고, 호명된 숫자에 해당하는 사람이 다음 술래가 된다. 새로운 술래를 기준으로 다시 위의 조건에 따라 숫자가 배정되며 게임이 반복된다.
- 첫 번째 술래는 A다.

① A

② B

③ C

④ D

⑤ E

다음 글과 상황을 근거로 판단할 때, 주택(A ~ E) 중 관리대상주택의 수는?

S국은 주택에 도달하는 빛의 조도를 다음과 같이 예측한다.

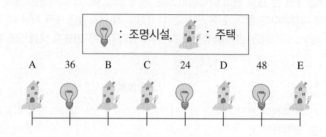

1. 각 조명시설에서 방출되는 광량은 그림에 표시된 값이다.
2. 위 그림에서 1칸의 거리는 2이며, 빛의 조도는 조명시설에서 방출되는 광량을 거리로 나눈 값이다.
3. 여러 조명시설로부터 동시에 빛이 도달할 경우, 각 조명시설로부터 주택에 도달한 빛의 조도를 예측하여 단순 합산한다.
4. 주택에 도달하는 빛은 그림에 표시된 세 개의 조명시설에서 방출되는 빛 외에는 없다고 가정한다.

〈상황〉

빛공해로부터 주민생활을 보호하기 위해, 주택에서 예측된 빛의 조도가 30을 초과할 경우 관리대상 주택으로 지정한다.

① 1채
② 2채
③ 3채
④ 4채
⑤ 5채

50 다음 글과 상황을 근거로 판단할 때, 〈보기〉에서 옳은 설명을 모두 고른 것은?

A국 사람들은 아래와 같이 한 손으로 1부터 10까지의 숫자를 표현한다.

숫자	1	2	3	4	5
펼친 손가락 개수	1개	2개	3개	4개	5개
펼친 손가락 모양					
숫자	6	7	8	9	10
펼친 손가락 개수	2개	3개	2개	1개	2개
펼친 손가락 모양					

〈상황〉

A국에 출장을 간 갑은 A국의 언어를 하지 못하여 물건을 살 때 상인의 손가락을 보고 물건의 가격을 추측한다. A국 사람의 숫자 표현법을 제대로 이해하지 못한 갑은 상인이 금액을 표현하기 위해 펼친 손가락 1개당 1원씩 돈을 지불하려고 한다. (단, 갑은 하나의 물건을 구매하며, 물건의 가격은 최소 1원부터 최대 10원까지라고 가정한다)

보기

ㄱ. 물건의 가격과 갑이 지불하려는 금액이 일치했다면, 물건의 가격은 5원 이하이다.
ㄴ. 상인이 손가락 3개를 펼쳤다면, 물건의 가격은 최대 7원이다.
ㄷ. 물건의 가격과 갑이 지불하려는 금액이 8원 만큼 차이가 난다면, 물건의 가격은 9원이거나 10원이다.
ㄹ. 갑이 물건의 가격을 초과하는 금액을 지불하려는 경우가 발생할 수 있다.

① ㄱ, ㄴ
② ㄷ, ㄹ
③ ㄱ, ㄴ, ㄷ
④ ㄱ, ㄷ, ㄹ
⑤ ㄴ, ㄷ, ㄹ

최종점검 모의고사

모바일 OMR
답안채점 / 성적분석
서비스

 응시시간 : 60분 　 문항 수 : 50문항 　 정답 및 해설 p.045

※ 제시된 낱말의 대응 관계로 볼 때, 빈칸에 들어가기에 적절한 것을 고르시오. [1~3]

01

| 이자 : 금리 = ( ) : 재배 |

① 변절 　　　　　　　　　② 배양
③ 배제 　　　　　　　　　④ 폭리
⑤ 지배

02

| 교사 : 학교 = ( ) : 은행 |

① 소방관 　　　　　　　　② 설계사
③ 공무원 　　　　　　　　④ 경찰관
⑤ 행원

03

| 한옥 : 대들보 = 나무 : ( ) |

① 장작 　　　　　　　　　② 가지
③ 의자 　　　　　　　　　④ 돌
⑤ 바람

※ 다음 제시된 낱말의 대응 관계로 볼 때 빈칸에 들어가기에 적절한 것끼리 짝지어진 것을 고르시오.
[4~5]

04

선풍기 : 바람 = (A) : (B)

	A	B
①	하늘	가뭄
②	인쇄기	종기
③	제빙기	얼음
④	세탁기	빨래
⑤	믹서기	칼날

05

(A) : 시간 = (B) : 차례

	A	B
①	보내다	지내다
②	맞다	비우다
③	시각	제사
④	시계	순서
⑤	웃다	맞추다

06

> • 사람은 곰이거나 호랑이이다.
> • _____
> • 소현이는 사람이다.
> 그러므로 소현이는 곰이다.

① 곰이면 사람이다.
② 호랑이가 아니면 사람이 아니다.
③ 호랑이가 아니면 소현이가 아니다.
④ 사람은 호랑이이다.
⑤ 소현이는 호랑이가 아니다.

07

> • 모든 식물은 광합성을 한다.
> • _____
> 그러므로 사과나무는 광합성을 한다.

① 사과나무는 햇빛을 좋아한다.
② 광합성을 하지 않으면 식물이 아니다.
③ 사과나무는 식물이다.
④ 사과나무에서 사과가 열린다.
⑤ 사과는 식물의 열매이다.

08

> • 전기 수급에 문제가 생기면 많은 사람이 피해를 입는다.
> • _____
> 그러므로 많은 사람이 피해를 입지 않았다면 전기를 낭비하지 않은 것이다.

① 전기를 낭비하면 많은 사람이 피해를 입는다.
② 전기를 낭비하면 전기 수급에 문제가 생긴다.
③ 많은 사람이 피해를 입으면 전기 수급에 문제가 생긴다.
④ 전기 수급에 문제가 없다면 많은 사람이 피해를 입는다.
⑤ 전기 수급에 문제가 생기지 않는다면 전기를 낭비하게 된다.

※ 주어진 명제가 모두 참일 때 다음 중 바르게 유추한 것을 고르시오. [9~11]

09

- 영서, 연수, 수희, 주림 4명은 서로의 키를 비교해보았다.
- 영서는 연수보다 크다.
- 연수는 수희보다 작다.
- 주림이는 가장 작지는 않지만, 수희보다는 작다.
- 수희는 두 번째로 크다.
- 키가 같은 사람은 아무도 없다.

① 수희가 제일 크다.
② 연수가 세 번째로 크다.
③ 연수는 주림이보다 크다.
④ 영서는 주림이보다 작다.
⑤ 연수가 가장 작다.

10

- A고등학교 학생은 봉사활동을 해야 졸업한다.
- 이번 학기에 봉사활동을 하지 않은 A고등학교 학생이 있다.

① A고등학교 졸업생은 봉사활동을 했다.
② 봉사활동을 안한 A고등학교 졸업생이 있다.
③ 다음 학기에 봉사활동을 해야 하는 A고등학교 학생이 있다.
④ 이번 학기에 봉사활동을 하지 않은 A고등학교 학생은 이미 봉사활동을 했다.
⑤ 다음 학기에 봉사활동을 하지 않는 학생은 졸업을 할 수 없다.

11

- 축구를 좋아하는 사람은 골프를 좋아하지 않는다.
- 야구를 좋아하는 사람은 골프를 좋아한다.
- 야구를 좋아하지 않는 사람은 농구를 좋아한다.
- 야구를 좋아하는 사람은 다정하다.
- 농구를 좋아하지 않는 사람은 친절하다.
- 한영이는 축구를 좋아한다.

① 한영이는 골프를 좋아한다.
② 한영이는 농구를 좋아한다.
③ 한영이는 야구를 좋아한다.
④ 한영이는 다정하다.
⑤ 한영이는 친절하다.

12 하경이는 생일을 맞이하여 같은 반 친구들인 민지, 슬기, 경서, 성준, 민준을 생일 파티에 초대하였다. 하경이와 친구들이 함께 축하 파티를 하기 위해 간격이 일정한 원형 테이블에 다음과 같이 앉았을 때, 항상 참이 되는 것은?

- 하경이의 바로 옆 자리에는 성준이나 민준이가 앉지 않았다.
- 슬기는 성준이 또는 경서의 바로 옆 자리에 앉았다.
- 민지의 바로 왼쪽 자리에는 경서가 앉았다.
- 슬기와 민준이 사이에 한 명이 앉아있다.

① 하경이는 민준이와 서로 마주보고 앉아있다.
② 민지는 민준이 바로 옆 자리에 앉아있다.
③ 경서는 하경이 바로 옆 자리에 앉아있다.
④ 민지는 슬기와 서로 마주보고 앉아있다.
⑤ 경서와 성준이는 서로 마주보고 앉아있다.

13 출근 후 매일 영양제를 챙겨 먹는 슬기는 요일에 따라 서로 다른 영양제를 섭취한다. 다음 〈조건〉에 따라 평일 오전에 비타민B, 비타민C, 비타민D, 비타민E, 밀크시슬 중 하나씩을 섭취한다고 할 때, 다음 중 항상 적절한 것은?

> **조건**
> - 밀크시슬은 월요일과 목요일 중에 섭취한다.
> - 비타민D는 비타민C를 먹은 날로부터 이틀 뒤에 섭취한다.
> - 비타민B는 비타민C와 비타민E보다 먼저 섭취한다.

① 월요일에는 비타민B를 섭취한다.
② 화요일에는 비타민E를 섭취한다.
③ 수요일에는 비타민C를 섭취한다.
④ 비타민E는 비타민C보다 먼저 섭취한다.
⑤ 비타민D는 밀크시슬보다 먼저 섭취한다.

14 A ~ D사원은 각각 홍보부, 총무부, 영업부, 기획부 소속으로 3 ~ 6층의 서로 다른 층에서 근무하고 있다. 이들 중 한 명이 거짓말을 하고 있을 때, 다음 중 바르게 추론한 것은?(단, 각 팀은 서로 다른 층에 위치한다)

> • A사원 : 저는 홍보부와 총무부 소속이 아니며, 3층에서 근무하고 있지 않습니다.
> • B사원 : 저는 영업부 소속이며, 4층에서 근무하고 있습니다.
> • C사원 : 저는 홍보부 소속이며, 5층에서 근무하고 있습니다.
> • D사원 : 저는 기획부 소속이며, 3층에서 근무하고 있습니다.

① A사원은 홍보부 소속이다.
② B사원은 영업부 소속이다.
③ 기획부는 3층에 위치한다.
④ 홍보부는 4층에 위치한다.
⑤ D사원은 5층에서 근무하고 있다.

15 A, B, C, D 네 명은 한 판의 가위바위보를 한 후 그 결과에 대해 각각 두 가지의 진술을 하였다. 두 가지의 진술 중 하나는 반드시 참이고, 하나는 반드시 거짓이라고 할 때, 다음 중 항상 참인 것은?

> • A : C는 B를 이길 수 있는 것을 냈고, B는 가위를 냈다.
> • B : A는 C와 같은 것을 냈지만, A가 편 손가락의 수는 나보다 적었다.
> • C : B는 바위를 냈고, 그 누구도 같은 것을 내지 않았다.
> • D : A, B, C 모두 참 또는 거짓을 말한 순서가 동일하다. 이 판은 승자가 나온 판이었다.

① B와 같은 것을 낸 사람이 있다.
② 보를 낸 사람은 1명이다.
③ D는 혼자 가위를 냈다.
④ B가 기권했다면 가위를 낸 사람이 지는 판이다.
⑤ 바위를 낸 사람은 2명이다.

16

		18	13	10.5	9.25	( )	

① 6.5   ② 8.5

③ 8.625   ④ 9.625

⑤ 10.5

17

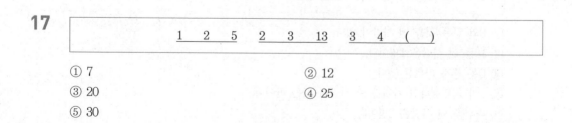

$$\underline{1 \quad 2 \quad 5} \quad \underline{2 \quad 3 \quad 13} \quad \underline{3 \quad 4 \quad (\quad\quad)}$$

① 7   ② 12

③ 20   ④ 25

⑤ 30

18 제시된 지문의 내용이 모두 참일 때, 다음 중 반드시 참인 것은?

> 도덕성에 결함이 있는 어떤 사람도 신입직원으로 채용되지 않는다. 업무 능력을 검증받았고 인사추천위원회의 추천을 받았으며 책임감이 투철한, 즉 이 세 조건을 모두 만족하는 지원자는 누구나 올해 신입직원으로 채용된다. 올해 신입직원으로 채용되는 사람들 중에 봉사정신이 없는 사람은 아무도 없다. 책임감이 투철한 철수는 올해 공채시험에 지원하여 업무 능력을 검증받았다.

① 만일 철수가 도덕성에 결함이 없다면, 그는 올해 신입직원으로 채용된다.
② 만일 철수가 봉사정신을 갖고 있다면, 그는 올해 신입직원으로 채용된다.
③ 만일 철수가 도덕성에 결함이 있다면, 그는 인사추천위원회의 추천을 받지 않았다.
④ 만일 철수가 올해 신입직원으로 채용된다면, 그는 인사추천위원회의 추천을 받았다.
⑤ 만일 철수가 올해 신입직원으로 채용되지 않는다면, 그는 도덕성에 결함이 있고 또한 봉사정신도 없다.

19 쓰레기를 무단투기하는 사람을 찾기 위해 고심하던 관리실 직원은 A ~ E 5명의 직원을 면담했다. 이들은 각자 〈보기〉와 같이 이야기했다. 이 가운데 2명의 이야기는 모두 거짓인 반면, 3명의 이야기는 모두 참이고 다섯 명 가운데 한 명이 범인이라고 할 때, 쓰레기를 무단투기한 사람은 누구인가?

> **보기**
>
> A : 쓰레기를 무단투기하는 것을 나와 E만 보았다. B의 말은 모두 참이다.
> B : 쓰레기를 무단투기한 것은 D이다. D가 쓰레기를 무단투기하는 것을 E가 보았다.
> C : D는 쓰레기를 무단투기하지 않았다. E의 말은 참이다.
> D : 쓰레기를 무단투기하는 것을 세 명의 주민이 보았다. B는 쓰레기를 무단투기하지 않았다.
> E : 나와 A는 쓰레기를 무단투기하지 않았다. 나는 쓰레기를 무단투기하는 사람을 아무도 보지 못했다.

① A
② B
③ C
④ D
⑤ E

20 제시된 자료를 근거로 판단할 때, 다음 〈보기〉에서 적절한 설명을 모두 고르면?

• 갑과 을은 다음 그림과 같이 번호가 매겨진 9개의 구역을 점령하는 게임을 한다.

1	2	3
4	5	6
7	8	9

• 게임 시작 전 제비뽑기를 통해 갑은 1구역, 을은 8구역으로 최초 점령 구역이 정해졌다.
• 갑과 을은 가위・바위・보 게임을 해서 이길 때마다, 자신이 이미 점령한 구역에 상하좌우로 변이 접한 구역 중 점령되지 않은 구역 1개를 추가로 점령하여 자신의 구역으로 만든다.
• 만약 가위・바위・보 게임에서 이겨도 더 이상 자신이 점령할 수 있는 구역이 없으면 이후의 가위・바위・보 게임은 모두 진 것으로 한다.
• 게임은 모든 구역이 점령될 때까지 계속되며, 더 많은 구역을 점령한 사람이 게임에서 승리한다.
• 갑과 을은 게임에서 승리하기 위하여 최선의 선택을 한다.

보기

ㄱ. 을이 첫 번째, 두 번째 가위・바위・보 게임에서 모두 이기면 승리한다.
ㄴ. 갑이 첫 번째, 두 번째 가위・바위・보 게임을 이겨서 2구역과 5구역을 점령하고, 을이 세 번째 가위・바위・보 게임을 이겨서 9구역을 점령하면, 네 번째 가위・바위・보 게임을 이긴 사람이 승리한다.
ㄷ. 갑이 첫 번째, 세 번째 가위・바위・보 게임을 이겨서 2구역과 4구역을 점령하고, 을이 두 번째 가위・바위・보 게임을 이겨서 5구역을 점령하면, 게임의 승자를 결정하기 위해서는 최소 2번 이상의 가위・바위・보 게임을 해야 한다.

① ㄱ
② ㄱ, ㄴ
③ ㄱ, ㄷ
④ ㄴ, ㄷ
⑤ ㄱ, ㄴ, ㄷ

21 다음 중 갑과 을이 제시된 자료 따라 게임을 할 때 적절하지 않은 것은?

> - 갑과 을은 다음과 같이 시각을 표시하는 하나의 시계를 가지고 게임을 한다.
>
> | 0 | 9 | : | 1 | 5 |
>
> - 갑, 을 각자가 일어났을 때, 시계에 표시된 4개의 숫자를 합산하여 게임의 승패를 결정한다. 숫자의 합이 더 작은 사람이 이기고, 숫자의 합이 같을 때는 비긴다.
> - 갑은 오전 6:00 ~ 오전 6:59에 일어나고, 을은 오전 7:00 ~ 오전 7:59에 일어난다.

① 갑이 오전 6시 정각에 일어나면, 반드시 갑이 이긴다.
② 을이 오전 7시 59분에 일어나면, 반드시 을이 진다.
③ 을이 오전 7시 30분에 일어나고, 갑이 오전 6시 30분 전에 일어나면 반드시 갑이 이긴다.
④ 갑과 을이 정확히 1시간 간격으로 일어나면, 반드시 갑이 이긴다.
⑤ 갑과 을이 정확히 50분 간격으로 일어나면, 갑과 을은 비긴다.

22 제시된 자료를 근거로 판단할 때, 다음 중 K방송사 보도국 신입직원 7명(A ~ G)의 부서배치 결과로 적절하지 않은 것은?

> K방송사에서는 보도국에 신입직원 7명을 선발하였으며, 신입직원들을 각 부서에 배치하고자 한다. 각 부서에서 요구한 인원은 다음과 같다.
>
> | 정책팀 | 재정팀 | 국제팀 |
> |---|---|---|
> | 2명 | 4명 | 1명 |
>
> 신입직원들은 각자 원하는 부서를 2지망까지 지원하며, 1, 2지망을 고려하여 이들을 부서에 배치한다. 먼저 1지망 지원부서에 배치하는데, 요구인원보다 지원인원이 많은 경우에는 입사성적이 높은 신입직원을 우선적으로 배치한다. 1지망 지원부서에 배치되지 못한 신입직원은 2지망 지원부서에 배치되는데, 이때 역시 1지망에 따른 배치 후 남은 요구인원보다 지원인원이 많은 경우 입사성적이 높은 신입직원을 우선적으로 배치한다. 1, 2지망 지원부서 모두에 배치되지 못한 신입직원은 요구인원을 채우지 못한 부서에 배치된다.
>
> 신입직원 7명의 입사성적 및 1, 2지망 지원부서는 아래와 같다. A의 입사성적만 전산에 아직 입력되지 않았는데, 82점 이상이라는 것만 확인되었다. 단, 입사성적의 동점자는 없다.
>
> | 신입직원 | A | B | C | D | E | F | G |
> |---|---|---|---|---|---|---|---|
> | 입사성적 | ? | 81 | 84 | 78 | 96 | 80 | 93 |
> | 1지망 | 국제 | 국제 | 재정 | 국제 | 재정 | 정책 | 국제 |
> | 2지망 | 정책 | 재정 | 정책 | 정책 | 국제 | 재정 | 정책 |

① A의 입사성적이 90점이라면, A는 정책팀에 배치된다.
② A의 입사성적이 95점이라면, A는 국제팀에 배치된다.
③ B는 재정팀에 배치된다.
④ C는 재정팀에 배치된다.
⑤ D는 정책팀에 배치된다.

23 제시된 자료를 근거로 판단할 때, 다음 중 적절하지 않은 것은?

> 정부는 저출산 문제 해소를 위해 공무원이 안심하고 일과 출산·육아를 병행할 수 있도록 관련 제도를 정비하여 시행 중이다.
>
> 먼저 임신 12주 이내 또는 임신 36주 이상인 여성 공무원을 대상으로 하던 '모성보호시간'을 임신 기간 전체로 확대하여 임신부터 출산 시까지 근무시간을 1일에 2시간씩 단축할 수 있게 하였다. 다음으로 생후 1년 미만의 영아를 자녀로 둔 공무원을 대상으로 1주일 중 2일에 한해 1일 1시간씩 단축근무를 허용하던 '육아시간'을, 만 5세 이하 자녀를 둔 공무원을 대상으로 1주일 중 2일에 한해 1일 2시간 범위 내에서 사용할 수 있도록 하였다. 또한 부부 공동육아 실현을 위해 '배우자 출산휴가'를 10일(기존 5일)로 확대하였다.
>
> 마지막으로 어린이집, 유치원, 초·중·고등학교에서 공식적으로 주최하는 행사와 공식적인 상담에만 허용되었던 '자녀돌봄휴가(공무원 1인당 연간 최대 2일)'를 자녀의 병원진료·검진·예방접종 등에도 쓸 수 있도록 하고, 자녀가 3명 이상일 경우 1일을 가산할 수 있도록 하였다.

① 변경된 현행 제도에서는 변경 전에 비해 '육아시간'의 적용 대상 및 시간이 확대되었다.

② 변경된 현행 제도에 따르면, 초등학생 자녀 3명을 둔 공무원은 연간 3일의 '자녀돌봄휴가'를 사용할 수 있다.

③ 변경된 현행 제도에 따르면, 임신 5개월인 여성 공무원은 산부인과 진료를 받기 위해 '모성보호시간'을 사용할 수 있다.

④ 변경 전 제도에서 공무원은 초등학교 1학년인 자녀의 병원진료를 위해 '자녀돌봄휴가'를 사용할 수 있었다.

⑤ 변경된 현행 제도에 따르면, 만 2세 자녀를 둔 공무원은 '육아시간'을 사용하여 근무시간을 1주일에 총 4시간 단축할 수 있다.

24 5명(A ~ E)이 순서대로 퀴즈게임을 해서 벌칙 받을 사람 1명을 선정하고자 한다. 게임 규칙과 결과에 근거할 때, 항상 옳은 것을 〈보기〉에서 모두 고르면?

- 규칙
  - A→B→C→D→E 순서대로 퀴즈를 1개씩 풀고, 모두 한 번씩 퀴즈를 풀고 나면 한 라운드가 끝난다.
  - 퀴즈 2개를 맞힌 사람은 벌칙에서 제외되고, 다음 라운드부터는 게임에 참여하지 않는다.
  - 라운드를 반복하여 맨 마지막까지 남는 한 사람이 벌칙을 받는다.
  - 벌칙을 받을 사람이 결정되면 라운드 중이라도 더 이상 퀴즈를 출제하지 않는다.
  - 게임 중 동일한 문제는 출제하지 않는다.
- 결과
  3라운드에서 A는 참가자 중 처음으로 벌칙에서 제외되었고, 4라운드에서는 오직 B만 벌칙에서 제외되었으며, 벌칙을 받을 사람은 5라운드에서 결정되었다.

보기

ㄱ. 5라운드까지 참가자들이 정답을 맞힌 퀴즈는 총 9개이다.
ㄴ. 게임이 종료될 때까지 총 22개의 퀴즈가 출제되었다면, E는 5라운드에서 퀴즈의 정답을 맞혔다.
ㄷ. 게임이 종료될 때까지 총 21개의 퀴즈가 출제되었다면, 퀴즈를 푸는 순서가 벌칙을 받을 사람 선정에 영향을 미친 것으로 볼 수 있다.

① ㄱ
② ㄴ
③ ㄱ, ㄷ
④ ㄴ, ㄷ
⑤ ㄱ, ㄴ, ㄷ

25 제시된 날짜에 따른 파고 수치를 근거로 판단할 때, 갑이 여행을 다녀온 시기로 가능한 것은?

- 갑은 선박으로 '포항 → 울릉도 → 독도 → 울릉도 → 포항' 순으로 여행을 다녀왔다.
- '포항 → 울릉도' 선박은 매일 오전 10시, '울릉도 → 포항' 선박은 매일 오후 3시에 출발하며, 편도 운항에 3시간이 소요된다.
- 울릉도에서 출발해 독도를 돌아보는 선박은 매주 화요일과 목요일 오전 8시에 출발하여 당일 오전 11시에 돌아온다.
- 최대 파고가 3m 이상인 날은 모든 노선의 선박이 운항되지 않는다.
- 갑은 매주 금요일에 술을 마시는데, 술을 마신 다음날은 멀미가 심해 선박을 탈 수 없다.
- 이번 여행 중 갑은 울릉도에서 호박엿 만들기 체험을 했는데, 호박엿 만들기 체험은 매주 월·금요일 오후 6시에만 할 수 있다.

〈파고 수치〉

파 : 최대 파고(단위 : m)

일	월	화	수	목	금	토
16	17	18	19	20	21	22
파 1.0	파 1.4	파 3.2	파 2.7	파 2.8	파 3.7	파 2.0
23	24	25	26	27	28	29
파 0.7	파 3.3	파 2.8	파 2.7	파 0.5	파 3.7	파 3.3

① 16일(일) ~ 19일(수) ② 19일(수) ~ 22일(토)
③ 20일(목) ~ 23일(일) ④ 23일(일) ~ 26일(수)
⑤ 25일(화) ~ 28일(금)

26 A ~ D 네 팀이 참여하여 체육대회를 하고 있다. 순위 결정 기준과 각 팀의 현재까지 득점 현황에 근거하여 판단할 때, 항상 적절한 추론을 〈보기〉에서 모두 고르면?

〈순위 결정 기준〉

• 각 종목의 1위에게는 4점, 2위에게는 3점, 3위에게는 2점, 4위에게는 1점을 준다.
• 각 종목에서 획득한 점수를 합산한 총점이 높은 순으로 종합 순위를 결정한다.
• 총점에서 동점이 나올 경우에는 1위를 한 종목이 많은 팀이 높은 순위를 차지한다.
  − 만약 1위 종목의 수가 같은 경우에는 2위 종목이 많은 팀이 높은 순위를 차지한다.
  − 만약 1위 종목의 수가 같고, 2위 종목의 수도 같은 경우에는 공동 순위로 결정한다.

〈득점 현황〉

종목명＼팀명	A	B	C	D
가	4	3	2	1
나	2	1	3	4
다	3	1	2	4
라	2	4	1	3
마	?	?	?	?
합계	?	?	?	?

※ 종목별 순위는 반드시 결정되고, 동순위는 나오지 않는다.

보기

ㄱ. A팀이 종목 마에서 1위를 한다면 종합 순위 1위가 확정된다.
ㄴ. B팀이 종목 마에서 C팀에게 순위에서 뒤처지면 종합 순위에서도 C팀에게 뒤처지게 된다.
ㄷ. C팀은 종목 마의 결과와 관계없이 종합 순위에서 최하위가 확정되었다.
ㄹ. D팀이 종목 마에서 2위를 한다면 종합 순위 1위가 확정된다.

① ㄱ
② ㄴ
③ ㄷ
④ ㄹ
⑤ ㄴ, ㄹ

27 다음 중 제시된 자료에 근거한 설명으로 적절한 것은?

- 갑은 A → B → C, 을은 B → C → E로 이동하였다.
- A → B는 A지점에서 출발하여 다른 지점을 경유하지 않고 B지점에 도착하는 이동을 의미한다.
- 이동 시 왔던 길은 되돌아갈 수 없다.
- 평균속력은 출발지점부터 도착지점까지의 이동거리를 소요시간으로 나눈 값이다.
- 자동차의 최고속력은 200km/h이다.

〈지점 간 주행 가능한 도로 현황〉

(단위 : km)

출발지점＼도착지점	B	C	D	E
A	200	×	×	×
B	–	400	200	×
C	×	–	×	200
D	×	×	–	400

※ 1) 'X'는 출발지점에서 도착지점까지 주행 가능한 도로가 없음을 의미함
  2) 지점 간 주행 가능한 도로는 1개씩만 존재함

〈자동차 갑과 을의 지점 간 이동정보〉

자동차	출발		도착	
	지점	시각	지점	시각
갑	A	10:00	B	( )
	B	( )	C	16:00
을	B	12:00	C	16:00
	C	16:00	E	18:00

※ 최초 출발지점에서 최종 도착지점까지 24시간 이내에 이동함을 가정함.

① 갑은 B지점에서 13:00 이전에 출발하였다.
② 갑이 B지점에서 1시간 이상 머물렀다면 A → B 또는 B → C 구간에서 속력이 120km/h 이상인 적이 있다.
③ 을의 경우, B → C 구간의 평균속력보다 C → E 구간의 평균속력이 빠르다.
④ B → C 구간의 평균속력은 갑이 을보다 빠르다.
⑤ B → C → E 구간보다 B → D → E 구간의 거리가 더 짧다.

28 다음 자료를 근거로 판단할 때, 갑~무 중 가장 많은 지원금을 받는 신청자는?

A국은 신재생에너지 보급 사업 활성화를 위하여 신재생에너지 설비에 대한 지원 내용을 공고하였다. 지원 기준과 지원 신청 현황은 아래와 같다.

〈지원 기준〉

구분		용량(성능)	지원금 단가
태양광	단독주택	2kW 이하	kW당 80만 원
		2kW 초과 3kW 이하	kW당 60만 원
	공동주택	30kW 이하	kW당 80만 원
태양열	평판형·진공관형	10m² 이하	m²당 50만 원
		10m² 초과 20m² 이하	m²당 30만 원
지열	수직밀폐형	10kW 이하	kW당 60만 원
		10kW 초과	kW당 50만 원
연료전지	인산형 등	1kW 이하	kW당 2,100만 원

※ 1) 지원금은 [용량(성능)]×(지원금 단가)로 산정
   2) 국가 및 지방자치단체 소유 건물은 지원 대상에서 제외
   3) 전월 전력사용량이 450kWh 이상인 건물은 태양열 설비 지원 대상에서 제외
   4) 용량(성능)이 지원 기준의 범위를 벗어나는 신청은 지원 대상에서 제외

〈지원 신청 현황〉

신청자	설비 종류	용량(성능)	건물 소유자	전월 전력사용량	비고
갑	태양광	8kW	개인	350kWh	공동주택
을	태양열	15m²	개인	550kWh	진공관형
병	태양열	5m²	국가	400kWh	평판형
정	지열	15kW	개인	200kWh	수직밀폐형
무	연료전지	3kW	개인	400kWh	인산형

① 갑
② 을
③ 병
④ 정
⑤ 무

29 다음은 ○○유통에서 발생하는 작업 환경의 유해 원인을 작업장 별로 나타낸 것이다. 이에 대한 설명으로 적절한 것만을 〈보기〉에서 있는 대로 고르면?

구분	작업 환경 유해 원인	사례 수		
		A작업장	B작업장	합계
1	소음(물리적 요인)	3	1	4
2	분진(화학적 요인)	1	2	3
3	진동(물리적 요인)	3	0	3
4	바이러스(생물학적 요인)	0	5	5
5	부자연스러운 자세 (인간공학적 요인)	5	3	8
	합계	12	11	23

보기

ㄱ. A작업장에서 발생하는 작업 환경 유해 사례는 화학적 요인으로 인해서 가장 많이 발생되었다.
ㄴ. B작업장에서 발생하는 작업 환경 유해 사례는 생물학적 요인으로 인해서 가장 많이 발생되었다.
ㄷ. A와 B작업장에서 화학적 요인으로 발생되는 작업 환경의 유해 요인은 집진 장치를 설치하여 예방할 수 있다.

① ㄱ
② ㄴ
③ ㄱ, ㄷ
④ ㄴ, ㄷ
⑤ ㄱ, ㄴ, ㄷ

30 다음은 기후변화협약에 관한 국가군과 특정의무에 관한 자료이다. 다음 중 이 자료에 대한 내용으로 적절하지 않은 것은?

<표>

〈국가군과 특정의무〉

구분	부속서 Ⅰ(Annex Ⅰ) 국가	부속서 Ⅱ(Annex Ⅱ) 국가	비부속서 Ⅰ(Non-Annex Ⅰ) 국가
국가	협약체결 당시 OECD 24개국, EU와 동구권 국가 등 40개국	Annex Ⅰ 국가에서 동구권 국가가 제외된 OECD 24개국 및 EU	우리나라 등
의무	온실가스 배출량을 1990년 수준으로 감축 노력, 강제성을 부여하지 않음	개발도상국에 재정지원 및 기술이전 의무를 가짐	국가 보고서 제출 등의 협약 상 일반적 의무만 수행
부속서 Ⅰ	오스트레일리아, 오스트리아, 벨라루스, 벨기에, 불가리아, 캐나다, 크로아티아, 덴마크, 에스토니아, 핀란드, 프랑스, 독일, 그리스, 헝가리, 아이슬란드, 아일랜드, 일본, 라트비아, 리투아니아, 룩셈부르크, 네덜란드, 뉴질랜드, 노르웨이, 폴란드, 포르투갈, 루마니아, 러시아, 슬로바키아, 슬로베니아, 스페인, 스웨덴, 터키, 우크라이나, 영국, 미국, 모나코, 리히텐슈타인 등		
부속서 Ⅱ	오스트레일리아, 오스트리아, 벨기에, 캐나다, 덴마크, 핀란드, 프랑스, 독일, 그리스, 아이슬란드, 아일랜드, 이탈리아, 일본, 룩셈부르크, 네덜란드, 뉴질랜드, 노르웨이, 포르투갈, 스페인, 스웨덴, 스위스, 영국, 미국 등		

① 우리나라는 비부속서 Ⅰ 국가에 속해 협약상 일반적 의무만 수행하면 된다.

② 아일랜드와 노르웨이는 개발도상국에 재정지원 및 기술이전 의무가 있다.

③ 리투아니아와 모나코는 온실가스 배출량을 1990년 수준으로 감축하도록 노력해야 한다.

④ 부속서 Ⅰ에 속하는 국가가 의무를 지키지 않을 시 그에 상응하는 벌금을 내야 한다.

⑤ 비부속서 Ⅰ 국가가 자발적으로 온실가스 배출량을 감축할 수 있다.

31 다음 자료를 근거로 판단할 때, 갑이 향후 1년간 자동차를 유지하는 데 소요될 총비용은?

1. 자동차 유지비는 연 감가상각비, 연 자동차 보험료, 연 주유비용으로 구성되며 그 외의 비용은 고려하지 않는다.
2. 연 감가상각비 계산 공식

   (연 감가상각비)=(자동차 구매비용)−(운행가능기간 종료 시 잔존가치)÷[운행가능기간(년)]
3. 연 자동차 보험료

(단위 : 만 원)

구분		차종		
		소형차	중형차	대형차
보험 가입 시 운전 경력	1년 미만	120	150	200
	1년 이상 2년 미만	110	135	180
	2년 이상 3년 미만	100	120	160
	3년 이상	90	105	140

※ 차량 구매 시 보험 가입은 필수이며 1년 단위로 가입
※ 보험 가입 시 해당 차량에 블랙박스가 설치되어 있으면 보험료 10% 할인
4. 주유 비용

   1리터당 10km를 운행할 수 있으며, 리터당 비용은 연중 내내 1,500원이다.

〈상황〉

• 갑은 1,000만 원에 중형차 1대를 구입하여 바로 운행을 시작하였다.
• 차는 10년 동안 운행가능하며, 운행가능기간 종료 시 잔존가치는 100만 원이다.
• 자동차 보험 가입 시, 갑의 운전 경력은 2년 6개월이며 차에는 블랙박스가 설치되어 있다.
• 갑은 매달 500km씩 차를 운행한다.

① 285만 원
② 286만 원
③ 287만 원
④ 288만 원
⑤ 289만 원

32 다음 중 제시된 자료에 근거한 설명으로 적절하지 않은 것은?

〈K방송사 공채 지원자 평가 자료〉

(단위 : 점)

지원자 \ 구분	창의성 점수	성실성 점수	외국어 점수	최종학위 점수	평가점수
가	80	90	95	박사	( )
나	90	60	80	학사	310
다	70	60	75	석사	300
라	85	( )	50	학사	255
마	95	80	60	학사	295
바	55	95	65	학사	280
사	60	95	90	석사	355
아	80	( )	85	박사	375
자	75	90	95	석사	( )
차	60	70	( )	학사	290

〈평가점수와 평가등급의 결정방식〉

- 최종학위 점수는 학사 0점, 석사 1점, 박사 2점임.
- (지원자 평가점수)=(창의성 점수)+(성실성 점수)+[(외국어 점수)×2]+[(최종학위 점수)×20]
- 평가등급 및 평가점수

평가등급	평가점수
S	350점 이상
A	300점 이상 350점 미만
B	300점 미만

① '가'의 평가점수는 400점으로 지원자 중 가장 높다.
② '라'의 성실성 점수는 '다'보다 높지만 '마'보다는 낮다.
③ '아'의 성실성 점수는 '라'와 같다.
④ S등급인 지원자는 4명이다.
⑤ '차'는 외국어 점수를 원래 점수보다 5점 더 받으면 A등급이 된다.

33 다음 관세 관련 규정에 따를 때, 갑이 전자기기의 구입으로 지출한 총 금액은?

〈관세 관련 규정〉

• 물품을 수입할 경우 과세표준에 품목별 관세율을 곱한 금액을 관세로 납부해야 한다. 단, 과세표준이 15만 원 미만이고, 개인이 사용할 목적으로 수입하는 물건에 대해서는 관세를 면제한다.

• 과세표준은 판매자에게 지급한 물품가격, 미국에 납부한 세금, 미국 내 운송료, 미국에서 한국까지의 운송료를 합한 금액을 원화로 환산한 금액으로 한다. 단, 미국에서 한국까지의 운송료는 실제 지불한 운송료가 아닌 다음의 국제선편요금을 적용한다.

〈국제선편요금〉

중량	0.5kg ~ 1kg 미만	1kg ~ 1.5kg 미만
금액(원)	10,000	15,000

• 과세표준 환산 시 환율은 관세청장이 정한 '고시환율'에 따른다. (현재 고시환율 : 1,100/달러)

〈갑의 구매 내역〉

한국에서 갑은 개인이 사용할 목적으로 미국 소재 인터넷 쇼핑몰에서 물품가격과 운송료를 지불하고 전자기기를 구입했다.

• 전자기기 가격 : 120달러
• 미국에서 한국까지의 운송료 : 30달러
• 지불 시 적용된 환율 : 1,200/달러
• 전자기기 중량 : 0.9kg
• 전자기기에 적용되는 관세율 : 10%
• 미국 내 세금 및 미국 내 운송료는 없다.

① 170,000원　　　　　　② 175,000원
③ 180,000원　　　　　　④ 185,000원
⑤ 190,000원

34 제시된 대화를 근거로 할 때, 여섯 사람이 서울을 출발하여 대전에 도착할 수 있는 가장 이른 예정 시각은?(단, 여섯 사람이 버스를 탈 때까지 잔여좌석 수는 변하지 않는다)

아래 여섯 사람은 서울 출장을 마치고 같은 고속버스를 타고 함께 대전으로 돌아가려고 한다. 고속 버스터미널에는 은행, 편의점, 화장실, 패스트푸드점, 서점이 있다.
다음은 고속버스터미널에 도착해서 나눈 대화내용이다.

가은 : 버스표를 사야 하니 저쪽 은행에 가서 현금을 찾아올게.
나중 : 그럼 그 사이에 난 잠깐 저쪽 편의점에서 간단히 먹을 김밥이라도 사올게.
다동 : 그럼 난 잠깐 화장실에 다녀올게. 그리고 저기 보이는 패스트푸드점에서 햄버거라도 사와야
       겠어. 너무 배고프네.
라민 : 나는 버스에서 읽을 책을 서점에서 사야지. 그리고 화장실도 들러야겠어.
마란 : 그럼 난 여기서 바솜이랑 기다리고 있을게.
바솜 : 지금이 오전 11시 50분이니까 다들 각자 볼일 마치고 빨리 돌아와.

시설별 이용 소요시간은 은행 30분, 편의점 10분, 화장실 20분, 패스트푸드점 25분, 서점 20분이다.

서울 출발 시각	대전 도착 예정시각	잔여좌석 수
12:00	14:00	7
12:15	14:15	12
12:30	14:30	9
12:45	14:45	5
13:00	15:00	10
13:20	15:20	15
13:40	15:40	6
14:00	16:00	8
14:15	16:15	21

① 14:00
② 14:15
③ 14:30
④ 14:45
⑤ 15:00

다음 감독의 말과 상황을 근거로 판단할 때, 甲 ~ 戊 중 드라마에 캐스팅되는 배우는?

〈감독의 말〉

안녕하세요, 여러분. '열혈 군의관, 조선시대로 가다!' 드라마 오디션에 지원해 주셔서 감사합니다. 잠시 후 오디션을 시작할 텐데요. 이번 오디션에서 캐스팅하려는 역은 20대 후반의 군의관입니다. 오디션 실시 후 오디션 점수를 기본 점수로 하고, 다음 채점 기준의 해당 점수를 기본 점수에 가감하여 최종 점수를 산출하며, 이 최종 점수가 가장 높은 사람을 캐스팅합니다.

첫째, 28세를 기준으로 나이가 많거나 적은 사람은 1세 차이당 2점씩 감점하겠습니다. 둘째, 이전에 군의관 역할을 연기해 본 경험이 있는 사람은 5점을 감점하겠습니다. 시청자들이 식상해 할 수 있을 것 같아서요. 셋째, 저희 드라마가 퓨전 사극이기 때문에, 사극에 출연해 본 경험이 있는 사람에게는 10점의 가점을 드리겠습니다. 넷째, 최종 점수가 가장 높은 사람이 여럿인 경우, 그 중 기본 점수가 가장 높은 한 사람을 캐스팅하도록 하겠습니다.

〈상황〉

• 오디션 지원자는 총 5명이다.
• 오디션 점수는 甲이 76점, 乙이 78점, 丙이 80점, 丁이 82점, 戊가 85점이다.
• 각 배우의 오디션 점수에 각자의 나이를 더한 값은 모두 같다.
• 오디션 점수가 세 번째로 높은 사람만 군의관 역할을 연기해 본 경험이 있다.
• 나이가 가장 많은 배우만 사극에 출연한 경험이 있다.
• 나이가 가장 적은 배우는 23세이다.

① 甲
② 乙
③ 丙
④ 丁
⑤ 戊

36 다음 자료와 상황을 근거로 판단할 때, 〈보기〉에서 적절한 설명을 모두 고르면?

K국에서는 모든 법인에 대하여 다음과 같이 구분하여 주민세를 부과하고 있다.

구분	세액(원)
• 자본금액 100억 원을 초과하는 법인으로서 종업원 수가 100명을 초과하는 법인	500,000
• 자본금액 50억 원 초과 100억 원 이하 법인으로서 종업원 수가 100명을 초과하는 법인	350,000
• 자본금액 50억 원을 초과하는 법인으로서 종업원 수가 100명 이하인 법인 • 자본금액 30억 원 초과 50억 원 이하 법인으로서 종업원 수가 100명을 초과하는 법인	200,000
• 자본금액 30억 원 초과 50억 원 이하 법인으로서 종업원 수가 100명 이하인 법인 • 자본금액 10억 원 초과 30억 원 이하 법인으로서 종업원 수가 100명을 초과하는 법인	100,000
• 그 밖의 법인	50,000

〈상황〉

법인	자본금액(억 원)	종업원 수(명)
갑	200	?
을	20	?
병	?	200

보기

ㄱ. 갑이 납부해야 할 주민세 최소 금액은 20만 원이다.

ㄴ. 을의 종업원이 50명인 경우 10만 원의 주민세를 납부해야 한다.

ㄷ. 병이 납부해야 할 주민세 최소 금액은 10만 원이다.

ㄹ. 갑, 을, 병이 납부해야 할 주민세 금액의 합계는 최대 110만 원이다.

① ㄱ, ㄴ
② ㄱ, ㄷ
③ ㄱ, ㄹ
④ ㄴ, ㄷ
⑤ ㄴ, ㄹ

37 다음 글을 근거로 판단할 때, 방에 출입한 사람의 순서는?

> 방에는 1부터 6까지의 번호가 각각 적힌 6개의 전구가 다음과 같이 놓여있다.
>
> 왼쪽 ←   → 오른쪽
>
> | 전구 번호 | 1 | 2 | 3 | 4 | 5 | 6 |
> |---|---|---|---|---|---|---|
> | 상태 | 켜짐 | 켜짐 | 켜짐 | 꺼짐 | 꺼짐 | 꺼짐 |
>
> 총 3명(A~C)이 각각 한 번씩 홀로 방에 들어가 자신이 정한 규칙에 의해서만 전구를 켜거나 끄고 나왔다.
> - A는 번호가 3의 배수인 전구가 켜진 상태라면 그 전구를 끄고, 꺼진 상태라면 그대로 둔다.
> - B는 번호가 2의 배수인 전구가 켜진 상태라면 그 전구를 끄고, 꺼진 상태라면 그 전구를 켠다.
> - C는 3번 전구는 그대로 두고, 3번 전구를 기준으로 왼쪽과 오른쪽 중 켜진 전구의 개수가 많은 쪽의 전구를 전부 끈다.
> - 다만 켜진 전구의 개수가 같다면 양쪽에 켜진 전구를 모두 끈다.
> - 마지막 사람이 방에서 나왔을 때, 방의 전구는 모두 꺼져 있었다.

① A – B – C   ② A – C – B

③ B – A – C   ④ B – C – A

⑤ C – B – A

38 다음 A도서관 자료 폐기 지침을 근거로 판단할 때 적절한 것은?

〈A도서관 자료 폐기 지침〉

가. 자료 선정

도서관 직원은 누구든지 수시로 서가를 살펴보고, 이용하기 곤란하다고 생각되는 자료는 발견 즉시 회수하여 사무실로 옮겨야 한다.

나. 목록 작성

사무실에 회수된 자료는 사서들이 일차적으로 갱신 대상을 추려내어 갱신하고, 폐기 대상 자료로 판단되는 것은 폐기심의대상 목록으로 작성하여 폐기심의위원회에 제출한다.

다. 폐기심의위원회 운영

폐기심의위원회 회의(이하 '회의'라 한다)는 연 2회 정기적으로 개최한다. 회의는 폐기심의대상 목록과 자료의 실물을 비치한 회의실에서 진행되고, 위원들은 실물과 목록을 대조하여 확인하여야 한다. 폐기심의위원회는 폐기 여부만을 판정하며 폐기 방법의 결정은 사서에게 위임한다. 폐기 대상 판정시 위원들 사이에 이견(異見)이 있는 자료는 당해 연도의 폐기 대상에서 제외하고, 다음 연도의 회의에서 재결정한다.

라. 폐기 방법

(1) 기증 : 상태가 양호하여 다른 도서관에서 이용될 수 있다고 판단되는 자료는 기증 의사를 공고하고 다른 도서관 등 희망하는 기관에 기증한다.

(2) 이관 : 상태가 양호하고 나름의 가치가 있는 자료는 자체 기록보존소, 지역 및 국가의 보존 전문도서관 등에 이관한다.

(3) 매각과 소각 : 폐지로 재활용 가능한 자료는 매각하고, 폐지로도 매각할 수 없는 자료는 최종적으로 소각 처리한다.

마. 기록 보존 및 목록 최신화

연도별로 폐기한 자료의 목록과 폐기 경위에 관한 기록을 보존하되, 폐기한 자료에 대한 내용을 도서관의 각종 현행자료 목록에서 삭제하여 목록을 최신화한다.

※ 갱신 : 손상된 자료의 외형을 수선하거나 복사본을 만듦

---

① 사서는 폐기심의대상 목록만을 작성하고, 자료의 폐기 방법은 폐기심의위원회가 결정한다.

② 폐기 대상 판정시 폐기심의위원들 간에 이견이 있는 자료의 경우, 바로 다음 회의에서 그 자료의 폐기 여부가 논의되지 않을 수 있다.

③ 폐기심의위원회는 자료의 실물을 확인하지 않고 폐기 여부를 판정할 수 있다.

④ 매각 또는 소각한 자료는 현행자료 목록에서 삭제하고, 폐기 경위에 관한 기록도 제거하여야 한다.

⑤ 사서가 아닌 도서관 직원은, 이용하기 곤란하다고 생각되는 자료를 발견하면 갱신하거나 폐기심의대상 목록을 작성하여야 한다.

다음 글을 근거로 판단할 때, 2022년도 A대학교 입학 전형 합격자는?

- A대학교 B학과 입학 전형
  - 2022학년도 대학수학능력시험의 국어, 수학, 영어 3개 과목을 반영하여 지원자 중 1명을 선발한다.
  - 3개 과목 평균등급이 2등급(3개 과목 등급의 합이 6) 이내인 자를 선발한다. 이 조건을 만족하는 지원자가 여러 명일 경우, 3개 과목 원점수의 합산 점수가 가장 높은 자를 선발한다.
- 2022학년도 대학수학능력시험 과목별 등급 – 원점수 커트라인

(단위 : 점)

과목 \ 등급	1	2	3	4	5	6	7	8
국어	96	93	88	79	67	51	40	26
수학	89	80	71	54	42	33	22	14
영어	94	89	85	77	69	54	41	28

※ 예를 들어, 국어 1등급은 100 ~ 96점, 국어 2등급은 95 ~ 93점
- 2022년도 A대학교 B학과 지원자 원점수 성적

(단위 : 점)

지원자	국어	수학	영어
갑	90	96	88
을	89	89	89
병	93	84	89
정	79	93	92
무	98	60	100

① 갑
② 을
③ 병
④ 정
⑤ 무

40 다음 글을 근거로 판단할 때, 〈보기〉에서 적절한 설명을 모두 고르면?

A국과 B국은 대기오염 정도를 측정하여 통합지수를 산정하고 이를 바탕으로 경보를 한다. A국은 5가지 대기오염 물질 농도를 각각 측정하여 대기환경지수를 산정하고, 그 평균값을 통합지수로 한다. 통합지수의 범위에 따라 호흡 시 건강에 미치는 영향이 달라지며, 이를 기준으로 그 등급을 아래와 같이 6단계로 나눈다.

〈A국 대기오염 등급 및 경보기준〉

등급	좋음	보통	민감군에게 해로움	해로움	매우 해로움	심각함
통합지수	0 ~ 50	51 ~ 100	101 ~ 150	151 ~ 200	201 ~ 300	301 ~ 500
경보색깔	초록	노랑	주황	빨강	보라	적갈
행동지침	외부활동 가능		외부활동 자제			

※ 민감군 : 노약자, 호흡기 환자 등 대기오염에 취약한 사람

B국은 A국의 5가지 대기오염 물질을 포함한 총 6가지 대기오염 물질의 농도를 각각 측정하여 대기환경지수를 산정하고, 이 가운데 가장 높은 대기환경지수를 통합지수로 사용한다. 다만 오염물질별 대기환경지수 중 101 이상인 것이 2개 이상일 경우에는 가장 높은 대기환경지수에 20을 더하여 통합지수를 산정한다. 통합지수는 그 등급을 아래와 같이 4단계로 나눈다.

〈B국 대기오염 등급 및 경보기준〉

등급	좋음	보통	나쁨	매우 나쁨
통합지수	0 ~ 50	51 ~ 100	101 ~ 250	251 ~ 500
경보색깔	파랑	초록	노랑	빨강
행동지침	외부활동 가능		외부활동 자제	

보기

ㄱ. A국과 B국의 통합지수가 동일하더라도, 각 대기오염 물질의 농도는 다를 수 있다.

ㄴ. B국의 통합지수가 180이라면, 6가지 대기오염 물질의 대기환경지수 중 가장 높은 것은 180 미만일 수 없다.

ㄷ. A국이 대기오염 등급을 '해로움'으로 경보한 경우, 그 정보만으로는 특정 대기오염 물질 농도에 대한 정확한 수치를 알 수 없을 것이다.

ㄹ. B국 국민이 A국에 방문하여 경보색깔이 노랑인 것을 확인하고 B국의 경보기준을 따른다면, 외부활동을 자제할 것이다.

① ㄱ, ㄴ
② ㄱ, ㄷ
③ ㄴ, ㄹ
④ ㄱ, ㄷ, ㄹ
⑤ ㄴ, ㄷ, ㄹ

다음 기준과 현황을 근거로 판단할 때, 지방자치단체 A ~ D 중 중점관리대상만을 모두 고르면?

〈기준〉

• 지방재정위기 사전경보지표

(단위 : %)

경보구분 \ 지표	통합재정수지적자비율	예산대비채무비율	채무상환비비율	지방세징수액비율	금고잔액비율	공기업부채비율
주의	25 초과 50 이하	25 초과 50 이하	12 초과 25 이하	25 이상 50 미만	10 이상 20 미만	400 초과 600 이하
심각	50 초과	50 초과	25 초과	25 미만	10 미만	600 초과

• 중점관리대상 지방자치단체 지정기준
  – 6개의 사전경보지표 중 '심각'이 2개 이상이면 중점관리대상으로 지정
  – '주의' 2개는 '심각' 1개로 간주

〈현황〉

(단위 : %)

지방자치단체 \ 지표	통합재정수지적자비율	예산대비채무비율	채무상환비비율	지방세징수액 비율	금고잔액비율	공기업부채비율
A	30	20	15	60	30	250
B	40	30	10	40	15	350
C	15	20	6	45	17	650
D	60	30	30	55	25	150

① A, C
② A, D
③ B, C
④ B, D
⑤ B, C, D

42 다음 글을 근거로 판단할 때, 〈보기〉의 갑 ~ 정 중에서 사업자등록을 해야하는 사람만을 모두 고르면?

다음 요건을 모두 갖춘 경우 사업자등록을 하여야 한다.
- 사업자이어야 한다.
  사업자란 사업목적이 영리이든 비영리이든 관계없이 사업상 독립적으로 재화 또는 용역을 공급하는 사람(법인 포함)을 말한다.
- 계속성 · 반복성을 가져야 한다.
  재화나 용역을 계속적이고 반복적으로 공급하여야 한다. 계속적이고 반복적인 공급이란 시간을 두고 여러 차례에 걸쳐 이루어지는 것을 말한다.
- 독립성을 가져야 한다.
  사업의 독립성이란 사업과 관련하여 재화 또는 용역을 공급하는 주체가 다른 사업자에게 고용되거나 종속되지 않은 경우를 말한다.

보기
- 용돈이 필요하여 자신이 사용하던 200만 원 가치의 카메라 1대를 인터넷 중고매매 카페에 매물로 1회 등록한 갑
- 자사의 제품을 판매하기 위해 열심히 일하는 영업사원 을
- 결식 어린이 돕기 성금 모금을 위하여 자원봉사자들이 직접 만든 공예품을 8년째 판매하고 있는 비영리법인 병
- 자신이 개발한 발명품을 10년 동안 직접 판매하면서 생활비 정도를 벌고 있는 정

① 갑, 을
② 갑, 병
③ 을, 병
④ 을, 정
⑤ 병, 정

43 다음은 K방송사의 제휴시설 안내 홈페이지의 일부인 호텔 상호 리스트와 지역별 리스트이다. 이를 근거로 판단할 때, 〈보기〉에서 적절하지 않은 설명을 모두 고르면?

〈호텔 상호 리스트〉

| 호텔 | 콘도미니엄 | 지역별 |

- 남송마리나피싱리조트 (1)
- 대둔산관광호텔 (1)
- 씨클라우드 호텔 (1)
- 코모도호텔 (1)
- 호텔농심 (1)
- 경주교육문화회관 (1)
- 해운대 센텀호텔 (1)
- 송도파크호텔 (1)
- 한옥호텔 영산재 (1)

- 남해스포츠파크 호텔 (1)
- 호텔인터시티 (1)
- 유성호텔 (1)
- 춘천세종호텔 (1)
- 해운대그랜드호텔 (1)
- 라마다프라자 제주호텔 (1)
- 라마다송도호텔 (1)
- 더클래스300 호텔 (1)
- 여수엠블호텔 (1)

- 노보텔 앰배서더 (4)
- 신안비치호텔 (1)
- 켄싱턴호텔 (2)
- 단양관광호텔 (1)
- 서울교육문화회관 (1)
- 라마다호텔&스위트 (2)
- 라마다플라자 광주호텔 (1)
- 해남땅끝호텔 (1)

숙소명	소재지	상세보기
남송마리나피싱리조트	경남 남해군 삼동면	[상세보기]

〈지역별 리스트〉

| 호텔 | 콘도미니엄 | 지역별 |

- 서울 (5)
- 인천 (2)
- 경기 (5)
- 충남 (3)
- 경북 (3)

- 부산 (7)
- 광주 (1)
- 강원 (15)
- 전북 (3)
- 경남 (4)

- 대구 (1)
- 대전 (2)
- 충북 (4)
- 전남 (9)
- 제주 (5)

숙소명	소재지	상세보기
노보텔 앰배서더 강남지점	서울시 강남구	[상세보기]
노보텔 앰배서더 독산지점	서울시 금천구	[상세보기]
라마다호텔&스위트 남대문지점	서울시 중구	[상세보기]
라마다호텔&스위트 동대문지점	서울시 중구	[상세보기]
서울교육문화회관	서울시 서초구	[상세보기]

※ K방송사는 호텔과 콘도미니엄만을 제휴시설로 한다.
※ 호텔과 콘도미니엄 리스트에 동시에 포함되어 있는 제휴시설은 없다.
※ 호텔 상호 리스트에서 지역명을 포함한 호텔은 그 해당 지역에 위치한다.

ㄱ. 기관과 제휴된 호텔 수와 콘도미니엄 수는 동일하다.

ㄴ. 하나의 시·도에 동일 상호를 사용하는 호텔이나 콘도미니엄은 없다.

ㄷ. 기관과 제휴된 호텔은 모두 호텔이라는 명칭을 사용한다.

ㄹ. 기관과 제휴된 콘도미니엄이 없는 시·도가 있다.

① ㄱ, ㄴ

② ㄷ, ㄹ

③ ㄱ, ㄴ, ㄷ

④ ㄱ, ㄴ, ㄹ

⑤ ㄴ, ㄷ, ㄹ

44 다음 사업설명서를 근거로 판단할 때, 〈보기〉에서 적절한 설명을 모두 고르면?

〈사업설명서〉

총 지원금		2020년	14,000백만 원	2021년	13,000백만 원
지원 인원		2020년	3,000명	2021년	2,000명
사업 개요	시작년도	2020년			
	추진경위	코로나로 인한 실업사태 극복을 위해 출발			
	사업목적	실업자에 대한 일자리 제공으로 생활안정 및 사회 안전망 제공			
	모집시기	연간 2회(5월, 12월)			
근로 조건	근무조건	월 소정 근로시간	112시간 이하	주당 근로일수	5일
	4대 사회보험 보장여부	국민연금	건강보험	고용보험	산재보험
		○	○	○	○
참여자	주된 참여자	청년 (35세 미만)	중장년 (50~64세)	노인 (65세 이상)	여성	장애인
			○			
	기타	• 우대요건 : 저소득층, 장기실업자, 여성가장 등 취업취약계층 우대 • 취업 취약계층 목표비율 : 70%			

ㄱ. 2021년에는 2020년보다 총 지원금은 줄었지만 지원 인원 1인당 평균 지원금은 더 많아졌다.

ㄴ. 저소득층, 장기실업자, 여성가장이 아니라면 이 사업에 참여할 수 없다.

ㄷ. 이 사업 참여자들은 4대 사회보험을 보장받지 못한다.

ㄹ. 이 사업은 청년층이 주된 참여자이다.

① ㄱ

② ㄱ, ㄴ

③ ㄴ, ㄷ

④ ㄷ, ㄹ

⑤ ㄱ, ㄷ, ㄹ

45 지금은 금요일 17시 50분이다. 다음 근로조건과 직원정보를 근거로 판단할 때, K회사 김과장이 18시부터 시작하는 시간 외 근로를 요청하면 오늘 내로 A프로젝트를 완수할 수 있는 직원은?

〈근로조건〉

가. K회사의 근로자는 09시에 근무를 시작해 18시에 마치며, 중간에 1시간 휴게시간을 갖는다. 근로시간은 휴게시간을 제외하고 1일 8시간, 1주 40시간이다.

나. 시간 외 근로는 1주 12시간을 초과하지 못한다. 단, 출산 이후 1년이 지나지 않은 여성에 대하여는 1일 2시간, 1주 6시간을 초과하는 시간 외 근로를 시키지 못한다.

다. 시간 외 근로를 시키기 위해서는 근로자 본인의 동의가 필요하다. 단, 여성의 경우에는 야간근로에 대해서 별도의 동의를 요한다.

※ 시간 외 근로 : 근로조건 '가.'의 근로시간을 초과하여 근로하는 것
※ 야간근로 : 22시에서 다음 날 06시 사이에 근로하는 것
※ 시간 외 근로시간에는 휴게시간은 없음

〈직원정보〉

이름	성별	이번 주 일일근로시간					A프로젝트 완수 소요시간	시간 외 근로 동의 여부	야간근로 동의 여부
		월	화	수	목	금			
김상형	남	8	8	8	8	8	5	×	–
전지연	여	–	10	10	10	8	2	O	×
차효인	여	9	8	13	9	8	3	O	O
조경은	여	8	9	9	9	8	5	O	×
심현석	남	10	11	11	11	8	1	O	–

※ 출산여부 : 전지연은 4개월 전에 둘째 아이를 출산하고 이번 주 화요일에 복귀하였고, 나머지 여성직원은 출산 경험이 없음

① 김상형, 차효인
② 차효인, 심현석
③ 차효인, 조경은
④ 전지연, 조경은
⑤ 전지연, 심현석

46 다음 글과 상황을 근거로 판단할 때, 〈보기〉에서 적절한 것은?

> **제N조(유치권의 내용)** 타인의 물건 또는 유가증권을 점유한 자는 그 물건이나 유가증권에 관하여 생긴 채권이 변제기에 있는 경우에 변제를 받을 때까지 그 물건 또는 유가증권을 유치할 권리가 있다.
>
> **제N조(유치권의 불가분성)** 유치권자는 채권 전부의 변제를 받을 때까지 유치물 전부에 대하여 그 권리를 행사할 수 있다.
>
> **제N조(유치권자의 선관의무)**
> ① 유치권자는 선량한 관리자의 주의로 유치물을 점유하여야 한다.
> ② 유치권자는 채무자의 승낙 없이 유치물의 사용, 대여 또는 담보제공을 하지 못한다. 그러나 유치물의 보존에 필요한 사용은 그러하지 아니하다.
>
> **제N조(경매)** 유치권자는 채권의 변제를 받기 위하여 유치물을 경매할 수 있다.
>
> **제N조(점유상실과 유치권소멸)** 유치권은 점유의 상실로 인하여 소멸한다.
>
> ※ 유치 : 물건 등을 일정한 지배 아래 둠

〈상황〉

甲은 아버지의 양복을 면접시험에서 입으려고 乙에게 수선을 맡겼다. 수선비는 다음 날까지 계좌로 송금하기로 하고 옷은 일주일 후 찾기로 하였다. 甲은 수선비를 송금하지 않은 채 일주일 후 옷을 찾으러 갔고, 옷 수선을 마친 乙은 수선비를 받을 때까지 수선한 옷을 돌려주지 않겠다며 유치권을 행사하고 있다.

보기

ㄱ. 甲이 수선비의 일부라도 지급한다면 乙은 수선한 옷을 돌려주어야 한다.
ㄴ. 甲이 수선한 옷을 돌려받지 못한 채 면접시험을 치렀고 이후 필요가 없어 옷을 찾으러 가지 않겠다고 한 경우, 乙은 수선비의 변제를 받기 위해 그 옷을 경매할 수 있다.
ㄷ. 甲이 수선을 맡긴 옷을 乙이 도둑맞아 점유를 상실하였다면 乙의 유치권은 소멸한다.
ㄹ. 甲이 수선비를 지급할 때까지, 乙은 수선한 옷을 甲의 승낙 없이 다른 사람에게 대여할 수 있다.

① ㄱ, ㄴ   ② ㄱ, ㄹ
③ ㄴ, ㄷ   ④ ㄷ, ㄹ
⑤ ㄴ, ㄷ, ㄹ

47 다음 글과 상황을 근거로 판단할 때, A복지관에 채용될 2명의 후보자는?

A복지관은 청소년업무 담당자 2명을 채용하고자 한다. 청소년업무 담당자들은 심리상담, 위기청소년지원, 진학지도, 지역안전망구축 등 4가지 업무를 수행해야 한다. 채용되는 2명은 서로 다른 업무를 맡아 4가지 업무를 빠짐없이 분담해야 한다.

4가지 업무에 관련된 직무역량으로는 의사소통역량, 대인관계역량, 문제해결역량, 정보수집역량, 자원관리역량 등 5가지가 있다. 각 업무를 수행하기 위해서는 반드시 해당 업무에 필요한 직무역량을 모두 갖춰야 한다. 아래는 이를 표로 정리한 것이다.

업무	필요 직무역량
심리상담	의사소통역량, 대인관계역량
위기청소년지원	의사소통역량, 문제해결역량
진학지도	문제해결역량, 정보수집역량
지역안전망구축	대인관계역량, 자원관리역량

〈상황〉

• A복지관의 채용후보자는 4명(甲, 乙, 丙, 丁)이며, 각 채용후보자는 5가지 직무역량 중 3가지씩을 갖추고 있다.
• 자원관리역량은 丙을 제외한 모든 채용후보자가 갖추고 있다.
• 丁이 진학지도업무를 제외한 모든 업무를 수행하려면, 의사소통역량만 추가로 갖추면 된다.
• 甲은 심리상담업무를 수행할 수 있고, 乙과 丙은 진학지도업무를 수행할 수 있다.
• 대인관계역량을 갖춘 채용후보자는 2명이다.

① 甲, 乙
② 甲, 丙
③ 乙, 丙
④ 乙, 丁
⑤ 丙, 丁

48 다음 글을 근거로 판단할 때 적절한 것은?

P학과는 지망자 5명(A ~ E) 중 한 명을 교환학생으로 추천하기 위하여 각각 5회의 평가를 실시하고, 그 결과에 바탕을 둔 추첨을 하기로 했다. 평가 및 추첨 방식과 현재까지 진행된 평가 결과는 아래와 같다.

- 매 회 100점 만점으로 10점 단위의 점수를 매기며, 100점을 얻은 지망자에게는 5장의 카드, 90점을 얻은 지망자에게는 2장의 카드, 80점을 얻은 지망자에게는 1장의 카드를 부여한다. 70점 이하를 얻은 지망자에게는 카드를 부여하지 않는다.
- 5회 차 평가 이후 각 지망자는 자신이 받은 모든 카드에 본인의 이름을 적고, 추첨함에 넣는다. 다만 5번의 평가의 총점이 400점 미만인 지망자는 본인의 카드를 추첨함에 넣지 못한다.
- P학과장은 추첨함에서 한 장의 카드를 무작위로 뽑아 카드에 이름이 적힌 지망자를 □□학과의 교환학생으로 추천한다.

〈평가 결과〉

(단위 : 점)

구분	1회	2회	3회	4회	5회
A	90	90	90	90	
B	80	80	70	70	
C	90	70	90	70	
D	70	70	70	70	
E	80	80	90	80	

① A가 5회 차 평가에서 80점을 얻더라도 다른 지망자의 점수에 관계없이 추천될 확률이 가장 높다.
② B가 5회 차 평가에서 90점을 얻는다면 적어도 D보다는 추천될 확률이 높다.
③ C가 5회 차 평가에서 카드를 받지 못하더라도 B보다는 추천될 확률이 높다.
④ D가 5회 차 평가에서 100점을 받고 다른 지망자가 모두 80점을 받는다면 D가 추천될 확률은 세 번째로 높다.
⑤ E가 5회 차 평가에서 카드를 받지 못하더라도 E는 추첨 대상에 포함될 수 있다.

49 다음 글과 상황을 근거로 판단할 때, 甲이 A대학을 졸업하기 위해 추가로 필요한 최소 취득학점은?

△△법 제◇◇조(학점의 인정 등)
① 전문학사학위과정 또는 학사학위과정을 운영하는 대학(이하 '대학'이라 한다)은 학생이 다음 각 호의 어느 하나에 해당하는 경우에 학칙으로 정하는 바에 따라 이를 해당 대학에서 학점을 취득한 것으로 인정할 수 있다.
　1. 국내외의 다른 전문학사학위과정 또는 학사학위과정에서 학점을 취득한 경우
　2. 전문학사학위과정 또는 학사학위과정과 동등한 학력·학위가 인정되는 평생교육시설에서 학점을 취득한 경우
　3. 병역법에 따른 입영 또는 복무로 인하여 휴학 중인 사람이 원격수업을 수강하여 학점을 취득한 경우
② 제1항에 따라 인정되는 학점의 범위와 기준은 다음 각 호와 같다.
　1. 제1항 제1호에 해당하는 경우 : 취득한 학점의 전부
　2. 제1항 제2호에 해당하는 경우 : 대학 졸업에 필요한 학점의 2분의 1 이내
　3. 제1항 제3호에 해당하는 경우 : 연(年) 12학점 이내

제ㅁㅁ조(편입학 등) 학사학위과정을 운영하는 대학은 다음 각 호에 해당하는 학생을 편입학 전형을 통해 선발할 수 있다.
1. 전문학사학위를 취득한 자
2. 학사학위과정의 제2학년을 수료한 자

〈상황〉
• A대학은 학칙을 통해 학점인정의 범위를 △△법에서 허용하는 최대 수준으로 정하고 있다.
• 졸업에 필요한 최소 취득학점은 A대학 120학점, B전문대학 63학점이다.
• 甲은 B전문대학에서 졸업에 필요한 최소 취득학점만으로 전문학사학위를 취득하였다.
• 甲은 B전문대학 졸업 후 A대학 3학년에 편입하였고 군복무로 인한 휴학 기간에 원격수업을 수강하여 총 6학점을 취득하였다.
• 甲은 A대학에 복학한 이후 총 30학점을 취득하였고, 1년 동안 미국의 C대학에 교환학생으로 파견되어 총 12학점을 취득하였다.

① 9학점　　　　　　　　　　　② 12학점
③ 15학점　　　　　　　　　　　④ 22학점
⑤ 24학점

50 다음 상황을 근거로 판단할 때, 〈보기〉에서 적절한 것을 모두 고르면?

〈상황〉

- 방송통신위원회는 12명의 위원으로 구성되며, 위원 중에서 위원장을 선출한다.
- 12명의 위원은 자신을 제외한 11명 중 서로 다른 2명에게 1표씩 투표하여 최다 득표자를 위원장으로 결정한다.
- 최다 득표자가 여러 명인 경우 추첨을 통해 이들 중 1명을 위원장으로 결정한다.

※ 기권 및 무효표는 없다.

보기

ㄱ. 득표자 중 5표를 얻은 위원이 존재하고 추첨을 통해 위원장이 결정되었다면, 득표자는 3명 이하이다.

ㄴ. 득표자가 총 3명이고 그 중 1명이 7표를 얻었다면, 위원장을 추첨으로 결정하지 않아도 된다.

ㄷ. 득표자 중 최다 득표자가 8표를 얻었고 추첨 없이 위원장이 결정되었다면, 득표자는 4명 이상이다.

---

① ㄴ
② ㄷ
③ ㄱ, ㄴ
④ ㄱ, ㄷ
⑤ ㄴ, ㄷ

PART

3

인성검사

인성검사

01 인성검사의 개요

1. 인성검사의 의의

인성검사는 1943년 미국 미네소타 대학교의 임상심리학자 Hathaway 박사와 정신과 의사 Mckinley 박사가 제작한 MMPI(Minnesota Multiphasic Personality Inventory)를 원형으로 한 다면적 인성검사를 말한다. 다면적이라 불리는 것은 여러 가지 정신적인 증상들을 동시에 측정할 수 있도록 고안되어 있기 때문이다. 풀이하자면, 개인이 가지고 있는 다면적인 성격을 많은 문항수의 질문을 통해 수치로 나타내는 것이다. 그렇다면 성격이란 무엇인가? 성격은 일반적으로 개인 내부에 있는 특징적인 행동과 생각을 결정해 주는 정신적·신체적 체제의 역동적 조직이라고 말할 수 있으며, 환경에 적응하게 하는 개인적인 여러 가지 특징과 행동양식의 잣대라고 정의할 수 있다. 다시 말하면, 성격이란 한 개인이 환경적 변화에 적응하는 특징적인 행동 및 사고유형이라고 할 수 있으며, 인성검사란 그 개인의 행동 및 사고유형을 서면을 통해 수치적·언어적으로 기술하거나 예언해 주는 도구라 할 수 있다.

신규채용 또는 평가에 활용하는 인성검사로 MMPI 원형을 그대로 사용하는 기업도 있지만, 대부분의 기업에서는 MMPI 원형을 기준으로 연구, 조사, 정보수집, 개정 등의 과정을 통해서 자체 개발한 유형을 사용하고 있다.

인성검사의 구성은 여러 가지 하위 척도로 구성되어 있는데, MMPI 다면적 인성검사의 척도를 살펴보면 기본 척도가 8개 문항으로 구성되어 있고, 2개의 임상 척도와 4개의 타당성 척도를 포함, 총 14개 척도로 구성되어 있다.

캘리포니아 심리검사(CPI; California Psychological Inventory)의 경우는 48개 문항, 18개의 척도로 구성되어 있다.

2. 인성검사의 해석단계

해석단계는 첫 번째, 각 타당성 및 임상 척도에 대한 피검사자의 점수를 검토하는 방법으로 각 척도마다 피검사자의 점수가 정해진 범위에 속하는지 여부를 검토하게 된다.

두 번째, 척도별 연관성에 대한 분석으로 각 척도에서의 점수범위가 의미하는 것과 그것들이 나타낼 가설들을 종합하고, 어느 특정 척도의 점수를 근거로 하여 다른 척도들에 대한 예측을 시도하게 된다.

세 번째, 척도 간의 응집 또는 분산을 찾아보고 그에 따른 해석적 가설을 형성하는 과정으로 두 개 척도 간의 관계만을 가지고 해석하게 된다.

네 번째, 매우 낮은 임상 척도에 대한 검토로서, 일부 척도에서 낮은 점수가 특별히 의미 있는 경우가 있기 때문에 신중히 다뤄지게 된다.

다섯 번째, 타당성 및 임상 척도에 대한 형태적 분석으로서, 타당성 척도들과 임상 척도들 전체의 형태적 분석이다. 주로 척도들의 상승도와 기울기 및 굴곡을 해석해서 피검사자에 대한 종합적이고 총체적인 추론적 해석을 하게 된다.

02 척도구성

1. MMPI 척도구성

(1) 타당성 척도

타당성 척도는 피검사자가 검사에 올바른 태도를 보였는지, 또 피검사자가 응답한 검사문항들의 결론이 신뢰할 수 있는 결론인가를 알아보는 라이스케일(허위척도)이라 할 수 있다. 타당성 4개 척도는 잘못된 검사태도를 탐지하게 할 뿐만 아니라, 임상 척도와 더불어 검사 이외의 행동에 대하여 유추할 수 있는 자료를 제공해 줌으로써, 의미있는 인성요인을 밝혀주기도 한다.

〈타당성 4개 척도구성〉

무응답 척도 (?)	무응답 척도는 피검사자가 응답하지 않은 문항과 '그렇다'와 '아니다'에 모두 답한 문항들의 총합이다. 척도점수의 크기는 다른 척도점수에 영향을 미치게 되므로, 빠뜨린 문항의 수를 최소로 줄이는 것이 중요하다.
허구 척도 (L)	L 척도는 피검사자가 자신을 좋은 인상으로 나타내 보이기 위해 하는 고의적이고 부정직하며 세련되지 못한 시도를 측정하는 허구 척도이다. L 척도의 문항들은 정직하지 못하거나 결점들을 고의적으로 감춰 자신을 좋게 보이려는 사람들의 장점마저도 부인하게 된다.
신뢰성 척도 (F)	F 척도는 검사문항에 빗나간 방식의 답변을 응답하는 경향을 평가하기 위한 척도로 정상적인 집단의 10% 이하가 응답한 내용을 기준으로 일반 대중의 생각이나 경험과 다른 정도를 측정한다.
교정 척도 (K)	K 척도는 분명한 정신적인 장애를 지니면서도 정상적인 프로파일을 보이는 사람들을 식별하기 위한 것이다. K 척도는 L 척도와 유사하게 거짓답안을 확인하지만 L 척도보다 더 미세하고 효과적으로 측정한다.

(2) 임상 척도

임상 척도는 검사의 주된 내용으로써 비정상 행동의 종류를 측정하는 10가지 척도로 되어 있다. 임상 척도의 수치는 높은 것이 좋다고 해석하는 경우도 있지만, 개별 척도별로 해석을 참고하는 경우가 대부분이다.

건강염려증(Hs) Hypochondriasis	개인이 말하는 신체적 증상과 이러한 증상들이 다른 사람을 조정하는 데 사용되고 있지는 않은지 여부를 측정하는 척도로서, 측정내용은 신체의 기능에 대한 과도한 집착 및 이와 관련된 질환이나 비정상적인 상태에 대한 불안감 등이다.
우울증(D) Depression	개인의 비관 및 슬픔의 정도를 나타내는 기분상태의 척도로서, 자신에 대한 태도와 타인과의 관계에 대한 태도, 절망감, 희망의 상실, 무력감 등을 원인으로 나타나는 활동에 대한 흥미의 결여, 불면증과 같은 신체적 증상 및 과도한 민감성 등을 표현한다.
히스테리(Hy) Hysteria	현실에 직면한 어려움이나 갈등을 회피하는 방법인 부인기제를 사용하는 경향 정도를 진단하려는 것으로서 특정한 신체적 증상을 나타내는 문항들과 아무런 심리적·정서적 장애도 가지고 있지 않다고 주장하는 것을 나타내는 문항들의 두 가지 다른 유형으로 구성되어 있다.
반사회성(Pd) Psychopathic Deviate	가정이나 일반사회에 대한 불만, 자신 및 사회와의 격리, 권태 등을 주로 측정하는 것으로서 반사회적 성격, 비도덕적인 성격 경향 정도를 알아보기 위한 척도이다.
남성-여성특성(Mf) Masculinity-Femininity	직업에 관한 관심, 취미, 종교적 취향, 능동·수동성, 대인감수성 등의 내용을 담고 있으며, 흥미형태의 남성특성과 여성특성을 측정하고 진단하는 검사이다.
편집증(Pa) Paranoia	편집증을 평가하기 위한 것으로서 정신병적인 행동과 과대의심, 관계망상, 피해망상, 과대망상, 과민함, 비사교적 행동, 타인에 대한 불만감 같은 내용의 문항들로 구성되어 있다.
강박증(Pt) Psychasthenia	병적인 공포, 불안감, 과대근심, 강박관념, 자기 비판적 행동, 집중력 곤란, 죄책감 등을 검사하는 내용으로 구성되어 있으며, 주로 오랫동안 지속된 만성적인 불안을 측정한다.
정신분열증(Sc) Schizophrenia	정신적 혼란을 측정하는 척도로서 가장 많은 문항에 내포하고 있다. 이 척도는 별난 사고방식이나 행동양식을 지닌 사람을 판별하는 것으로서 사회적 고립, 가족관계의 문제, 성적 관심, 충동억제불능, 두려움, 불만족 등의 내용으로 구성되어 있다.
경조증(Ma) Hypomania	정신적 에너지를 측정하는 것으로서, 사고의 다양성과 과장성, 행동영역의 불안정성, 흥분성, 민감성 등을 나타낸다. 이 척도가 높으면 무엇인가를 하지 않고는 못 견디는 정력적인 사람이다.
내향성(Si) Social Introversion	피검사자의 내향성과 외향성을 측정하기 위한 척도로서, 개인의 사회적 접촉 회피, 대인관계의 기피, 비사회성 등의 인성요인을 측정한다. 이 척도의 내향성과 외향성은 어느 하나가 좋고 나쁨을 나타내는 것이 아니라, 피검사자가 어떤 성향의 사람인가를 알아내는 것이다.

2. CPI 척도구성

〈18 척도〉

지배성 척도 (Do)	강력하고 지배적이며, 리더십이 강하고 대인관계에서 주도권을 잡는 지배적인 사람을 변별하고자 하는 척도이다.
지위능력 척도 (Cs)	현재의 개인 자신의 지위를 측정하는 것이 아니라, 개인의 내부에 잠재되어 있어 어떤 지위에 도달하게끔 하는 자기 확신, 야심, 자신감 등을 평가하기 위한 척도이다.
사교성 척도 (Sy)	사교적이고 활달하며 참여기질이 좋은 사람과, 사회적으로 자신을 나타내기 싫어하고 참여기질이 좋지 않은 사람을 변별하고자 하는 척도이다.
사회적 태도 척도 (Sp)	사회생활에서의 안정감, 활력, 자발성, 자신감 등을 평가하기 위한 척도로서, 사교성과 밀접한 관계가 있다. 고득점자는 타인 앞에 나서기를 좋아하고, 타인의 방어기제를 공격하여 즐거움을 얻고자 하는 성격을 가지고 있다.
자기수용 척도 (Sa)	자신에 대한 믿음, 자신의 생각을 수용하는 자기확신감을 가지고 있는 사람을 변별하기 위한 척도이다.
행복감 척도 (Wb)	근본 목적은 행복감을 느끼는 사람과 그렇지 않은 사람을 변별해 내는 척도 검사이지만, 긍정적인 성격으로 가장하기 위해서 반응한 사람을 변별해 내는 타당성 척도로서의 목적도 가지고 있다.
책임감 척도 (Re)	법과 질서에 대해서 철저하고 양심적이며 책임감이 강해 신뢰할 수 있는 사람과 인생은 이성에 의해서 지배되어야 한다고 믿는 사람을 변별하기 위한 척도이다.
사회성 척도 (So)	사회생활에서 이탈된 행동이나 범죄의 가능성이 있는 사람을 변별하기 위한 척도로서 범죄자 유형의 사람은 정상인보다 매우 낮은 점수를 나타낸다.
자기통제 척도 (Sc)	자기통제의 유무, 충동, 자기중심에서 벗어날 수 있는 통제의 적절성, 규율과 규칙에 동의하는 정도를 측정하는 척도로서, 점수가 높은 사람은 지나치게 자신을 통제하려 하며, 낮은 사람은 자기 통제가 잘 안되므로 충동적이 된다.
관용성 척도 (To)	침묵을 지키고 어떤 사실에 대하여 성급하게 판단하기를 삼가고 다양한 관점을 수용하려는 사회적 신념과 태도를 재려는 척도이다.
좋은 인상 척도 (Gi)	타인이 자신에 대해 어떻게 반응하는가, 타인에게 좋은 인상을 주었는가에 흥미를 느끼는 사람을 변별하고, 자신을 긍정적으로 보이기 위해 솔직하지 못한 반응을 하는 사람을 찾아내기 위한 타당성 척도이다.
추종성 척도 (Cm)	사회에 대한 보수적인 태도와 생각을 측정하는 척도검사이다. 아무렇게나 적당히 반응한 피검사자를 찾아내는 타당성 척도로서의 목적도 있다.
순응을 위한 성취 척도 (Ac)	강한 성취욕구를 측정하기 위한 척도로서 학업성취에 관련된 동기요인과 성격요인을 측정하기 위해서 만들어졌다.
독립성을 통한 성취 척도 (Ai)	독립적인 사고, 창조력, 자기실현을 위한 성취능력의 정도를 측정하는 척도이다.
지적 능률 척도 (Ie)	지적 능률성을 측정하기 위한 척도이며, 지능과 의미 있는 상관관계를 가지고 있는 성격특성을 나타내는 항목을 제공한다.
심리적 예민성 척도 (Py)	동기, 내적 욕구, 타인의 경험에 공명하고 흥미를 느끼는 정도를 재는 척도이다.
유연성 척도 (Fx)	개인의 사고와 사회적 행동에 대한 유연성, 순응성 정도를 나타내는 척도이다.
여향성 척도 (Fe)	흥미의 남향성과 여향성을 측정하기 위한 척도이다.

03 인성검사 시 유의사항

(1) 충분한 휴식으로 불안을 없애고 정서적인 안정을 취한다. 심신이 안정되어야 자신의 마음을 표현할 수 있다.

(2) 생각나는 대로 솔직하게 응답한다. 자신을 너무 과대포장하지도, 너무 비하하지 않도록 한다. 답변을 꾸며서 하면 앞뒤가 맞지 않게끔 구성돼 있어 불리한 평가를 받게 되므로 솔직하게 답하도록 한다.

(3) 검사문항에 대해 지나치게 골똘히 생각해서는 안 된다. 지나치게 몰두하면 엉뚱한 답변이 나올 수 있으므로 불필요한 생각은 삼간다.

(4) 인성검사는 대개 문항수가 많기에 자칫 건너뛰는 경우가 있는데, 가능한 모든 문항에 답해야 한다. 응답하지 않은 문항이 많을 경우 평가자가 정확한 평가를 내리지 못해 불리한 평가를 받을 수 있기 때문이다.

04 인성검사 모의연습

※ 다음 문항을 읽고 ① ~ ④ 중 자신에게 해당하는 것을 고르시오(① 전혀 그렇지 않다, ② 그렇지 않다, ③ 그렇다, ④ 매우 그렇다). [1~250]

번호	문항	응답	척도의 유형
01	타박을 받아도 위축되거나 기가 죽지 않는다.	① ② ③ ④	민감성
02	몸이 피곤할 때도 명랑하게 행동한다.	① ② ③ ④	외향성
03	익숙지 않은 집단, 장소로 옮겨가는 것이 꺼려진다.	① ② ③ ④	지적개방성
04	타인의 지적을 순수하게 받아들일 수 있다.	① ② ③ ④	친화성
05	매일의 목표가 있는 생활을 하고 있다.	① ② ③ ④	성실성
06	실패했던 기억을 되새기면서 고민하는 편이다.	① ② ③ ④	민감성
07	언제나 생기가 있고 열정적이다.	① ② ③ ④	외향성
08	상품을 선택하는 취향이 오랫동안 바뀌지 않는다.	① ② ③ ④	지적개방성
09	자신을 과시하다가 으스댄다는 핀잔을 듣곤 한다.	① ② ③ ④	친화성
10	동료가 될 사람을 1명만 택한다면 자기유능감이 높은 사람을 뽑겠다.	① ② ③ ④	성실성
11	열등감으로 자주 고민한다.	① ② ③ ④	민감성
12	많은 사람들을 만나는 것을 좋아한다.	① ② ③ ④	외향성
13	새로운 것에 대한 호기심이 잘 생기지 않는다.	① ② ③ ④	지적개방성
14	사람들을 쉽게 믿고 그들을 이해하려 노력한다.	① ② ③ ④	친화성
15	무엇이든 꾸준히 하면 스스로 해낼 수 있다고 믿는다.	① ② ③ ④	성실성
16	남에게 무시당하면 화가 치밀어 주체할 수 없다.	① ② ③ ④	민감성
17	과묵하고 소극적이라는 평가를 받곤 한다.	① ② ③ ④	외향성

18	상상보다는 사실지향성에 무게를 두는 편이다.	① ② ③ ④	지적개방성
19	남의 의견을 호의적으로 받아들이고 협조적이다.	① ② ③ ④	친화성
20	별로 반성하지 않으며, 게으름을 부리곤 한다.	① ② ③ ④	성실성
21	꼭 필요한 것인지 따져보며 충동구매를 하지 않는다.	① ② ③ ④	민감성
22	일부 특정한 사람들하고만 교제를 하는 편이다.	① ② ③ ④	외향성
23	일반적이고 확실한 것이 아니라면 거절하는 편이다.	① ② ③ ④	지적개방성
24	남에게 자신의 진심을 표현하기를 주저하는 편이다.	① ② ③ ④	친화성
25	임무를 달성하기 위해 목표를 분명하게 세운다.	① ② ③ ④	성실성
26	사고 싶은 것이 있으면 따지지 않고 바로 사곤 한다.	① ② ③ ④	민감성
27	낯선 사람에게도 친근하게 먼저 말을 건네는 편이다.	① ② ③ ④	외향성
28	다양성을 존중해 새로운 의견을 수용하는 편이다.	① ② ③ ④	지적개방성
29	남의 말을 들을 때 진위를 의심하곤 한다.	① ② ③ ④	친화성
30	시험 전에도 노는 계획을 세우곤 한다.	① ② ③ ④	성실성
31	주변 상황에 따라 기분이 수시로 변하곤 한다.	① ② ③ ④	민감성
32	몸담고 있는 동호회 수가 여러 개이다.	① ② ③ ④	외향성
33	익숙한 것만을 선호하다가 변화에 적응하지 못할 때가 많다.	① ② ③ ④	지적개방성
34	나를 비판하는 사람의 진짜 의도를 의심해 공격적으로 응수한다.	① ② ③ ④	친화성
35	도중에 실패해도 소임을 다하기 위해 끝까지 추진한다.	① ② ③ ④	성실성
36	고민이 있어도 지나치게 걱정하지 않는다.	① ② ③ ④	민감성
37	많은 사람들 앞에서 말하는 것이 서툴다.	① ② ③ ④	외향성
38	지적 흥미에 관심이 많고, 새로운 지식에 포용적이다.	① ② ③ ④	지적개방성
39	사람들을 믿지 못해 불편할 때가 많다.	① ② ③ ④	친화성
40	자신의 책임을 잊고 경솔하게 행동하곤 한다.	① ② ③ ④	성실성
41	기분 나쁜 일은 금세 잊는 편이다.	① ② ③ ④	민감성
42	다과회, 친목회 등의 소모임에서 자주 책임을 맡는다.	① ② ③ ④	외향성
43	부모님의 권위를 존중해 그분들의 말씀에 거의 순종한다.	① ② ③ ④	지적개방성
44	나의 이익을 지키려면 반드시 타인보다 우위를 점해야 한다고 생각한다.	① ② ③ ④	친화성
45	자신의 언행이 가볍다고 자주 지적받곤 한다.	① ② ③ ④	성실성
46	슬럼프에 빠지면 좀처럼 헤어나지 못한다.	① ② ③ ④	민감성
47	자신이 기력이 넘치며 사교적이라고 생각한다.	① ② ③ ④	외향성
48	익숙한 일·놀이에 진부함을 잘 느끼고, 새로운 놀이·활동에 흥미를 크게 느낀다.	① ② ③ ④	지적개방성
49	친구들을 신뢰해 그들의 말을 잘 듣는 편이다.	① ② ③ ④	친화성

50	인생의 목표와 방향이 뚜렷하며 부지런하다는 평가를 받곤 한다.	① ② ③ ④	성실성
51	감정을 잘 조절해 여간해서 흥분하지 않는 편이다.	① ② ③ ④	민감성
52	느긋하고 서두르지 않으며 여유로운 편이다.	① ② ③ ④	외향성
53	새로운 유행이 시작되면 다른 사람보다 먼저 시도해 보는 편이다.	① ② ③ ④	지적개방성
54	친구와 다투면 먼저 손을 내밀어 화해하지 못해 친구를 잃곤 한다.	① ② ③ ④	친화성
55	자신이 유능하다고 믿기 때문에 자신감이 넘친다.	① ② ③ ④	성실성
56	걱정거리가 머릿속에서 쉽사리 잊히지 않는 편이다.	① ② ③ ④	민감성
57	혼자 있을 때가 편안하다.	① ② ③ ④	외향성
58	비유적·상징적인 것보다는 사실적·현실적 표현을 선호한다.	① ② ③ ④	지적개방성
59	모르는 사람은 믿을 수 없으므로 경계하는 편이다.	① ② ③ ④	친화성
60	책임감, 신중성 등 자신에 대한 주위의 평판이 좋다고 생각한다.	① ② ③ ④	성실성
61	슬픈 일만 머릿속에 오래 남는다.	① ② ③ ④	민감성
62	꾸물대는 것이 싫어 늘 서두르는 편이다.	① ② ③ ④	외향성
63	예술가가 된 나의 모습을 상상하곤 한다.	① ② ③ ④	지적개방성
64	칭찬도 나쁘게 받아들이는 편이다.	① ② ③ ④	친화성
65	경솔한 언행으로 분란을 일으킬 때가 종종 있다.	① ② ③ ④	성실성
66	삶이 버겁게 느껴져 침울해지곤 한다.	① ② ③ ④	민감성
67	윗사람, 아랫사람 가리지 않고 쉽게 친해져 어울린다.	① ② ③ ④	외향성
68	상상 속에서 이야기를 잘 만들어 내는 편이다.	① ② ③ ④	지적개방성
69	손해를 입지 않으려고 약삭빠르게 행동하는 편이다.	① ② ③ ④	친화성
70	기왕 일을 한다면 꼼꼼하게 하는 편이다.	① ② ③ ④	성실성
71	비난을 받으면 몹시 신경이 쓰이고 자신감을 잃는다.	① ② ③ ④	민감성
72	주위 사람에게 인사하는 것이 귀찮다.	① ② ③ ④	외향성
73	창의력과 상상력이 풍부하다는 이야기를 자주 듣는다.	① ② ③ ④	지적개방성
74	자기중심적인 관점에서 남을 비판하곤 한다.	① ② ③ ④	친화성
75	지나치게 깔끔하고 싶은 강박증이 있다.	① ② ③ ④	성실성
76	세밀한 계획을 세워도 과도한 불안을 느낄 때가 많다.	① ② ③ ④	민감성
77	거의 항상 바쁘게 살아가는 편이다.	① ② ③ ④	외향성
78	타인이 예상하지 못한 엉뚱한 행동, 생각을 할 때가 자주 있다.	① ② ③ ④	지적개방성
79	의견이 어긋날 때는 먼저 한발 양보하는 편이다.	① ② ③ ④	친화성
80	어떤 일을 시도하다가 잘 안되면 금방 포기한다.	① ② ③ ④	성실성
81	긴박한 상황에 맞닥뜨리면 자신감을 잃을 때가 많다.	① ② ③ ④	민감성

82	처음 만난 사람과 이야기하는 것이 피곤하다.	① ② ③ ④	외향성
83	이것저것 새로운 것에 관심이 많고 새로운 것을 배우고 싶다.	① ② ③ ④	지적개방성
84	싫은 사람과도 충분히 협력할 수 있다고 생각한다.	① ② ③ ④	친화성
85	꾸준하고 참을성이 있다는 말을 자주 듣는다.	① ② ③ ④	성실성
86	신호 대기 중에도 조바심이 난다.	① ② ③ ④	민감성
87	남들보다 우월한 지위에서 영향력을 행사하고 싶다.	① ② ③ ④	외향성
88	'왜?'라는 질문을 자주 한다.	① ② ③ ④	지적개방성
89	좋아하지 않는 사람이라도 친절하고 공손하게 대한다.	① ② ③ ④	친화성
90	세부적인 내용을 일목요연하게 정리해 공부한다.	① ② ③ ④	성실성
91	상대가 통화 중이면 다급해져 연속해서 전화를 건다.	① ② ③ ④	민감성
92	쾌활하고 자신감이 강하며 남과의 교제에 적극적이다.	① ② ③ ④	외향성
93	궁금한 점이 있으면 꼬치꼬치 따져서 반드시 궁금증을 풀고 싶다.	① ② ③ ④	지적개방성
94	사람들은 누구나 곤경을 회피하려고 거짓말을 한다.	① ② ③ ④	친화성
95	물건을 분실하거나 어디에 두었는지 기억 못할 때가 많다.	① ② ③ ④	성실성
96	충동적인 행동을 하지 않는 편이다.	① ② ③ ④	민감성
97	상대방이 말을 걸어오기를 기다리는 편이다.	① ② ③ ④	외향성
98	새로운 생각들을 수용해 자신의 관점을 쉽게 수정하는 편이다.	① ② ③ ④	지적개방성
99	기분을 솔직하게 드러내는 편이어서 남들이 나의 기분을 금방 알아채곤 한다.	① ② ③ ④	친화성
100	의지와 끈기가 강한 편이다.	① ② ③ ④	성실성
101	어떤 상황에서든 만족할 수 있다.	① ② ③ ④	민감성
102	모르는 사람에게 말을 걸기보다는 혼자 있는 게 좋다.	① ② ③ ④	외향성
103	어떤 일이든 새로운 방향에서 이해할 수 있다고 생각한다.	① ② ③ ④	지적개방성
104	부모님이나 친구들에게 진심을 잘 고백하는 편이다.	① ② ③ ④	친화성
105	참을성이 있지만 융통성이 부족하다는 말을 듣곤 한다.	① ② ③ ④	성실성
106	깜짝 놀라면 몹시 당황하는 편이다.	① ② ③ ④	민감성
107	아는 사람이 많아져 대인관계를 넓히는 것을 선호한다.	① ② ③ ④	외향성
108	자신의 감수성, 지적 흥미에 충실하며 내면세계에 관심이 많다.	① ② ③ ④	지적개방성
109	사람들은 이득이 된다면 옳지 않은 방법이라도 쓸 것이다.	① ② ③ ④	친화성
110	세밀하게 설정된 계획표를 성실하게 실천하려 노력하는 편이다.	① ② ③ ④	성실성
111	난처한 헛소문에 휘말려도 개의치 않는다.	① ② ③ ④	민감성
112	매사에 진지하려고 노력한다.	① ② ③ ④	외향성
113	급진적인 변화를 선호한다.	① ② ③ ④	지적개방성

114	주변 사람들의 감정과 욕구를 잘 이해하는 편이다.	① ② ③ ④	친화성
115	대체로 먼저 할 일을 해 놓고 나서 노는 편이다.	① ② ③ ④	성실성
116	긴급 사태에도 당황하지 않고 행동할 수 있다.	① ② ③ ④	민감성
117	일할 때 자신의 생각대로 하지 못할 때가 많다.	① ② ③ ④	외향성
118	새로운 변화를 싫어한다.	① ② ③ ④	지적개방성
119	다른 사람의 감정에 민감하다.	① ② ③ ④	친화성
120	시험을 보기 전에 먼저 꼼꼼하게 공부 계획표를 짠다.	① ② ③ ④	성실성
121	삶에는 고통을 주는 것들이 너무 많다고 생각한다.	① ② ③ ④	민감성
122	내성적 성격 때문에 윗사람과의 대화가 꺼려진다.	① ② ③ ④	외향성
123	새로운 물건에서 신선한 아름다움을 느낄 때가 많다.	① ② ③ ④	지적개방성
124	사람들이 정직하게 행동하는 것은 타인의 비난이 두렵기 때문이다.	① ② ③ ④	친화성
125	계획에 따라 규칙적인 생활을 하는 편이다.	① ② ③ ④	성실성
126	걱정거리가 있으면 잠을 잘 수가 없다.	① ② ③ ④	민감성
127	자기주장만 지나치게 내세워 소란을 일으키곤 한다.	① ② ③ ④	외향성
128	예술 작품에서 큰 감동을 받곤 한다.	① ② ③ ④	지적개방성
129	싹싹하고 협조적이라는 평가를 받곤 한다.	① ② ③ ④	친화성
130	소지품을 잘 챙기지 않아 잃어버리곤 한다.	① ② ③ ④	성실성
131	즐거운 일보다는 괴로운 일이 더 많다.	① ② ③ ④	민감성
132	누가 나에게 말을 걸기 전에는 내가 먼저 말을 걸지 않는다.	① ② ③ ④	외향성
133	기본에 얽매이는 정공법보다는 창의적인 변칙을 선택하곤 한다.	① ② ③ ④	지적개방성
134	쉽게 양보를 하는 편이다.	① ② ③ ④	친화성
135	신발이나 옷이 떨어져도 무관심해 단정하지 못할 때가 종종 있다.	① ② ③ ④	성실성
136	사소한 일에도 긴장해 위축되곤 한다.	① ② ③ ④	민감성
137	타인과 어울리는 것보다는 혼자 지내는 것이 즐겁다.	① ② ③ ④	외향성
138	직업을 선택할 때 창조력과 심미안이 필요한 것을 선호한다.	① ② ③ ④	지적개방성
139	자기 것을 이웃에게 잘 나누어주는 편이다.	① ② ③ ④	친화성
140	몇 번이고 생각하고 검토한다.	① ② ③ ④	성실성
141	어떤 일을 실패하면 두고두고 생각한다.	① ② ③ ④	민감성
142	친구와 웃고 떠드는 것을 별로 좋아하지 않는다.	① ② ③ ④	외향성
143	창조적인 일을 하고 싶다.	① ② ③ ④	지적개방성
144	자기 것을 덜 주장하고, 덜 고집하는 편이다.	① ② ③ ④	친화성
145	일단 결정된 것은 완수하기 위해 자신의 능력을 총동원한다.	① ② ③ ④	성실성

146	수줍음이 많아서 사람들 앞에서 너무 위축되곤 한다.	① ② ③ ④	민감성
147	비교적 말이 없고 무난한 것을 선호하는 편이다.	① ② ③ ④	외향성
148	새로운 것을 고안하는 일에서 큰 즐거움을 느낀다.	① ② ③ ④	지적개방성
149	나의 이익에 직접적인 영향을 주는 사안에 대해서는 고집을 꺾지 않는다.	① ② ③ ④	친화성
150	사회적 규범을 지키려 애쓰고 목표 의식이 뚜렷한 편이다.	① ② ③ ④	성실성
151	나를 기분 나쁘게 한 사람을 쉽게 잊지 못한다.	① ② ③ ④	민감성
152	내성적이어서 낯선 이와 만나는 것을 꺼리는 편이다.	① ② ③ ④	외향성
153	예술적 감식안이 있는 편이다.	① ② ③ ④	지적개방성
154	남의 명령이 듣기 싫고 자기 본위적인 편이다.	① ② ③ ④	친화성
155	규율을 따르느라 때로는 융통성이 부족해지곤 한다.	① ② ③ ④	성실성
156	나를 힘들게 하는 일들이 너무 많다고 여긴다.	① ② ③ ④	민감성
157	마음을 터놓고 지내는 친구들이 적은 편이다.	① ② ③ ④	외향성
158	창조력은 부족하지만 실용적인 사고에 능숙한 편이다.	① ② ③ ④	지적개방성
159	남이 일하는 방식이 못마땅해 공격적으로 참견하곤 한다.	① ② ③ ④	친화성
160	여러 번 생각한 끝에 결정을 내린다.	① ② ③ ④	성실성
161	주변 사람이 잘되는 것을 보면 상대적으로 내가 실패한 것 같다.	① ② ③ ④	민감성
162	대중의 주목을 받는 연예인이 되고 싶은 마음은 조금도 없다.	① ② ③ ④	외향성
163	예술제나 미술전 등에 관심이 많다.	① ② ③ ④	지적개방성
164	조화로운 신뢰 관계를 유지하기 위해 타인의 이름을 기억하려 노력하는 편이다	① ② ③ ④	친화성
165	도서실 등에서 책을 정돈하고 관리하는 일을 싫어하지 않는다.	① ② ③ ④	성실성
166	남의 비난에도 스트레스를 잘 받지 않는다.	① ② ③ ④	민감성
167	여럿이 모여서 얘기하는 데 잘 끼어들지 못한다.	① ② ③ ④	외향성
168	공상이나 상상을 많이 하는 편이다.	① ② ③ ④	지적개방성
169	예절은 가식처럼 느껴져 예절을 신경 쓰지 않는 편이다.	① ② ③ ④	친화성
170	선입견으로 섣불리 단정하지 않기 위해 주의 깊게 살피는 편이다.	① ② ③ ④	성실성
171	불확실한 미래에 대한 염려는 불필요하다고 생각한다.	① ② ③ ④	민감성
172	처음 보는 사람들과 쉽게 얘기하고 친해지는 편이다.	① ② ③ ④	외향성
173	참신한 물건을 개발하는 일이 적성에 맞는 것 같다.	① ② ③ ④	지적개방성
174	의기양양하며 공격적인 사람보다는 겸손하며 이해심이 많은 사람이 되고 싶다.	① ② ③ ④	친화성
175	주어진 일을 매듭짓기 위해 끝까지 매달리는 편이다.	① ② ③ ④	성실성
176	기분 나쁜 일은 오래 생각하지 않는다.	① ② ③ ④	민감성

177	모르는 사람들이 많이 있는 곳에서도 활발하게 행동하는 편이다.	① ② ③ ④	외향성
178	새로운 아이디어를 생각해내는 일이 좋다.	① ② ③ ④	지적개방성
179	대인관계에서 상황을 빨리 파악하는 편이다.	① ② ③ ④	친화성
180	전표 계산 또는 장부 기입 같은 일을 싫증내지 않고 할 수 있다.	① ② ③ ④	성실성
181	근심이 별로 없지만, 때로는 정서적인 반응이 무딘 편이다.	① ② ③ ④	민감성
182	모임에서 말을 많이 하고 적극적으로 행동한다.	① ② ③ ④	외향성
183	사건 뒤에 숨은 본질을 생각해 보기를 좋아한다.	① ② ③ ④	지적개방성
184	나는 이해득실에 밝은 현실주의자라고 생각한다.	① ② ③ ④	친화성
185	자신의 장래를 위해 1년, 5년, 10년 등 장단기 목표를 세운다.	① ② ③ ④	성실성
186	자신이 처한 환경에서 불안, 분노, 우울, 절망 등을 잘 느끼지 않는다.	① ② ③ ④	민감성
187	여기저기에 친구나 아는 사람들이 많이 있다.	① ② ③ ④	외향성
188	색채 감각이나 미적 센스가 풍부한 편이다.	① ② ③ ④	지적개방성
189	남의 감정을 잘 이해하는 편이라서 남이 나에게 고민 상담을 요청할 때가 많다.	① ② ③ ④	친화성
190	신중하고 주의 깊다는 평가를 받곤 한다.	① ② ③ ④	성실성
191	대체로 걱정하거나 고민하지 않는다.	① ② ③ ④	민감성
192	활발하고 적극적이라는 말을 자주 듣는다.	① ② ③ ④	외향성
193	엉뚱한 일을 하기 좋아하고 발상도 개성적이다.	① ② ③ ④	지적개방성
194	남들과 껄끄러운 상황을 되도록 회피하려고 한다.	① ② ③ ④	친화성
195	일을 완료하기 전에는 쉬어도 마음이 편하지 않다.	① ② ③ ④	성실성
196	일반적으로 낙담할 일을 당해도 쉽게 상처받지 않는다.	① ② ③ ④	민감성
197	혼자 조용히 있기보다는 사람들과 어울리려고 한다.	① ② ③ ④	외향성
198	지적 흥미를 충족하기 위해 책과 신문을 많이 읽는다.	① ② ③ ④	지적개방성
199	타인과 더불어 살려면 반드시 법을 지켜야 한다.	① ② ③ ④	친화성
200	실패하든 성공하든 장래를 위해 그 원인을 반드시 분석한다.	① ② ③ ④	성실성
201	화가 날 법한 상황을 잘 참는 편이다.	① ② ③ ④	민감성
202	활동이 많으면서도 무난하고 점잖다는 말을 듣곤 한다.	① ② ③ ④	외향성
203	패션과 아름다움에 대한 감각이 둔한 편이다.	① ② ③ ④	지적개방성
204	타인을 잘 믿는 편이며, 남을 돕기를 주저하지 않는다.	① ② ③ ④	친화성
205	매사에 충분히 준비되어 있다는 자신감이 든다.	① ② ③ ④	성실성
206	비관적이고 무기력한 상황을 견디기 힘들다.	① ② ③ ④	민감성
207	앞에 나서서 통솔하기보다는 다른 이의 지휘에 잘 따르는 편이다.	① ② ③ ④	외향성
208	자신의 감수성을 발휘하면 좋은 에세이를 쓸 수 있을 것 같다.	① ② ③ ④	지적개방성

209	상대방의 기분을 잘 이해한다.	① ② ③ ④	친화성
210	과업을 이루려면 준법정신이 반드시 필요하다.	① ② ③ ④	성실성
211	실수를 하면 하루 종일 기분이 좋지 않다.	① ② ③ ④	민감성
212	혼자서 일하기를 좋아한다.	① ② ③ ④	외향성
213	낯선 곳에서 생소한 풍취를 즐길 수 있는 여행이 좋다.	① ② ③ ④	지적개방성
214	공식적인 요청이 없더라도 회사의 행사에는 참여해야 한다.	① ② ③ ④	친화성
215	성공하기 위해서는 반드시 자신을 통제해야 한다고 생각한다.	① ② ③ ④	성실성
216	화가 나면 주변에 있는 물건을 집어던지곤 한다.	① ② ③ ④	민감성
217	조용하고 명상적인 분위기를 좋아한다.	① ② ③ ④	외향성
218	박람회 등에서 견학을 하며 지식을 넓히는 일을 좋아한다.	① ② ③ ④	지적개방성
219	집단의 협동을 위해서 월간 정보, 공지 사항을 꼼꼼하게 확인하는 편이다.	① ② ③ ④	친화성
220	시간을 시, 분 단위로 세밀하게 나눠 쓴다.	① ② ③ ④	성실성
221	욕구를 느끼면 기존의 것을 무시하고 충동적으로 행동하는 편이다.	① ② ③ ④	민감성
222	친구를 잘 바꾸지 않는다.	① ② ③ ④	외향성
223	상품을 고를 때 디자인과 색에 신경을 많이 쓴다.	① ② ③ ④	지적개방성
224	다른 사람과 싸워도 쉽게 화해할 수 있다.	① ② ③ ④	친화성
225	나는 삶의 목표를 이루려면 정성스럽고 참된 행동이 가장 중요하다고 생각한다.	① ② ③ ④	성실성
226	예기치 못한 일이 발생해도 침착하다.	① ② ③ ④	민감성
227	모든 일에 앞장서는 편이다.	① ② ③ ④	외향성
228	한때는 예술가를 꿈꾸며 습작에 매달린 적이 있다.	① ② ③ ④	지적개방성
229	부서의 협력을 위해 상사의 명령은 반드시 수행해야 한다고 생각한다.	① ② ③ ④	친화성
230	큰일을 이루고 싶은 야망을 위해 자신을 닦아세우는 편이다.	① ② ③ ④	성실성
231	자신에 대한 주위의 잘못된 소문에도 크게 화를 내지 않는다.	① ② ③ ④	민감성
232	남을 지배하는 사람이 되고 싶다.	① ② ③ ④	외향성
233	실내 장식품이나 액세서리 등에 관심이 많다.	① ② ③ ④	지적개방성
234	자신의 행동이 타인에게 무례하게 보이지 않는지 살피는 편이다.	① ② ③ ④	친화성
235	걸리지만 않는다면 융통성을 위해 법을 조금은 어겨도 괜찮다.	① ② ③ ④	성실성
236	감정에 휘둘려 섣부른 판단을 하지 않으려고 애쓴다.	① ② ③ ④	민감성
237	외딴 곳보다는 사람들이 북적거리는 곳에 살고 싶다.	① ② ③ ④	외향성
238	지자체에서 개최하는 각종 예술제 소식에 관심이 많다.	① ② ③ ④	지적개방성
239	인간은 착한 본성을 가지고 태어났다고 생각한다.	① ② ③ ④	친화성
240	마감이 다가오기 전에 미리 업무를 마무리하는 편이다.	① ② ③ ④	성실성

PART 3

241	누군가 내 험담을 하는 것은 아닌지 괜스레 불안할 때가 있다.	① ② ③ ④	민감성
242	혼자서 하는 일보다는 여러 사람을 두루 만나는 일이 더 마음에 든다.	① ② ③ ④	외향성
243	무슨 감정이든 쉽게 몰입하며 낯선 것에 흥미를 느끼는 편이다.	① ② ③ ④	지적개방성
244	대화를 할 때 남을 더 배려하는 편이다.	① ② ③ ④	친화성
245	어떻게 일해야 더 효율적일지 늘 고민한다.	① ② ③ ④	성실성
246	나쁜 일이 일어나도 쉽게 떨쳐낼 수 있다.	① ② ③ ④	민감성
247	바쁜 도시보다는 한적한 자연에 묻혀 느긋하게 살고 싶다.	① ② ③ ④	외향성
248	추운 지역에 사는 주민들에게 냉장고를 파는 방법처럼 상식의 틀을 깨는 사고방식을 선호한다.	① ② ③ ④	지적개방성
249	모임이 있을 때 주로 남들에게 맞춰주는 편이다.	① ② ③ ④	친화성
250	주위를 항상 청결하게 하려고 노력하는 편이다.	① ② ③ ④	성실성

PART

4

면접

면접 유형 및 실전 대책

01 면접 주요사항

면접의 사전적 정의는 면접관이 지원자를 직접 만나보고 인품(人品)이나 언행(言行) 따위를 시험하는 일로, 흔히 필기시험 후에 최종적으로 심사하는 방법이다.

최근 주요 기업의 인사담당자들을 대상으로 채용 시 면접이 차지하는 비중을 설문조사했을 때, 50 ～ 80% 이상이라고 답한 사람이 전체 응답자의 80%를 넘었다. 이와 대조적으로 지원자들을 대상으로 취업 시험에서 면접을 준비하는 기간을 물었을 때, 대부분의 응답자가 2 ～ 3일 정도라고 대답했다.

지원자가 일정 수준의 스펙을 갖추기 위해 자격증 시험과 토익을 치르고 이력서와 자기소개서까지 쓰다 보면 면접까지 챙길 여유가 없는 것이 사실이다. 그리고 서류전형과 인적성검사를 통과해야만 면접을 볼 수 있기 때문에 자연스럽게 면접은 취업시험 과정에서 그 비중이 작아질 수밖에 없다. 하지만 아이러니하게도 실제 채용 과정에서 면접이 차지하는 비중은 절대적이라고 해도 과언이 아니다.

기업들은 채용 과정에서 토론 면접, 인성 면접, 프레젠테이션 면접, 역량 면접 등의 다양한 면접을 실시한다. 1차 커트라인이라고 할 수 있는 서류전형을 통과한 지원자들의 스펙이나 능력은 서로 엇비슷하다고 판단되기 때문에 서류상 보이는 자격증이나 토익 성적보다는 지원자의 인성을 파악하기 위해 면접을 더욱 강화하는 것이다. 일부 기업은 의도적으로 압박 면접을 실시하기도 한다. 지원자가 당황할 수 있는 질문을 던져서 그것에 대한 지원자의 반응을 살펴보는 것이다.

면접은 다르게 생각한다면 '나는 누구인가'에 대한 물음에 해답을 줄 수 있는 가장 현실적이고 미래적인 경험이 될 수 있다. 취업난 속에서 자격증을 취득하고 토익 성적을 올리기 위해 앞만 보고 달려온 지원자들은 자신에 대해서 고민하고 탐구할 수 있는 시간을 평소 쉽게 가질 수 없었을 것이다. 자신을 잘 알고 있어야 자신에 대해서 자신감 있게 말할 수 있다. 대체로 사람들은 자신에게 관대한 편이기 때문에 자신에 대해서 어떤 기대와 환상을 가지고 있는 경우가 많다. 하지만 면접은 제삼자에 의해 개인의 능력을 객관적으로 평가받는 시험이다. 어떤 지원자들은 다른 사람에게 자신을 표현하는 것을 어려워한다. 평소에 잘 사용하지 않는 용어를 내뱉으면서 거창하게 자신을 포장하는 지원자도 많다. 면접에서 가장 기본은 자기 자신을 면접관에게 알기 쉽게 표현하는 것이다.

이러한 표현을 바탕으로 자신이 앞으로 하고자 하는 것과 그에 대한 이유를 설명해야 한다. 최근에는 자신감을 향상시키거나 말하는 능력을 높이는 학원도 많기 때문에 얼마든지 자신의 단점을 극복할 수 있다.

1. 자기소개의 기술

자기소개를 시키는 이유는 면접자가 지원자의 자기소개서를 압축해서 듣고, 지원자의 첫인상을 평가할 시간을 가질 수 있기 때문이다. 면접을 위한 워밍업이라고 할 수 있으며, 첫인상을 결정하는 과정이므로 매우 중요한 순간이다.

(1) 정해진 시간에 자기소개를 마쳐야 한다.

쉬워 보이지만 의외로 지원자들이 정해진 시간을 넘기거나 혹은 빨리 끝내서 면접관에게 지적을 받는 경우가 많다. 본인이 면접을 받는 마지막 지원자가 아닌 이상, 정해진 시간을 지키지 않는 것은 수많은 지원자를 상대하기에 바쁜 면접관과 대기 시간에 지친 다른 지원자들에게 불쾌감을 줄 수 있다.

또한 회사에서 시간관념은 절대적인 것이므로 반드시 자기소개 시간을 지켜야 한다. 말하기는 1분에 200자 원고지 2장 분량의 글을 읽는 만큼의 속도가 가장 적당하다. 이를 A4 용지에 10point 글자 크기로 작성하면 반 장 분량이 된다.

(2) 간단하지만 신선한 문구로 자기소개를 시작하자.

요즈음 많은 지원자가 이 방법을 사용하고 있기 때문에 웬만한 소재의 문구가 아니면 면접관의 관심을 받을 수 없다. 이러한 문구는 시대적으로 유행하는 광고 카피를 패러디하는 경우와 격언 등을 인용하는 경우, 그리고 지원한 회사의 IC나 경영이념, 인재상 등을 사용하는 경우 등이 있다. 지원자는 이러한 여러 문구 중에 자신의 첫인상을 북돋아 줄 수 있는 것을 선택해서 말해야 한다. 자신의 이름을 문구 속에 적절하게 넣어서 말한다면 좀 더 효과적인 자기소개가 될 것이다.

(3) 무엇을 먼저 말할 것인지 고민하자.

면접관이 많이 던지는 질문 중 하나가 지원동기이다. 그래서 성장기를 바로 건너뛰고, 지원한 회사에 들어오기 위해 대학에서 어떻게 준비했는지를 설명하는 자기소개가 대세이다.

(4) 면접관의 호기심을 자극해 관심을 불러일으킬 수 있게 말하라.

면접관에게 질문을 많이 받는 지원자의 합격률이 반드시 높은 것은 아니지만, 질문을 전혀 안 받는 것보다는 좋은 평가를 기대할 수 있다. 질문을 받기 위해 면접관의 호기심을 자극할 수 있는 가장 좋은 방법은 대학생활을 이야기하면서 자신의 장기를 잠깐 넣는 것이다. 물론 장기자랑에 자신감이 있어야 한다 (최근에는 장기자랑을 개인별로 시키는 곳이 많아졌다).

지원한 분야와 관련된 수상 경력이나 프로젝트 등을 말하는 것도 좋다. 이는 지원자의 업무 능력과 직접 연결되는 것이므로 효과적인 자기 홍보가 될 수 있다. 일부 지원자들은 자신만의 특별한 경험을 이야기하는데, 이때는 그 경험이 보편적으로 사람들의 공감대를 얻을 수 있는 것인지 다시 생각해봐야 한다.

(5) 마지막 고개를 넘기가 가장 힘들다.

첫 단추도 중요하지만, 마지막 단추도 중요하다. 하지만 왠지 격식을 따지는 인사말은 지나가는 인사말 같고, 다르게 하자니 예의에 어긋나는 것 같은 기분이 든다. 이때는 처음에 했던 자신만의 문구를 다시 한 번 말하는 것도 좋은 방법이다. 자연스러운 끝맺음이 될 수 있도록 적절한 연습이 필요하다.

2. 1분 자기소개 시 주의사항

(1) 자기소개서와 자기소개가 똑같다면 감점일까?

아무리 자기소개서를 외워서 말한다 해도 자기소개가 자기소개서와 완전히 똑같을 수는 없다. 자기소개서의 분량이 더 많고 회사마다 요구하는 필수 항목들이 있기 때문에 굳이 고민할 필요는 없다. 오히려 자기소개서의 내용을 잘 정리한 자기소개가 더 좋은 결과를 만들 수 있다. 하지만 자기소개서와 상반된 내용을 말하는 것은 적절하지 않다. 지원자의 신뢰성이 떨어진다는 것은 곧 불합격을 의미하기 때문이다.

(2) 말하는 자세를 바르게 익혀라.

지원자가 자기소개를 하는 동안 면접관은 지원자의 동작 하나하나를 관찰한다. 그렇기 때문에 바른 자세가 중요하다는 것은 우리가 익히 알고 있다. 하지만 문제는 무의식적으로 나오는 습관 때문에 자세가 흐트러져 나쁜 인상을 줄 수 있다는 것이다. 이러한 습관을 고칠 수 있는 가장 좋은 방법은 캠코더 등으로 자신의 모습을 담는 것이다. 거울을 사용할 경우에는 시선이 자꾸 자기 눈과 마주치기 때문에 집중하기 힘들다. 하지만 촬영된 동영상은 제삼자의 입장에서 자신을 볼 수 있기 때문에 많은 도움이 된다.

(3) 정확한 발음과 억양으로 자신 있게 말하라.

지원자의 모양새가 아무리 뛰어나도, 목소리가 작고 발음이 부정확하면 큰 감점을 받는다. 이러한 모습은 지원자의 좋은 점에까지 악영향을 끼칠 수 있다. 직장을 흔히 사회생활의 시작이라고 말하는 시대적 정서에서 사람들과 의사소통을 하는 데 문제가 있다고 판단되는 지원자는 부적절한 인재로 평가될 수밖에 없다.

3. 대화법

전문가들이 말하는 대화법의 핵심은 '상대방을 배려하면서 이야기하라.'는 것이다. 대화는 나와 다른 사람의 소통이다. 내용에 대한 공감이나 이해가 없다면 대화는 더 진전되지 않는다.

『카네기 인간관계론』이라는 베스트셀러의 작가인 철학자 카네기가 말하는 최상의 대화법은 자신의 경험을 토대로 이야기하는 것이다. 즉, 살아오면서 직접 겪은 경험이 상대방의 관심을 끌 수 있는 가장 좋은 이야깃거리인 것이다. 특히, 어떤 일을 이루기 위해 노력하는 과정에서 겪은 실패나 희망에 대해 진솔하게 얘기한다면 상대방은 어느새 당신의 편에 서서 그 이야기에 동조할 것이다.

독일의 사업가이자, 동기부여 트레이너인 위르겐 힐러의 연설법 중 가장 유명한 것은 '시즐(Sizzle)'을 잡는 것이다. 시즐이란, 새우튀김이나 돈가스가 기름에서 지글지글 튀겨질 때 나는 소리이다. 즉, 자신의 말을 듣고 시즐처럼 반응하는 상대방의 감정에 적절하게 대응하라는 것이다.

말을 시작한 지 10~15초 안에 상대방의 '시즐'을 알아차려야 한다. 자신의 이야기에 대한 상대방의 첫 반응에 따라 말하기 전략도 달라져야 한다. 첫 이야기의 반응이 미지근하다면 가능한 한 그 이야기를 빨리 마무리하고 새로운 이야깃거리를 생각해내야 한다. 길지 않은 면접 시간 내에 몇 번 오지 않는 대답의 기회를 살리기 위해서 보다 전략적이고 냉철해야 하는 것이다.

4. 차림새

(1) 구두

면접에 어떤 옷을 입어야 할지를 며칠 동안 고민하면서 정작 구두는 면접 보는 날 현관을 나서면서 즉흥적으로 신고 가는 지원자들이 많다. 특히, 남자 지원자들이 이러한 실수를 많이 한다. 구두를 보면 그 사람의 됨됨이를 알 수 있다고 한다. 면접관 역시 이러한 것을 놓치지 않기 때문에 지원자는 자신의 구두에 더욱 신경을 써야 한다. 스타일의 마무리는 발끝에서 이루어지는 것이다. 아무리 멋진 옷을 입고 있어도 구두가 어울리지 않는다면 전체 스타일이 흐트러지기 때문이다.

정장용 구두는 디자인이 깔끔하고, 에나멜 가공처리를 하여 광택이 도는 페이턴트 가죽 소재 제품이 무난하다. 검정 계열 구두는 회색과 감색 정장에, 브라운 계열의 구두는 베이지나 갈색 정장에 어울린다. 참고로 구두는 오전에 사는 것보다 발이 충분히 부은 상태인 저녁에 사는 것이 좋다. 마지막으로 당연한 일이지만 반드시 면접을 보는 전날 구두 뒤축이 닳지는 않았는지 확인하고 구두에 광을 내 둔다.

(2) 양말

양말은 정장과 구두의 색상을 비교해서 골라야 한다. 특히 검정이나 감색의 진한 색상의 바지에 흰 양말을 신는 것은 시대에 뒤처지는 일이다. 일반적으로 양말의 색깔은 바지의 색깔과 같아야 한다. 또한 양말의 길이도 신경 써야 한다. 남성의 경우에 의자에 바르게 앉거나 다리를 꼬아서 앉을 때 다리털이 보여서는 안 된다. 반드시 긴 정장 양말을 신어야 한다.

(3) 정장

지원자는 평소에 정장을 입을 기회가 많지 않기 때문에 면접을 볼 때 본인 스스로도 옷을 어색하게 느끼는 경우가 많다. 옷을 불편하게 느끼기 때문에 자세마저 불안정한 지원자도 볼 수 있다. 그러므로 면접 전에 정장을 입고 생활해 보는 것도 나쁘지는 않다.

일반적으로 면접을 볼 때는 상대방에게 신뢰감을 줄 수 있는 남색 계열의 옷이나 어떤 계절이든 무난하고 깔끔해 보이는 회색 계열의 정장을 많이 입는다. 정장은 유행에 따라서 재킷의 디자인이나 버튼의 개수가 바뀌기 때문에 특히 남성 지원자의 경우, 너무 오래된 옷을 입어서 아버지 옷을 빌려 입고 나온 듯한 인상을 주어서는 안 된다.

(4) 헤어스타일과 메이크업

헤어스타일에 자신이 없다면 미용실에 다녀오는 것도 좋은 방법이다. 그리고 여성 지원자의 경우에는 자신에게 어울리는 메이크업을 하는 것도 괜찮다. 메이크업은 상대에 대한 예의를 갖추는 것이므로 지나치게 화려한 메이크업이 아니라면 보다 준비된 지원자처럼 보일 수 있다.

5. 첫인상

취업을 위해 성형수술을 받는 남성들에 대한 이야기는 더 이상 뉴스거리가 되지 않는다. 그만큼 많은 사람이 좁은 취업문을 뚫기 위해 이미지 향상에 신경을 쓰고 있다. 이는 면접관에게 좋은 첫인상을 주기 위한 것으로, 지원서에 올리는 증명사진을 이미지 프로그램을 통해 수정하는 이른바 '사이버 성형'이 유행하는 것과 같은 맥락이다. 실제로 외모가 채용 과정에서 영향을 끼치는가에 대한 설문조사에서도 60% 이상의 인사담당자들이 그렇다고 답변했다.

하지만 외모와 첫인상을 절대적인 관계로 이해하는 것은 잘못된 판단이다. 외모가 첫인상에서 많은 부분을 차지하지만, 외모 외에 다른 결점이 발견된다면 그로 인해 장점들이 가려질 수도 있다. 이러한 현상은 아래에서 다시 논하겠다.

첫인상은 말 그대로 한 번밖에 기회가 주어지지 않으며 몇 초 안에 결정된다. 첫인상을 결정짓는 요소 중 시각적인 요소가 80% 이상을 차지한다. 첫눈에 들어오는 생김새나 복장, 표정 등에 의해서 결정되는 것이다. 면접을 시작할 때 자기소개를 시키는 것도 지원자별로 첫인상을 평가하기 위해서이다. 첫인상이 중요한 이유는 만약 첫인상이 부정적으로 인지될 경우, 지원자의 다른 좋은 면까지 거부당하기 때문이다. 이러한 현상을 심리학에서는 초두효과(Primacy Effect)라고 한다.

한 번 형성된 첫인상은 여간해서 바꾸기 힘들다. 이는 첫인상이 나중에 들어오는 정보까지 영향을 주기 때문이다. 첫인상의 정보가 나중에 들어오는 정보 처리의 지침이 되는 것을 심리학에서는 맥락효과(Context Effect)라고 한다. 따라서 평소에 첫인상을 좋게 만들기 위한 노력을 꾸준히 해야만 하는 것이다.

좋은 첫인상이 반드시 외모에만 집중되는 것은 아니다. 오히려 깔끔한 옷차림과 부드러운 표정 그리고 말과 행동 등에 의해 전반적인 이미지가 만들어진다. 누구나 이러한 것 중에 한두 가지 단점을 가지고 있다. 요즈음은 이미지 컨설팅을 통해서 자신의 단점들을 보완하는 지원자도 있다. 특히, 표정이 밝지 않은 지원자는 평소 웃는 연습을 의식적으로 하여 면접을 받는 동안 계속해서 여유 있는 표정을 짓는 것이 중요하다. 성공한 사람들은 인상이 좋다는 것을 명심하자.

02 면접의 유형 및 실전 대책

1. 면접의 유형

과거 천편일률적인 일대일 면접과 달리 면접에는 다양한 유형이 도입되어 현재는 "면접은 이렇게 보는 것이다."라고 말할 수 있는 정해진 유형이 없어졌다. 그러나 전국수협 면접에서는 현재까지는 다대일 면접이 진행되고 있으므로 어느 정도 유형을 파악하여 사전에 대비가 가능하다. 면접의 기본인 단독 면접부터, 다대일 면접, 집단 면접의 유형과 그 대책에 대해 알아보자.

(1) 단독 면접

단독 면접이란 응시자와 면접관이 1대1로 마주하는 형식을 말한다. 면접위원 한 사람과 응시자 한 사람이 마주 앉아 자유로운 화제를 가지고 질의응답을 되풀이하는 방식이다. 이 방식은 면접의 가장 기본적인 방법으로 소요시간은 10 ~ 20분 정도가 일반적이다.

① 장점

필기시험 등으로 판단할 수 없는 성품이나 능력을 알아내는 데 가장 적합하다고 평가받아 온 면접방식으로 응시자 한 사람 한 사람에 대해 여러 면에서 비교적 폭넓게 파악할 수 있다. 응시자의 입장에서는 한 사람의 면접관만을 대하는 것이므로 상대방에게 집중할 수 있으며, 긴장감도 다른 면접방식에 비해서는 적은 편이다.

② 단점

면접관의 주관이 강하게 작용해 객관성을 저해할 소지가 있으며, 면접 평가표를 활용한다 하더라도 일면적인 평가에 그칠 가능성을 배제할 수 없다. 또한 시간이 많이 소요되는 것도 단점이다.

> **단독 면접 준비 Point**
>
> 단독 면접에 대비하기 위해서는 평소 1대1로 논리 정연하게 대화를 나눌 수 있는 능력을 기르는 것이 중요하다. 그리고 면접장에서는 면접관을 선배나 선생님 혹은 아버지를 대하는 기분으로 면접에 임하는 것이 부담도 훨씬 적고 실력을 발휘할 수 있는 방법이 될 것이다.

(2) 다대일 면접

다대일 면접은 일반적으로 가장 많이 사용되는 면접방법으로 보통 2 ~ 5명의 면접관이 1명의 응시자에게 질문하는 형태의 면접방법이다. 면접관이 여러 명이므로 다각도에서 질문을 하여 응시자에 대한 정보를 많이 알아낼 수 있다는 점 때문에 선호하는 면접방법이다.

하지만 응시자의 입장에서는 질문도 면접관에 따라 각양각색이고 동료 응시자가 없으므로 숨 돌릴 틈도 없게 느껴진다. 또한 관찰하는 눈도 많아서 조그만 실수라도 지나치는 법이 없기 때문에 정신적 압박과 긴장감이 높은 면접방법이다. 따라서 응시자는 긴장을 풀고 한 시험관이 묻더라도 면접관 전원을 향해 대답한다는 느낌으로 또박또박 대답하는 자세가 필요하다.

① 장점

면접관이 집중적인 질문과 다양한 관찰을 통해 응시자가 과연 조직에 필요한 인물인가를 완벽히 검증할 수 있다.

② 단점

면접시간이 보통 10 ~ 30분 정도로 좀 긴 편이고 응시자에게 지나친 긴장감을 조성하는 면접방법이다.

다대일 면접 준비 Point

질문을 들을 때 시선은 면접위원을 향하고 다른 데로 돌리지 말아야 하며, 대답할 때에도 고개를 숙이거나 입속에서 우물거리는 소극적인 태도는 피하도록 한다. 면접위원과 대등하다는 마음가짐으로 편안한 태도를 유지하면 대답도 자연스러운 상태에서 좀 더 충실히 할 수 있고, 이에 따라 면접위원이 받는 인상도 달라진다.

(3) 집단 면접

집단 면접은 다수의 면접관이 여러 명의 응시자를 한꺼번에 평가하는 방식으로 짧은 시간에 능률적으로 면접을 진행할 수 있다. 각 응시자에 대한 질문내용, 질문횟수, 시간배분이 똑같지는 않으며, 모두에게 같은 질문이 주어지기도 하고, 각각 다른 질문을 받기도 한다.

또한 어떤 응시자가 한 대답에 대한 의견을 묻는 등 그때그때의 분위기나 면접관의 의향에 따라 변수가 많다. 집단 면접은 응시자의 입장에서는 개별 면접에 비해 긴장감은 다소 덜한 반면에 다른 응시자들과의 비교가 확실하게 나타나므로 응시자는 몸가짐이나 표현력·논리성 등이 결여되지 않도록 자신의 생각이나 의견을 솔직하게 발표하여 집단 속에 묻히거나 밀려나지 않도록 주의해야 한다.

① 장점

집단 면접의 장점은 면접관이 응시자 한 사람에 대한 관찰시간이 상대적으로 길고, 비교 평가가 가능하기 때문에 결과적으로 평가의 객관성과 신뢰성을 높일 수 있다는 점이며, 응시자는 동료들과 함께 면접을 받기 때문에 긴장감이 다소 덜하다는 것을 들 수 있다. 또한 동료가 답변하는 것을 들으며, 자신의 답변 방식이나 자세를 조정할 수 있다는 것도 큰 이점이다.

② 단점

응답하는 순서에 따라 응시자마다 유리하고 불리한 점이 있고, 면접위원의 입장에서는 각각의 개인적인 문제를 깊게 다루기가 곤란하다는 것이 단점이다.

집단 면접 준비 Point

너무 자기 과시를 하지 않는 것이 좋다. 대답은 자신이 말하고 싶은 내용을 간단명료하게 말해야 한다. 내용이 없는 발언을 한다거나 대답을 질질 끄는 태도는 좋지 않다. 또 말하는 중에 내용이 주제에서 벗어나거나 자기중심적으로만 말하는 것도 피해야 한다. 집단 면접에 대비하기 위해서는 평소에 설득력을 지닌 자신의 논리력을 계발하는 데 힘써야 하며, 다른 사람 앞에서 자신의 의견을 조리 있게 개진할 수 있는 발표력을 갖추는 데에도 많은 노력을 기울여야 한다.

• 실력에는 큰 차이가 없다는 것을 기억하라.
• 동료 응시자들과 서로 협조하라.
• 답변하지 않을 때의 자세가 중요하다.
• 개성 표현은 좋지만 튀는 것은 위험하다.

(4) 집단 토론식 면접

집단 토론식 면접은 집단 면접과 형태는 유사하지만 질의응답이 아니라 응시자들끼리의 토론이 중심이 되는 면접방법으로 최근 들어 급증세를 보이고 있다. 이는 공통의 주제에 대해 다양한 견해들이 개진되고 결론을 도출하는 과정, 즉 토론을 통해 응시자의 다양한 면에 대한 평가가 가능하다는 집단 토론식 면접의 장점이 널리 확산된 데 따른 것으로 보인다. 사실 집단 토론식 면접을 활용하면 주제와 관련된 지식 정도와 이해력, 판단력, 설득력, 협동성은 물론 리더십, 조직 적응력, 적극성과 대인관계 능력 등을 쉽게 파악할 수 있다.

토론식 면접에서는 자신의 의견을 명확히 제시하면서도 상대방의 의견을 경청하는 토론의 기본자세가 필수적이며, 지나친 경쟁심이나 자기 과시욕은 접어두는 것이 좋다. 또한 집단 토론의 목적이 결론을 도출해 나가는 과정에 있다는 것을 감안하여 무리하게 자신의 주장을 관철시키기보다 오히려 토론의 질을 높이는 데 기여하는 것이 좋은 인상을 줄 수 있다는 점을 알아야 한다. 취업 희망자들은 토론식 면접이 급속도로 확산되는 추세임을 감안해 특히 철저한 준비를 해야 한다. 평소에 신문의 사설이나 매스컴 등의 토론 프로그램을 주의 깊게 보면서 논리 전개방식을 비롯한 토론 과정을 익히도록 하고, 친구들과 함께 간단한 주제를 놓고 토론을 진행해 볼 필요가 있다. 또한 사회·시사문제에 대해 자기 나름대로의 관점을 정립해두는 것도 꼭 필요하다.

(5) PT 면접

PT 면접, 즉 프레젠테이션 면접은 최근 들어 집단 토론 면접과 더불어 그 활용도가 점차 커지고 있다. PT 면접은 기업마다 특성이 다르고 인재상이 다른 만큼 인성 면접만으로는 알 수 없는 지원자의 문제해결 능력, 전문성, 창의성, 기본 실무능력, 논리성 등을 관찰하는 데 중점을 두는 면접으로, 지원자 간의 변별력이 높아 대부분의 기업에서 적용하고 있으며, 확산되는 추세이다.

면접 시간은 기업별로 차이가 있지만, 전문지식, 시사성 관련 주제를 제시한 다음, 보통 20 ~ 50분 정도 준비하여 5분가량 발표할 시간을 준다. 면접관과 지원자의 단순한 질의응답식이 아닌, 주제에 대해 일정 시간 동안 지원자의 발언과 발표하는 모습 등을 관찰하게 된다. 정확한 답이나 지식보다는 논리적 사고와 의사표현력이 더 중시되기 때문에 자신의 생각을 어떻게 설명하느냐가 매우 중요하다.

PT 면접에서 같은 주제라도 직무별로 평가요소가 달리 나타난다. 예를 들어, 영업직은 설득력과 의사소통 능력에 중점을 둘 수 있겠고, 관리직은 신뢰성과 창의성 등을 더 중요하게 평가한다.

> **PT 면접 준비 Point**
>
> - 면접관의 관심과 주의를 집중시키고, 발표 태도에 유의한다.
> - 모의 면접이나 거울 면접으로 미리 점검한다.
> - PT 내용은 세 가지 정도로 정리해서 말한다.
> - PT 내용에는 자신의 생각이 담겨 있어야 한다.
> - PT 중간에 자문자답 방식을 활용한다.
> - 평소 지원하는 업계의 동향이나 직무에 대한 전문지식을 쌓아둔다.
> - 부적절한 용어 사용이나 무리한 주장 등은 하지 않는다.

(6) 합숙 면접

합숙 면접은 대체로 1박 2일이나 2박 3일 동안 해당 기업의 연수원이나 수련원 등에서 이루어지는 면접으로, 평가 항목으로는 PT 면접, 토론 면접, 인성 면접 등을 기본으로 새벽등산, 레크리에이션, 게임 등 다양한 형태로 진행된다. 경쟁자들과 함께 생활하고 협동해야 하는 만큼 스트레스도 많이 받는 경우가 허다하다.

모든 지원자를 하루 동안 평가하게 되므로 지원자 1명을 평가하는 데 걸리는 시간은 짧게는 5분에서 길게는 1시간 이상 정도인데, 이 시간으로는 지원자를 제대로 평가하기에는 한계가 있다. 합숙 면접은 24시간 이상을 지원자와 면접관이 함께 생활하면서 다양한 프로그램을 통해 지원자의 역량을 폭넓게 평가할 수 있기 때문에 기업에서는 합숙 면접을 선호한다. 대체로 은행, 증권 등 금융권에서 합숙 면접을 통해 지원자의 의도되고 꾸며진 모습 외에 창의력, 의사소통 능력, 협동심, 책임감, 리더십 등 다양한 모습을 평가하였지만, 최근에는 기업에서도 많이 실시되고 있다.

합숙 면접에서 좋은 점수를 얻기 위해서는 무엇보다 팀워크를 중시하는 모습을 보여야 한다. 합숙 면접은 일반 면접과는 달리 개인보다는 그룹별로 과제가 주어지고 해결해야 하므로 조원 또는 동료와 얼마나 잘 어울리느냐가 중요한 평가기준이 된다. 장시간에 걸쳐 평가하기 때문에 힘든 부분도 있지만, 지원자들이 지쳐 있거나 당황하고 있는 사이에도 면접관들은 지원자들의 조직 적응력, 적극성, 사회성, 친화력 등을 꼼꼼하게 체크하기 때문에 잠시도 긴장을 늦춰서는 안 된다.

2. 면접의 실전 대책

(1) 면접 대비사항

① 지원 회사에 대한 사전지식을 충분히 준비한다.

필기시험에서 합격 또는 서류전형에서의 합격통지가 온 후 면접시험 날짜가 정해지는 것이 보통이다. 이때 수험자는 면접시험을 대비해 사전에 자기가 지원한 계열사 또는 부서에 대해 폭넓은 지식을 준비할 필요가 있다.

> **지원 회사에 대해 알아두어야 할 사항**
>
> - 회사의 연혁
> - 회장 또는 사장의 이름, 출신학교, 관심사
> - 회장 또는 사장이 요구하는 신입사원의 인재상
> - 회사의 사훈, 사시, 경영이념, 창업정신
> - 회사의 대표적 상품, 특색
> - 업종별 계열회사의 수
> - 해외지사의 수와 그 위치
> - 신 개발품에 대한 기획 여부
> - 자기가 생각하는 회사의 장단점
> - 회사의 잠재적 능력개발에 대한 제언

② 충분한 수면을 취한다.

충분한 수면으로 안정감을 유지하고 첫 출발의 상쾌한 마음가짐을 갖는다.

③ 얼굴을 생기 있게 한다.

첫인상은 면접에 있어서 가장 결정적인 당락요인이다. 면접관에게 좋은 인상을 줄 수 있도록 화장하는 것도 필요하다. 면접관들이 가장 좋아하는 인상은 얼굴에 생기가 있고 눈동자가 살아 있는 사람, 즉 기가 살아 있는 사람이다.

④ 아침에 인터넷 뉴스를 읽고 간다.

그날의 뉴스가 질문 대상에 오를 수가 있다. 특히 경제면, 정치면, 문화면 등을 유의해서 볼 필요가 있다.

> **출발 전 확인할 사항**
>
> 이력서, 자기소개서, 지갑, 신분증(주민등록증), 손수건, 휴지, 노트, 볼펜, 예비스타킹 등을 준비하자.

(2) 면접 시 옷차림

면접에서 옷차림은 간결하고 단정한 느낌을 주는 것이 가장 중요하다. 색상과 디자인 면에서 지나치게 화려한 색상이나, 노출이 심한 디자인은 자칫 면접관의 눈살을 찌푸리게 할 수 있다. 단정한 차림을 유지하면서 자신만의 독특한 멋을 연출하는 것, 지원하는 회사의 분위기를 파악했다는 센스를 보여주는 것 또한 코디네이션의 포인트이다.

> **복장 점검**
>
> • 구두는 잘 닦여 있는가?
> • 옷은 깨끗이 다려져 있으며 스커트 길이는 적당한가?
> • 손톱은 길지 않고 깨끗한가?
> • 머리는 흐트러짐 없이 단정한가?

(3) 면접요령

① 첫인상을 중요시한다.

상대에게 인상을 좋게 주지 않으면 어떠한 얘기를 해도 이쪽의 기분이 충분히 전달되지 않을 수 있다. 예를 들어, '저 친구는 표정이 없고 무엇을 생각하고 있는지 전혀 알 길이 없다.'처럼 생각되면 최악의 상태이다. 우선 청결한 복장, 바른 자세로 침착하게 들어가야 한다. 건강하고 신선한 이미지를 주어야 하기 때문이다.

② 좋은 표정을 짓는다.

얘기를 할 때의 표정은 중요한 사항의 하나다. 거울 앞에서 웃는 연습을 해본다. 웃는 얼굴은 상대를 편안하게 하고, 특히 면접 등 긴박한 분위기에서는 천금의 값이 있다 할 것이다. 그렇다고 하여 항상 웃고만 있어서는 안 된다. 자기의 할 얘기를 진정으로 전하고 싶을 때는 진지한 얼굴로 상대의 눈을 바라보며 얘기한다. 면접을 볼 때 눈을 감고 있으면 마이너스 이미지를 주게 된다.

③ 결론부터 이야기한다.

자기의 의사나 생각을 상대에게 정확하게 전달하기 위해서 먼저 무엇을 말하고자 하는가를 명확히 결정해 두어야 한다. 대답을 할 경우에는 결론을 먼저 이야기하고 나서 그에 따른 설명과 이유를 덧붙이면 논지(論旨)가 명확해지고 이야기가 깔끔하게 정리된다.

한 가지 사실을 이야기하거나 설명하는 데는 3분이면 충분하다. 복잡한 이야기라도 어느 정도의 길이로 요약해서 이야기하면 상대도 이해하기 쉽고 자기도 정리할 수 있다. 긴 이야기는 오히려 상대를 불쾌하게 할 수가 있다.

④ 질문의 요지를 파악한다.

면접 때의 이야기는 간결성만으로는 부족하다. 상대의 질문이나 이야기에 대해 적절하고 필요한 대답을 하지 않으면 대화는 끊어지고 자기의 생각도 제대로 표현하지 못하여 면접자로 하여금 수험생의 인품이나 사고방식 등을 명확히 파악할 수 없게 한다. 무엇을 묻고 있는지, 무슨 이야기를 하고 있는지 그 요점을 정확히 알아내야 한다.

면접에서 고득점을 받을 수 있는 성공요령

1. 자기 자신을 겸허하게 판단하라.
2. 지원한 회사에 대해 100% 이해하라.
3. 실전과 같은 연습으로 감각을 익히라.
4. 단답형 답변보다는 구체적으로 이야기를 풀어나가라.
5. 거짓말을 하지 말라.
6. 면접하는 동안 대화의 흐름을 유지하라.
7. 친밀감과 신뢰를 구축하라.
8. 상대방의 말을 성실하게 들으라.
9. 근로조건에 대한 이야기를 풀어나갈 준비를 하라.
10. 끝까지 긴장을 풀지 말라.

KBS 분야별 실제 면접 기출

1. PD

기출 엿보기

- 자신에 대한 주변 사람들의 평가에 대해 말해 보시오. [2019]
- 팀을 이끈 경험이 있는지 말하고, 자신이 어떤 유형의 리더인지 말해 보시오. [2019]
- 꼭 해보고 싶은 방송 프로그램에 대해 말해 보시오. [2019]
  - 그 방송 프로그램에서 어떤 부분이 제일 힘들 것 같은지 말해 보시오.
- 요즘 시대상에 대한 자신의 견해를 말해 보시오. [2019]

2. 취재기자

기출 엿보기

- 특정 인물에 대한 취재 계획을 세우고 인터뷰 질문지를 작성해 보시오. [2021]
- 팩트체크 기사를 작성해 보시오. [2021]
- KBS 취재기자로서 쓰고 싶은 기사에 대해 말해 보시오. [2018]
- 가짜뉴스 규제에 대한 자신의 생각을 말해 보시오. [2018]
- 자신이 보도한 내용이 형사재판에 걸려있다. 판사에게 취재원을 알리면 유죄판결을 피할 수 있을 때, 판사에게 알려주고 유죄를 피할 것인지, 취재원을 보호할 것인지 자신의 견해를 말해 보시오. [2018]
- 기자와 데스크의 의견이 다르면 어떻게 할 것인지 말해 보시오. [2018]
- 2030의 KBS 시청률이 낮은 이유에 대해 말해 보시오. [2018]
- 국민청원제에 대한 자신의 견해를 말해 보시오. [2018]
- 수신료 인상에 대해 KBS가 보도를 해야 하는지, 하지 말아야 하는지 말해 보시오. [2018]
- 기자가 되고 싶은 이유에 대해 말해 보시오. [2017]
- KBS에 입사 지원을 하게 된 이유에 대해 말해 보시오. [2017]
- 촬영 기자와 취재를 나갔다가 예쁜 빛깔과 청아한 소리를 내는 크리스털을 봤다. 이를 보도하려고 할 때, 빛과 소리 중 어디에 중점을 맞출 것인가? [2017]
- 최근 KBS 보도 중 인상 깊었던 것이 있는지 말해 보시오. [2017]
- 재난현장에 갔을 때, 기자로서 어떤 일을 가장 먼저 할 것인지 말해 보시오. [2017]
- 공영방송 기자에게 필요한 역량이 무엇인지 말해 보시오. [2017]
- 밀레니얼 세대의 특징에 대해 말하고, 이에 대해 KBS가 어떻게 대처해야 하는지 말해 보시오. [2017]

3. 촬영기자

- 촬영기자로 일하면서 용감함과 신중함 중 어떤 것을 더 우선시 해야 하는지 말해 보시오. [2019]
- 개인의 의사와 조직의 의사가 다를 때 어떻게 대처할 것인지 말해 보시오. [2018]

4. 영상제작(카메라)

- 카메라 감독으로서 KBS의 정체성을 어떻게 구현할 것인지 말해 보시오. [2021]
- 카메라 감독으로서 필요한 역량은 무엇인지 말해 보시오. [2021]

5. 아나운서

- TV와 라디오의 차이점에 대해 말해 보시오. [2022]
- 예전 직장에서 어떤 일을 했는지 말해 보시오. [2022]
- KBS에 지원한 이유에 대해 말해 보시오. [2021]
- 롤모델인 아나운서는 누구인지 말해 보시오. [2021]
- 아나운서와 앵커의 차이점에 대해 말해 보시오. [2021]
- 배정된 프로그램이 자신과 맞지 않을 경우 어떻게 제작진을 설득할 것인지 말해 보시오. [2021]
- 가장 기억나는 방송사고에 대해 말해 보시오. [2021]
- 자기 자신을 소개해 보시오. [2019]
- 동료와의 갈등이 생긴다면 어떻게 해결할 것인지 말해 보시오. [2019]
- 자신의 성격상 장점과 단점에 대해 말해 보시오. [2019]
- 예기치 못한 방송 사고가 일어났을 때, 지원자가 앵커라면 어떻게 대처할 것인지 말해 보시오. [2019]
- 현장에서 공개방송을 하고 있다. 주변 사람들이 주목을 하지 않을 때, 집중하게 만들고 오프닝을 진행해 보시오. [2019]
- KBS에 입사하게 된다면 어떤 프로그램을 맡고 싶은지 말해 보시오. [2019]
- KBS가 지원자를 꼭 뽑아야 하는 이유에 대해 말해 보시오. [2019]
- 본인 목소리의 장점과 단점은 무엇인지 말해 보시오. [2019]
- 프리랜서 아나운서에 대해 어떻게 생각하는지 말해 보시오. [2019]
- 아나운서의 역할은 무엇인지 말해 보시오. [2019]

6. 기획행정(일반)

🎯 기출 엿보기

- KBS에서 하고 싶은 일이 무엇인지 말해 보시오. [2021]
  - 그 이유와 그것이 KBS에 꼭 필요한 일인지 말해 보시오.
  - 어떻게 그 일을 해낼 수 있는지 말해 보시오.

7. 방송경영

🎯 기출 엿보기

- KBS 인건비 비중을 알고 있는가? [2018]
  - 33% 정도인 인건비가 많다고 생각하는지, 적다고 생각하는지 자신의 견해를 말해 보시오.
- KBS 뉴스의 디지털 콘텐츠화에 대해 어떻게 생각하는지 말해 보시오. [2018]
- 메인뉴스인 뉴스 9는 그 상징성이 크지만, 이로 인해 유연한 프로그램 편성이 어렵다는 주장에 대해 어떻게 생각 하는지 말해 보시오. [2018]
- 입사지원 전 KBS에 대한 이미지에 대해 말해 보시오. [2018]
- 지원자 본인의 성격상 장점과 단점에 대해 말해 보시오. [2018]
- KBS가 현재의 수익구조에서 어떤 점을 새롭게 다각화해야 하는지 자신의 견해를 말해 보시오. [2018]
- 최근 높아지는 드라마PD의 타 방송사 유출에 대해 어떻게 대응해야 할 지 말해 보시오. [2018]
- 좋아하는 방송 프로그램에 대해 말해 보시오. [2018]
- 노조에서 인건비를 10% 인상해 달라고 요구할 경우 어떻게 설득할 지 말해 보시오. [2018]
- 입사한다면 꼭 들어가고 싶은 부서가 있는지 그 이유에 대해 말해 보시오. [2018]
- 방송 콘텐츠를 넷플릭스 등 다사 플랫폼에 제공하는 것에 대해 자신의 견해를 말해 보시오. [2018]
  - KBS는 어떻게 대응해야 하는지 자신의 견해를 말해 보시오.

8. IT

🎯 기출 엿보기

- 500kbps로 압축된 60분짜리 동영상의 크기는 얼마나 되는가? [2021]
- 자신이 리더로서 역할을 수행한 경험에 대해 말해 보시오. [2021]
  - 그 당시 맡았던 역할과 얻은 결과물에 대해 말해 보시오.
- 자주 사용하거나 소개하고 싶은 스마트폰 애플리케이션에 대해 말해 보시오. [2021]
- 현재 사용하고 있는 유료 방송 컨텐츠에 대해 설명하고, 자사의 방송 컨텐츠와 어떤 점이 다른지 말해 보시오. [2021]
- KBS IT부서에서 하고 싶은 업무에 대해 말해 보시오. [2021]

- 10년 뒤의 KBS의 모습을 예상하여 말해 보시오. [2021]
- 수신료 인상에 대한 지원자의 견해를 말해 보시오. [2021]
- 고품질의 방송 컨텐츠는 어떤 것을 의미하는지 말해 보시오. [2021]
- KBS 전산 시스템 보안 강화를 위해 필요한 것이 무엇인지 말해 보시오. [2021]
- 갈등이나 어려움이 있을 때 어떻게 해결할 것인지 말해 보시오. [2021]

KBS
한국어능력시험 도서

KBS 한국어능력시험 한 권 합격

- KBS 한국어능력시험 전문 강사 집필
- 출제 비중을 고려한 분권 구성
- 30분 만에 정리하는 어휘·어법 소책자
- 최신 기출 신유형 반영
- 효율적 학습을 위해 한눈에 들어오는 구성으로 도서 개편

KBS 한국어능력시험 유형으로 2주 합격

- 28회분 기출 빅데이터로 빈출 유형 완벽 분석
- 단기 고득점을 위한 유형별 3 STEP 학습법
- 빈출 유형에 따른 핵심이론+단계별 확인·심화 문제+모의고사
- 최신 기출 신유형 반영

KBS 한국어능력시험 고난도 모의고사

- KBS 한국어능력시험 전문 강사 집필
- 실전처럼 연습하는, 기본 모의고사+고득점을 위한 열쇠, 고난도 모의고사
- 변별력 높은 고난도, 신유형 문제 집중 공략
- 최신 기출 신유형 반영

KBS 한국어능력시험 도서 시리즈

2023 최신판 NEW

SD에듀

KBS
직무적성평가

KBS 신입사원 필기평가 완벽 대비!

☑ KBS 직무적성평가(KSAT) 영역별 수록
☑ 대표유형 + 적중예상문제 + 모의고사 4회(온라인 모의고사 2회 포함)
☑ 인성검사 및 실제 면접 기출 수록

대표유형 + 적중예상문제
+ 모의고사 4회

정답 및 해설

🎁 **무료혜택!**

모바일 OMR
답안채점/성적분석 서비스

[합격시대]
온라인 모의고사 무료쿠폰

[WiN시대로]
AI면접 무료쿠폰

SD에듀
(주)시대고시기획

PART

1

직무적성평가
정답 및 해설

잠깐!

도서 관련 최신 정보 및 정오사항이 있는지
우측 QR을 통해 확인해 보세요!

적중예상문제 정답 및 해설

01	02	03	04	05	06	07	08	09	10
③	②	②	①	⑤	③	③	②	④	②
11	12	13	14	15	16	17	18	19	20
⑤	①	⑤	④	③	④	①	②	①	④
21	22	23	24	25	26	27	28	29	30
⑤	①	⑤	③	③	④	③	②	②	①
31	32	33	34	35	36	37	38	39	40
③	⑤	⑤	②	⑤	③	①	①	①	④

01 　　정답 ③
제시문은 도구와 용도의 관계이다.
'빗자루'로 '청소'를 하고, '언어'로 '문학'을 창작한다.

02 　　정답 ②
제시문은 원인과 결과의 관계이다.
'과식'으로 인해 '소화불량'이 발생하고, '폭우'로 인해 '홍수'가 발생한다.

03 　　정답 ②
제시문은 유래어의 관계이다.
'상선약수'는 '노자'의 책에서 유래된 말이고, '호접지몽'은 '장자'의 고사에서 유래된 말이다.
• 상선약수(上善若水) : 노자(老子) 사상의 표현으로, 최상의 선은 물과 같다는 말
• 호접지몽(胡蝶之夢) : '나비가 된 꿈'이라는 뜻으로, 물아일체(物我一體)의 경지, 또는 인생의 무상함을 비유하여 이르는 말

04 　　정답 ①
제시문은 비포함의 관계이다.
'전자시계'에는 '시침'이 없고, '원'에는 '꼭짓점'이 없다.

05 　　정답 ⑤
제시문은 유의 관계이다.
'도착하다'의 유의어는 '당도하다'이고, '활동하다'의 유의어는 '행동하다'이다.
• 당도하다 : 어떤 곳에 다다르다.

[오답분석]
• 허전하다 : 주위에 아무것도 없어서 공허한 느낌이 있다.
• 참가하다 : 모임이나 단체 또는 일에 관계하여 들어가다.

06 　　정답 ③
제시문은 계절과 날씨의 관계이다.
'눈'은 '겨울'에 내리고, '장마'는 '여름'에 온다.

07 　　정답 ③
제시문은 상하 관계이다.
'장롱'은 '가구'의 하위어이고, '개구리'는 '파충류'의 하위어이다.

08 　　정답 ②
키 : 원숭이>기린
몸무게 : 원숭이>기린>하마
따라서 원숭이가 가장 무겁다.

[오답분석]
① 원숭이와 하마와의 키 관계는 알 수 없다.
③·⑤ 기린과 하마와의 키 관계는 알 수 없다.
④ 하마는 기린보다 가볍다.

09 　　정답 ④
고등학생 중에는 축구를 좋아하는 사람도 있고, 축구를 좋아하는 사람 중에는 기자도 있다. 즉, 고등학생 중에는 기자도 있다. 이때, '중에는'은 '전부'가 될 수도 있으므로, 모든 고등학생이 기자일 수도 있다.

10

정답 ②

'하루에 두 끼를 먹는 어떤 사람도 뚱뚱하지 않다.'를 다르게 표현하면 '하루에 두 끼를 먹는 사람은 뚱뚱하지 않다.'이다. 따라서 전제 2와 연결하면 '아침을 먹는 모든 사람은 하루에 두 끼를 먹고, 하루에 두 끼를 먹는 사람은 뚱뚱하지 않다.'이므로 이를 정리하면 ②이다.

11

정답 ⑤

전제 2의 대우 명제는 '제비가 낮게 날면 비가 온다.'이다.

12

정답 ①

'성공한 사업가는 존경받는다.'의 대우 명제는 '존경받지 못하면 성공한 사업가가 아니다.'이고, 전제 2와 연결하면 '어떤 합리적인 사업가는 성공한 사업가가 아니다.'이다. 즉, ①과 같은 명제이다.

13

정답 ⑤

'회계팀 팀원'을 p, '회계 관련 자격증을 가지고 있다.'를 q, '돈 계산이 빠르다.'를 r이라고 하면, 첫 번째 명제는 $p \rightarrow q$이며, 마지막 명제는 $\sim r \rightarrow \sim p$이다. 이때, 마지막 명제의 대우는 $p \rightarrow r$이므로 마지막 명제가 참이 되기 위해서는 $q \rightarrow r$이 필요하다. 따라서 빈칸에 들어갈 명제는 $q \rightarrow r$의 대우에 해당하는 ⑤이다.

14

정답 ④

'낡은 것을 버리다.'를 p, '새로운 것을 채우다.'를 q, '더 많은 세계를 경험하다.'를 r이라고 하면, 첫 번째 명제는 $p \rightarrow q$이며, 마지막 명제는 $\sim q \rightarrow \sim r$이다. 이때, 첫 번째 명제의 대우는 $\sim q \rightarrow \sim p$이므로 마지막 명제가 참이 되기 위해서는 $\sim p \rightarrow \sim r$이 필요하다. 따라서 빈칸에 들어갈 명제는 $\sim p \rightarrow \sim r$의 ④이다.

15

정답 ③

'A세포가 있다.'를 p, '물체의 상을 감지하다.'를 q, 'B세포가 있다.'를 r, '빛의 유무를 감지하다.'를 s라 하면, 첫 번째, 두 번째, 마지막 명제는 각각 $p \rightarrow \sim q$, $\sim r \rightarrow q$, $p \rightarrow s$이다. 두 번째 명제의 대우와 첫 번째 명제에 따라 $p \rightarrow \sim q \rightarrow r$이 되어 $p \rightarrow r$이 성립하고, 마지막 명제가 $p \rightarrow s$가 되기 위해서는 $r \rightarrow s$가 추가로 필요하다. 따라서 빈칸에 들어갈 명제는 $r \rightarrow s$의 ③이다.

16

정답 ④

'공부를 잘하는 사람은 모두 꼼꼼하다.'라는 전제를 통해 '꼼꼼한 사람 중 일부는 시간 관리를 잘한다.'는 결론이 나오기 위해서는 '공부를 잘한다.'와 '시간 관리를 잘한다.' 사이에 어떤 관계가 성립되어야 한다. 그런데 결론에서 그 범위를 '모두'가 아닌 '일부'로 한정하였으므로 공부를 잘하는 사람 중 일부가 시간 관리를 잘한다는 전제가 필요하다.

17

정답 ①

첫 번째 명제의 대우는 '팀플레이가 안 되면 패배한다.'이다. 삼단논법이 성립하려면 '패스하지 않으면 팀플레이가 안 된다.'라는 명제가 필요한데, 이 명제의 대우 명제는 ①이다.

18

정답 ②

달리기를 잘함=A, 건강함=B, 홍삼을 먹음=C, 다리가 긺=D라 하면, 첫 번째 명제부터 차례로 '$\sim$A $\rightarrow$ $\sim$B', 'C $\rightarrow$ B', 'A $\rightarrow$ D'이다. 첫 번째 명제의 대우와 두 번째 명제, 세 번째 명제를 조합하면 'C $\rightarrow$ B $\rightarrow$ A $\rightarrow$ D'가 되어 'C $\rightarrow$ D'가 되며, 대우는 '$\sim$D $\rightarrow$ $\sim$C'이므로 ②가 옳다.

19

정답 ①

두 번째 명제의 '의사는 스포츠카와 오토바이를 가지고 있다.'가 참이므로 그의 대우 명제인 '스포츠카 또는 오토바이를 가지고 있지 않으면 의사가 아니다.' 역시 참이다. 따라서 철수가 스포츠카를 가지고 있지 않다면 철수는 의사가 아니라는 명제가 성립하고, 철수는 의사 또는 변호사 둘 중 하나에 반드시 해당되므로 철수는 변호사라는 추론이 가능하다.

20

정답 ④

세 번째 명제의 대우는 '운동을 좋아하는 사람은 고전을 좋아한다.'이다. 따라서 두 번째 명제와 연결하면 '사진을 좋아하는 사람은 고전을 좋아한다.'는 명제를 얻을 수 있다.

21

정답 ⑤

모든 1과 사원은 가장 실적이 많은 2과 사원보다 실적이 많고, 3과 사원 중 일부는 가장 실적이 많은 2과 사원보다 실적이 적다. 따라서 3과 사원 중 일부는 모든 1과 사원보다 실적이 적다.

22

정답 ①

현명한 사람은 거짓말을 하지 않고, 거짓말을 하지 않으면 다른 사람의 신뢰를 얻는다. 즉, 현명한 사람은 다른 사람의 신뢰를 얻는다.

23

정답 ⑤

어떤 남자는 산을 좋아한다. → 산을 좋아하는 남자는 결혼을 했다. → 결혼을 한 남자는 자유롭다. 따라서 '어떤 남자는 자유롭다.'라는 결론을 도출할 수 있다.

24

정답 ③

대부분이 모두를 뜻하지는 않으므로, 책 읽기를 좋아하는 사람 중에는 어린이가 아닌 사람이 있다.

25

정답 ③

명제가 참이면 대우 명제도 참이다. 즉, '을이 좋아하는 과자는 갑이 싫어하는 과자이다.'가 참이면 '갑이 좋아하는 과자는 을이 싫어하는 과자이다.'도 참이다.
따라서 갑은 비스킷을 좋아하고, 을은 비스킷을 싫어한다.

26

정답 ④

p는 '도보로 걸음', q는 '자가용 이용', r은 '자전거 이용', s는 '버스 이용'이라고 하면 $p \to \sim q$, $r \to q$, $\sim r \to s$이며, 두 번째 명제의 대우인 $\sim q \to \sim r$이 성립함에 따라 $p \to \sim q \to \sim r \to s$가 성립한다.
따라서 도보로 걷는 사람은 버스를 탄다.

27

정답 ③

a는 'A가 외근을 나감', b는 'B가 외근을 나감', c는 'C가 외근을 나감', d는 'D가 외근을 나감', e는 'E가 외근을 나감'이라고 할 때, 네 번째 명제와 다섯 번째 명제의 대우인 $b \to c$, $c \to d$에 따라 $a \to b \to c \to d \to e$가 성립한다.
따라서 A가 외근을 나가면 E도 외근을 나간다.

28

정답 ②

첫 번째 조건과 두 번째 조건에 따라 물리학과 학생은 흰색만 좋아하는 것을 알 수 있으며, 세 번째 조건과 네 번째 조건에 따라 지리학과 학생은 흰색과 빨간색만 좋아하는 것을 알 수 있다. 전공별로 좋아하는 색을 정리하면 다음과 같다.

경제학과	물리학과	통계학과	지리학과
검은색, 빨간색	흰색	빨간색	흰색, 빨간색

이때 검은색을 좋아하는 학과는 경제학과뿐이므로 C가 경제학과임을 알 수 있으며, 빨간색을 좋아하지 않는 학과는 물리학과뿐이므로 B가 물리학과임을 알 수 있다. 따라서 항상 참이 되는 것은 ②이다.

29

정답 ②

A는 B와 C를 범인으로 지목하고, D는 C를 범인으로 지목하고 있다. A의 진술은 진실인데 D는 거짓일 수 없으므로 A와 D의 진술이 모두 진실인 경우와, A의 진술이 거짓이고 D의 진술은 참인 경우, 그리고 A와 D의 진술이 모두 거짓인 경우로 나누어 볼 수 있다.

ⅰ) A와 D의 진술이 모두 진실인 경우 : B와 C가 범인이므로 B와 C가 거짓을 말해야 하며, A, D, E는 반드시 진실을 말해야 한다. 그런데 E가 거짓을 말하고 있으므로 2명만 거짓을 말해야 한다는 조건에 위배된다.

ⅱ) A의 진술은 거짓, D의 진술은 진실인 경우 : B는 범인이 아니고 C만 범인이므로 B는 진실을 말하고, B가 범인이 아니라고 한 E도 진실을 말한다. 따라서 A와 C가 범인이다.

ⅲ) A와 D의 진술이 모두 거짓일 경우 : 범인은 A와 D이고, B, C, E는 모두 진실이 된다.

따라서 A와 C 또는 A와 D가 동시에 범인이 될 수 있다.

30

정답 ①

6명이 앉은 테이블은 빈자리가 없고, 4명이 앉은 테이블에만 빈자리가 있으므로 첫 번째, 세 번째 조건에 따라 A, I, F는 4명이 앉은 테이블에 앉아 있음을 알 수 있다. 4명이 앉은 테이블에서 남은 자리는 1개뿐이므로, 두 번째, 다섯 번째, 여섯 번째 조건에 따라 C, D, G, H, J는 6명이 앉은 테이블에 앉아야 한다. 마주보고 앉는 H와 J를 6명이 앉은 테이블에 먼저 배치하면 G는 H의 왼쪽 또는 오른쪽 자리에 앉고 C와 D는 J를 사이에 두고 앉아야 한다. 이때 네 번째 조건에 따라 어떤 경우에도 E는 6명이 앉은 테이블에 앉을 수 없으므로, 4명이 앉은 테이블에 앉아야 한다. 따라서 4명이 앉은 테이블에는 A, E, F, I가, 6명이 앉은 테이블에는 B, C, D, G, H, J가 앉는다. 이를 정리하면 다음과 같다.

• 4명이 앉은 테이블 : A와 I 사이에 빈자리가 하나 있고, F는 양 옆 중 오른쪽 자리만 비어 있다. 따라서 다음과 같이 4가지 경우의 수가 발생한다.

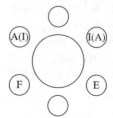
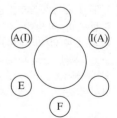

- 6명이 앉은 테이블 : H와 J가 마주본 상태에서 G가 H의 왼쪽 또는 오른쪽 자리에 앉고, C와 D는 J를 사이에 두고 앉는다. 따라서 다음과 같이 4가지 경우의 수가 발생한다.

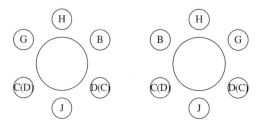

어떤 경우에도 A와 B는 다른 테이블이므로, ①은 항상 거짓이다.

31 정답 ③

홍차를 주문한 사람은 2명이었으나, 주문 결과 홍차가 1잔이 나왔으므로 홍차의 주문이 잘못된 것임을 알 수 있다. 즉, E는 본래 홍차를 주문하였으나, 직원의 실수로 딸기주스를 받았다. 또한 커피는 총 2잔이 나왔으므로 D는 녹차가 아닌 커피를 주문한 것임을 알 수 있다. A, B, C, D, E의 주문 내용을 정리하면 다음과 같다.

A	B	C	D	E
홍차	커피	녹차	커피	홍차(딸기주스로 주문됨)

따라서 녹차를 주문한 사람은 C이다.

32 정답 ⑤

모든 조건을 조합하면 다음과 같이 두 가지 경우의 수가 있음을 알 수 있다.

ⅰ)

영업 2팀

벽	김팀장					복도
	강팀장	이대리	유사원	김사원	박사원	이사원

영업 1팀

ⅱ)

영업 2팀

벽	김팀장					복도
	강팀장	이대리	김사원	박사원	이사원	유사원

영업 1팀

두 가지 경우에서 강팀장과 이대리의 자리는 항상 인접하므로 항상 옳은 것은 ⑤이다.

오답분석
① 두 가지 경우에서 유사원과 이대리의 자리는 인접할 수도, 그렇지 않을 수도 있다.
② 두 가지 경우에서 박사원의 자리는 유사원의 자리보다 왼쪽에 있을 수도, 그렇지 않을 수도 있다.

③ 두 가지 경우에서 이사원의 자리는 복도 옆에 위치할 수도, 그렇지 않을 수도 있다.
④ 두 가지 경우에서 김사원과 유사원의 자리는 인접할 수도, 그렇지 않을 수도 있다.

33 정답 ⑤

세 가지 조건을 종합해 보면 A상자에는 테니스공과 축구공이, B상자에는 럭비공이, C상자에는 야구공이 들어가게 됨을 알 수 있다. 따라서 B상자에는 럭비공과 배구공, 또는 럭비공과 농구공이 들어갈 수 있으며, C상자에는 야구공과 배구공, 또는 야구공과 농구공이 들어갈 수 있다. 그러므로 럭비공은 배구공과 같은 상자에 들어갈 수도 있고 아닐 수도 있다.

오답분석
① 농구공을 C상자에 넣으면 배구공이 들어갈 수 있는 상자는 B밖에 남지 않게 된다.
② 세 가지 조건을 종합해 보면 테니스공과 축구공이 들어갈 수 있는 상자는 A밖에 남지 않음을 알 수 있다.
③ A상자는 이미 꽉 찼고 남은 상자는 B와 C인데, 이 두 상자에도 각각 공이 하나씩 들어가 있으므로 배구공과 농구공은 각각 두 상자에 나누어져 들어가야 한다. 따라서 두 공은 같은 상자에 들어갈 수 없다.
④ B상자에 배구공을 넣으면 농구공을 넣을 수 있는 상자는 C밖에 남지 않게 된다. 따라서 농구공과 야구공은 함께 C상자에 들어가게 된다.

34 정답 ②

조건에 따르면 A는 3반 담임이 되고, E는 2반 또는 4반, B는 1반 또는 5반의 담임이 된다. 따라서 B가 5반을 맡을 경우 C는 1반, 2반, 4반 중 하나를 맡게 되므로 반드시 1반을 맡는다고 할 수 없다.

오답분석
① C가 2반을 맡으면 E는 4반을 맡고 D는 1반 또는 5반을 맡는다.
③ 조건에서 E는 A의 옆 반 담임을 맡는다고 하였으므로 2반 또는 4반을 맡는다.
④ 조건에서 B는 양 끝에 위치한 반 중 하나의 담임을 맡는다고 하였으므로 B는 양 끝 반인 1반 또는 5반을 맡는다.
⑤ 1반을 B가, 2반을 E가 맡으면 A는 3반을 맡으므로 남은 4, 5반은 C, D가 맡는다. 따라서 이 경우 C는 D의 옆 반이다.

35

구분	A	B	C	D	E
가	O	O	X	?	?
나	?	?	O	O	?
다	O	O	?	?	X
라	X	O	?	X	?
마	O	X	?	O	X

나는 병이 치료되지 않았기 때문에 C와 D는 성공한 신약이 아니다.

• A가 신약인 경우

구분	A(신약)	B	C	D	E
가	O	O	X	?	?
나	X	?	O	O	X
다	O	O	?	?	X
라	X	O	?	X	?
마	O	X	?	O	X

세 명이 치료되므로 신약이 될 수 없다.

• B가 신약인 경우

구분	A	B(신약)	C	D	E
가	O	O	X	?	?
나	?	X	O	O	X
다	O	O	?	?	X
라	X	O	?	X	?
마	O	X	?	O	X

세 명이 치료되므로 신약이 될 수 없다.

• E가 신약인 경우

구분	A	B	C	D	E(신약)
가	O	O	X	?	?
나	?	?	O	O	X
다	O	?	?	?	X
라	X	O	?	X	?
마	O	X	?	O	X

가와 라 두 명이 치료될 수 있으므로 성공한 신약이 될 수 있다.

36

정답 ③

가장 먼저 물건을 고를 수 있는 동성이 세탁기를 받을 경우와 컴퓨터를 받을 경우 두 가지로 나누어 생각해 볼 수 있다.

• 동성이가 세탁기를 받을 경우 : 현규는 드라이기를 받게 되고, 영희와 영수는 핸드크림 또는 로션을 받게 되며, 미영이는 컴퓨터를 받게 된다.

• 동성이가 컴퓨터를 받을 경우 : 동성이 다음 순서인 현규가 세탁기를 받을 경우와 드라이기를 받을 경우로 나누어 생각해 볼 수 있다.
  - 현규가 세탁기를 받을 경우 : 영희와 영수는 로션 또는 핸드크림을 각각 가지게 되고, 미영이는 드라이기를 받게 된다.
  - 현규가 드라이기를 받을 경우 : 영희와 영수는 로션 또는 핸드크림을 각각 가지게 되고, 미영이는 세탁기를 받게 된다.

따라서 미영이가 드라이기를 받는 경우도 존재한다.

37

정답 ①

진실게임 문제의 경우 가정할 범위를 가능한 좁혀야 한다. 조건에 따라 A~D의 주장은 각각 1명씩을 범인으로 지목하기 때문에 이들 중 한 명을 진실 혹은 거짓으로 가정한다고 하더라도, 다른 주장과 모순되는 경우가 발생한다. 반면, E의 주장은 2명이 범인이 아니라고 주장하므로, E의 주장을 참으로 가정하면 A, B의 주장과 일치하므로 C와 D가 범인임을 알 수 있다.

38

정답 ①

앞의 항에 $\times \frac{1}{4}$ 와 $\times 2-4$ 를 번갈아 가며 적용하는 수열이다.
따라서 ( )$=3.75 \times 2-4=3.50$ 이다.

39

정답 ①

$\times 2$, $+2$가 반복되는 수열이다.
따라서 ( )$=44+2=46$ 이다.

40

정답 ④

나열된 수를 각각 A, B, C라고 하면
$$\underline{A\ B\ C} \rightarrow A^2 - \sqrt{B} = C$$
따라서 ( )$=8^2 - \sqrt{81} = 55$ 이다.

CHAPTER 02

문제해결능력
적중예상문제 정답 및 해설

01	02	03	04	05	06	07	08	09	10	11	12	13	14	15	16	17	18	19	20
④	③	①	①	③	③	③	④	⑤	①	①	④	⑤	④	⑤	③	④	④	③	③
21	22	23	24	25	26	27	28	29	30	31	32	33	34	35	36	37	38	39	40
③	①	④	②	②	②	⑤	①	⑤	③	①	①	④	⑤	④	②	②	①	①	②

01

정답 ④

모든 채널의 만족도가 4.0점 이상인 평가 항목은 없다.

[오답분석]

① 실생활 정보에 도움을 주는 프로그램의 척도는 내용 항목에서 알 수 있으므로 채널 중 WORK TV가 4.2점으로 만족도가 가장 높다.

② 가중치를 적용한 두 채널의 만족도 점수를 구하면 다음과 같다.
  • 연합뉴스 TV : $(3.5×0.3)+(3.4×0.2)+(4.5×0.1)+(3.4×0.4)=3.54$점
  • JOBS : $(3.8×0.3)+(3.0×0.2)+(3.1×0.1)+(3.2×0.4)=3.33$점
  따라서 JOBS는 연합뉴스 TV보다 $3.54-3.33=0.21$점 낮다.

③ 가중치는 전체 집단에서 개별 구성요소가 차지하는 중요도를 수치화한 값을 말한다. 따라서 가중치의 크기로 비교하면 만족도 평가 항목의 중요도는 '편의성 - 유익성 - 내용 - 진행' 순서로 중요하다.

⑤ 직업방송 관련 채널 만족도 점수가 가장 높은 두 채널은 MBC (3.94점), 방송대학 TV(3.68점)이다.
  • WORK TV : $(3.4×0.3)+(4.2×0.2)+(3.5×0.1)+(3.1×0.4)=3.45$점
  • 연합뉴스 TV : $(3.5×0.3)+(3.4×0.2)+(4.5×0.1)+(3.4×0.4)=3.54$점
  • 방송대학 TV : $(3.5×0.3)+(3.0×0.2)+(4.3×0.1)+(4.0×0.4)=3.68$점
  • JOBS : $(3.8×0.3)+(3.0×0.2)+(3.1×0.1)+(3.2×0.4)=3.33$점
  • KBS : $(3.8×0.3)+(4.1×0.2)+(3.8×0.1)+(4.0×0.4)=3.94$점

02

정답 ③

ㄱ. 연령대가 높아질수록 TV 선호비율은 여성이 30%에서 40%로, 남성이 20%에서 35%로 높아지고 있으므로 적절한 내용이다.

ㄴ. 40 ~ 50대의 대중매체 선호비율 순위는 여성과 남성이 모두 온라인 - TV - 신문의 순서로 동일하므로 적절한 내용이다.

ㄷ. 연령대가 높은 집단일수록 신문 선호비율은 남성(25%p)보다 여성(40%p)에서 더 큰 폭으로 증가하므로 적절한 내용이다.

[오답분석]

ㄹ. 남성그룹과 여성그룹 내에서의 비율 자료만으로는 남성과 여성의 실수치를 비교할 수 없다. 따라서 적절하지 않은 내용이다.

03

전문의 수가 2명 이하이거나, 기존 산재보험 의료기관까지의 거리가 1km 미만인 을과 무를 제외한 나머지 세 곳의 점수를 계산하면 다음과 같다.

구분	인력	경력	행정처분	지역별 분포	총합
갑	8	14	2	$(8+14)×0.2=4.4$	28.4
병	10	10	10	$(10+10)×(-0.2)=-4$	26
정	8	20	2	$(8+20)×(-0.2)=-5.6$	24.4

따라서 총합이 가장 높은 병원인 갑이 산재보험 의료기관으로 지정된다.

04

정답 ①

ㄱ. 백신 A의 최소 접종연령이 12개월이므로 만 1세가 되는 12개월이 되는 날 1차 백신을 맞고, 2차 백신은 최소 접종간격인 12개월이 지난날인 만 2세가 되는 날보다 4일 이내로 앞당겨서 맞는다면 만 2세가 되기 전에 백신 A의 예방접종을 2회 모두 실시할 수 있다.

오답분석

ㄴ. 생후 45개월에 백신 B를 1차 접종하고 2차와 3차 접종을 최소 접종간격(각 4주, 합 8주)에 맞춰 마쳤다면 3차 접종을 생후 48개월이 되기 전에 마칠 수 있게 된다. 따라서 이 경우에는 만 4세 이후에 3차 접종을 유효하게 하지 않은 것이 되므로 4차 접종을 생략할 수 없다.

ㄷ. 백신 C의 최소 접종연령이 6주, 즉 42일이어서 40일에 1차 접종을 한 경우는 4일 이내로 앞당겨서 일찍 접종을 한 경우에 해당하여 유효하다. 그러나 2차 접종은 1차 접종 후 4주, 즉 28일 이후에 해야 하므로 최소한 생후 68일 이후에 맞아야 하나 선택지의 생후 60일은 5일 이상 앞당겨서 접종한 경우에 해당하여 무효처리된다.

05

정답 ③

전기의 가격은 $10 \sim 30$원/km인 반면, 수소의 가격은 72.8원/km로 전기보다 수소의 가격이 더 비싸다. 하지만 원료의 가격은 자사의 내부환경의 약점(Weakness) 요인이 아니라 거시적 환경에서 비롯된 위협(Treat) 요인으로 보아야 한다.

오답분석

· (가) : 보조금 지원을 통해 첨단 기술이 집약된 친환경 차를 중형 SUV 가격에 구매할 수 있다고 하였으므로, 자사의 내부환경(자사 경영자원)의 강점(Strength) 요인으로 볼 수 있다.

· (나) : 충전소가 전국 12개소에 불과하며, 올해 안에 10개소를 더 설치한다고 계획 중이지만 완공 여부는 알 수 없으므로, 자사의 내부환경(자사 경영자원)의 약점(Weakness) 요인으로 볼 수 있다.

· (라) : 친환경차에 대한 인기가 뜨겁다고 하였으므로, 고객이라는 외부환경에서 비롯된 기회(Opportunity) 요인으로 볼 수 있다.

· (마) : 생산량에 비해 정부 보조금이 부족한 것은 외부환경(거시적)에서 비롯된 위협(Treat) 요인으로 볼 수 있다.

06

정답 ③

축척의 기준단위가 cm이기 때문에 계산된 수치들을 cm로 변환하면 다음과 같다.
ⅰ) 두 지점 사이의 표고 차이 : 180m-150m=30m=3,000cm
ⅱ) 두 지점 사이의 실제 수평거리 : 25,000×4=100,000cm
따라서 A와 B를 잇는 사면의 경사도는 3,000÷100,000=0.03이다.

07

제시된 문제는 선택지를 보고 조건에 틀린 선지가 있는지 확인하여 푸는 것이 빠르게 풀 수 있다. ③만 모든 조건에 부합한다.

오답분석

①·④ E가 두 명이 탑승한 차에 있기 때문에 오답이다.
② A가 D나 F 중 어떤 사람과도 함께 타지 않았기 때문에 오답이다.
⑤ A가 D나 F 중 어떤 사람과도 함께 타지 않았고, B와 D가 한 차에 탑승했다.

08

정답 ④

숙박호텔과 무관하게 이용할 수 있으며, 인천공항에서 13:00 ~ 24:00에 출발하는 미주노선을 제외한 국제선에 해당하므로 이용할 수 있다.

오답분석

① 국제선 이용승객을 대상으로 하는 서비스이므로 이용할 수 없다.
② 인천공항에서 출발하는 항공편을 대상으로 하는 서비스이므로 이용할 수 없다.
③ 사이판을 포함한 미주노선은 제외되므로 이용할 수 없다.
⑤ 인천공항에서 13:00 ~ 24:00에 출발하는 항공편을 대상으로 하므로 이용할 수 없다.

09

정답 ⑤

각각의 총 청약 점수를 계산하면 다음과 같다.

구분	청약자 연령	세대 구성	자녀 수	무주택 기간	총 청약점수
갑	60	30	0	64	154
을	20	60	0	0	80
병	60	60	60	128	308
정	40	90	30	0	160

따라서 총 청약 점수가 가장 높은 두 사람은 병과 정이다.

10

정답 ①

ㄱ. 연구진은 용역완료(납품) 후에라도 발주기관이 연구결과와 관련된 자료를 요청할 경우에는 관련 자료를 성실히 제출해야 한다고 하였으므로 옳은 내용이다.
ㄴ. 전체회의는 착수보고 전 1회, 중간보고 전 2회, 최종보고 전 1회이므로 4회 열리게 되며, 보고 횟수는 전체회의 이후에 모두 진행하므로 역시 4회이다. 따라서 수시보고가 없다면 최소 총 8회의 전체회의 및 보고가 이뤄지게 된다.

오답분석

ㄷ. 연구보조원도 연구진의 구성원에 포함되며, 연구 수행기간 중 연구진은 구성원을 임의로 교체할 수 없다고 하였으므로 옳지 않은 내용이다.
ㄹ. 연구진은 연구과제의 시작부터 종료(최종보고서 제출)까지 과업과 관련된 제반 비용의 지출행위에 대해 책임을 지고 과업을 진행해야 한다고 하였으므로 중간보고서의 출력과 제본 비용의 지출행위 역시 연구진이 책임을 져야 한다.

11

ㄱ. 갑이 선택할 수 있는 칸의 조합은 ⓵-⓶, ⓶-⓷, ⓷-⓸의 3가지인데, 을이 ⓵을 선택할 경우 승리할 수 있는 경우는 ⓵-⓶에 괴물이 위치하는 경우 하나뿐이어서 확률은 $\frac{1}{3}$이다. 하지만 ⓶를 선택할 경우 승리할 수 있는 경우는 ⓵-⓶, ⓶-⓷에 괴물이 위치하는 경우 두 가지이므로 확률은 $\frac{2}{3}$이다. 따라서 ⓶를 선택할 경우에 승리할 확률이 더 높다.

오답분석

ㄴ. 갑이 ⓶-⓷을 선택했을 경우, 을이 ⓵ 또는 ⓸를 선택했을 때에 갑이 승리하고, ⓶ 또는 ⓷을 선택했을 때에 을이 승리한다. 따라서 갑이 승리할 확률은 $\frac{2}{4}$이다. 이는 갑이 ⓷-⓸를 선택했을 때도 동일하게 적용되며 따라서, 갑이 ⓶-⓷을 선택하든 ⓷-⓸를 선택하든 갑이 승리할 확률은 동일하다.

ㄷ. 갑이 ⓵-⓶를 선택했다고 가정할 때 을이 선택할 수 있는 경우는 ⓵, ⓶, ⓷, ⓸의 총 4개다. 이 중 ⓵ 또는 ⓶를 선택했다면 을이 승리하는 것이고 ⓷-⓸를 선택했다면 갑이 승리하는 것이 되어 갑이 승리하는 경우와 을이 승리하는 경우가 각각 2가지로 동일하다. 이는 갑이 ⓶-⓷을 선택하는 경우, ⓷-⓸를 선택하는 경우에도 마찬가지여서 전체적으로 갑과 을이 승리하는 경우는 6가지로 동일하다.

12

각 조합들에 대해 할인행사가 적용된 총 결제금액과 총 효용을 산출하면 다음과 같다.

조합	총 결제금액	총 효용
①	[5,000×2+2,500×1+8,200×1]×90%=18,630원	80+35+70=185
②	[1,200×6+2,500×2+5,500×2]×90%=20,880원	–
③	[5,000×3+1,200×1+2,500×1+5,500×1]×90%=21,780원	–
④	5,000×1+1,200×2+2,500×4=17,400원	220+35=255
⑤	[1,200×3+8,200×2+5,500×1]×90%=22,950원	–

①과 ④ 외의 조합의 경우, 할인을 적용받아도 결제금액이 예산범위를 초과하므로 구입이 불가능하다. 따라서 ①과 ④ 중 효용의 합이 더 높은 것은 총 효용이 255인 ④이다.

13

명도・채도에 관한 수식어(아주 연한), 색상에 관한 수식어(노랑 끼의), 녹색(유채색)의 순서를 올바르게 지켰으므로 옳은 표현이다.

오답분석

① 회색은 무채색인데, '진한'이라는 수식어는 유채색에 붙이는 수식어이므로 옳지 않은 표현이다.
② '보라 띤(보라 빛)'은 노랑에는 적용하지 못하는 수식어이므로 옳지 않은 표현이다.
③ '파랑 띤'은 노랑에는 적용하지 못하는 수식어이므로 옳지 않은 표현이다.
④ 유채색의 명도・채도에 관한 수식어(밝은)와 색상에 관한 수식어(빨강 기미의)는 나열하는 순서를 바꿀 수 없으므로 옳지 않은 표현이다.

14

• 1라운드
 (37 82) 12 5 56 : 82>37이므로 교환이 이루어지지 않음
 37 (82 12) 5 56 : 82>12이므로 첫 번째 교환 37 12 (82 5) 56 : 82>5이므로 두 번째 교환
 37 12 5 (82 56) : 82>56이므로 세 번째 교환
 37 12 5 56 82 : 가장 큰 수 82가 맨 마지막으로 이동

• 2라운드(82는 비교대상에서 제외)

(37 12) 5 56 82 : 37>12이므로 네 번째 교환

12 (37 5) 56 82 : 37>5이므로 다섯 번째 교환

12 5 37 56 82 : 다섯 번째 교환이 이루어진 후의 수열

15
정답 ⑤

사자바둑기사단은 각 라운드별로 이길 수 있는 확률이 0.6 이상이 되도록 3명을 선발한다고 하였으므로 이를 기준으로 판단하면 다음과 같다.

ⅰ) 1라운드

갑을 상대로 승률이 0.6 이상인 선수는 C와 E뿐이므로 2가지의 경우가 존재한다. 따라서 이후의 라운드는 이 2가지의 경우의 수로 나누어 판단한다.

ⅱ) 1라운드에서 C가 출전하는 경우

2라운드에서 가능한 경우는 A와 B가 출전하는 것이며, 이 경우 각각에 대해 3라운드에서 D, F, G가 출전할 수 있으므로 6가지 경우의 수가 존재한다.

ⅲ) 1라운드에서 E가 출전하는 경우

2라운드에서 가능한 경우는 A, B, C가 출전하는 것이며, 이 경우 각각에 대해 3라운드에서 D, F, G가 출전할 수 있으므로 9가지의 경우의 수가 존재한다.

따라서 ⅱ)와 ⅲ)의 경우의 수를 합하면 총 15가지의 경우의 수가 존재함을 알 수 있다.

16
정답 ③

편의상 표의 순서대로 단계를 구분한다고 하면 1단계부터 4단계까지는 필수적으로 진행해야 하는 것이고, 4단계까지의 매력 지수는 30점, 총 10.5분이 소요된다. 그리고 전체 8단계 중 7단계만을 선택한다고 하였으므로 순차적으로 하나씩 제거하며 판단해 보면 다음과 같다.

생략 단계	감점 전 점수	소요 시간	감점	매력 지수
눈썹 그리기	125	36	−64	61
눈화장 하기	112	29	−36	76
립스틱 바르기	127	38.5	−72	55
속눈썹 붙이기	77	24	−16	61

17
정답 ④

• 우선, 서울 지부에서 김포공항까지 택시비가 소요된다. → 20,000원

• 세미나 시작 2시간 전인 12시 정각까지 세미나 장소인 부산 본사에 도착하여야 하며, 그러기 위해서는 택시로 이동하는 시간을 고려하여 11시 반에는 김해공항에 도착하여야 한다. 따라서 탑승이 가능한 항공편은 AX381뿐이다. → 38,500원

• 김해공항에서 내린 후 부산 본사까지 택시로 이동한다. → 20,000원

• 물품비는 5,000×2+1,000×4+2,000×1+1,500×2=19,000원이 든다. → 19,000원

• 세미나 종료 후 다시 택시를 타고 김해공항으로 이동한다. → 20,000원

• 김해공항에 도착하면 18:30이 된다. 따라서 탑승이 가능한 항공편은 YI830뿐이다. → 48,000원

• 김포공항에서 다시 택시로 서울 지부로 이동한다. → 20,000원

위의 과정을 식으로 나타내면 다음과 같다.

20,000+38,500+20,000+19,000+20,000+48,000+20,000=185,500원

18

근무 경력이 5년에 미달하는 정을 제외하고 나머지 3명의 직원에 대해 각각의 기준을 적용하면 다음과 같다.

구분	현행			개정안		
	갑	을	병	갑	을	병
외국어 성적	15	15	24	25	25	40
근무 경력	40	40	28	20	20	14
근무 성적	A	20	A	A	10	A
포상	5	10	0	10	20	0
합계	60+A	85	52+A	55+A	75	54+A

그런데, 근무 성적은 을만 만점이라고 하였으므로 갑·병·정의 근무 성적을 A라고 할 때, A는 20(개정안 10)보다 작을 수밖에 없다. 따라서 어느 기준을 적용하더라도 총점이 가장 높은 을의 선발 가능성이 가장 높다.

19

ㄱ. 70점+10점(최근 2년 이내 최종 결과평가 최우수 등급)+10점(최근 3년 이내 기술실시계약 체결 후 받은 기술료 총액이 2천만 원 이상)=90점

ㄹ. 90점(가점, 감점 부여항목 없음)

오답분석

ㄴ. 80점−5점(최근 3년 이내 협약체결 포기 경력)+10점(최근 3년 이내 SCI 논문 게재)=85점

ㄷ. 75점+10점(최근 2년 이내 최종 결과평가 최우수 등급)−5점(최근 3년 이내 협약체결 포기 경력)=80점

20

(가) 포인트 적립제도가 없는 C, D, F를 제외하면 A, B, E가 남는데 이 중에서 판매자의 귀책사유가 있을 때에 환불수수료가 없는 곳은 E뿐이다.

(나) 이미 (가)로 확정된 E를 제외하고, 배송비가 없는 A와 무게에 따라 배송비가 부과되는 F를 제외하면 B, C, D가 남으며 현재의 상태에서는 더 이상 판단할 수 없다.

(다) 이미 확정된 E를 제외하고 주문 취소가 불가능 한 것은 F뿐이므로 (다)는 F와 연결된다.

(라) 10만 원 어치의 물건을 구매하는 경우 A와 D는 배송비가 무료이므로 이를 제외한 B와 C가 가능하다.

따라서 이를 만족하는 것은 ③뿐이다.

21

오답분석

(라) 아동수당 제도 첫 도입에 따라 초기에 아동수당 신청이 한꺼번에 몰릴 것으로 예상돼 연령별 신청기간을 운영한다. 따라서 만 5세 아동은 7월 1~5일 사이에 접수를 하거나, 연령에 관계없는 7월 6일 이후에 신청하는 것으로 안내하는 것이 적절하다.

(마) 아동수당 관련 신청서 작성요령이나 수급 가능성 등 자세한 내용은 아동수당 홈페이지에서 확인 가능하므로, 메일로 문의하라고 할 것이 아니라 홈페이지에 대해 자세히 안내해야 한다.

22

각 표창 후보자의 평가결과를 정리하면 다음과 같다.

구분	대민봉사	업무역량	성실성	청렴도	총점
갑돌	3	3	3	1	10
을순	2	3	1	3	9
병만	1	3	3	2	9
정애	2	2	2	3	9

갑돌은 총점에서 제일 앞서므로 반드시 선발되지만, 나머지 3명은 모두 9점으로 동일하므로 동점자 처리기준에 의해 선발여부가 결정된다. 최종적으로 3명이 선발되었다고 하였으므로 3명 중 2명이 선발될 수 있는 기준을 판단해야 한다.

ㄱ. 두 개 이상의 항목에서 상의 평가를 받은 후보자는 을순(2), 병만(2) 2명이므로 적절한 기준이다.

오답분석

ㄴ. 3명 중 청렴도에서 하의 평가를 받은 후보자가 한 명도 없으므로 적절하지 않은 기준이다.

ㄷ. 3명 중 하의 평가를 받은 항목이 있는 후보자를 제외하면 정애 한 명만 남게 되므로 적절하지 않은 기준이다.

23

정답 ④

ㄱ. 공휴일의 경우 A시간대가 총 360분이므로 이는 40분×9로 나타낼 수 있다. 따라서 A시간대의 막차는 12:00에 출발하게 되며, B시간대의 배차간격이 60분이므로 다음 버스는 13:00에 출발하게 된다.

ㄴ. 요일에 관계없이 막차는 24:00 이전에 종착지에 도착해야 하므로 2시간의 총 운행 소요시간을 감안할 때 막차가 출발지에서 출발하는 시간은 22:00 이전이어야 한다.

ㄹ. 06:00부터 09:30까지의 시간간격이 3시간 30분이고 이를 분단위로 환산하면 210분이다. 그리고 각각의 배차간격인 20, 30, 40분 중 210의 약수가 되는 것은 토요일의 배차간격인 30분 하나뿐이기 때문에 출발지에서 9시 30분에 버스가 출발한다면 이 날은 토요일이다.

오답분석

ㄷ. 일요일의 경우 A시간대는 ㄱ과 동일한 논리가 적용되어 A시간대의 막차는 12:00에 출발하게 되며, B시간대는 총 120분인데 배차간격이 60분이므로 B시간대의 막차는 14:00에 출발하게 된다. 이제 C시간대를 살펴보면, 배차간격이 75분이므로 6번째 출발하는 버스가 450분 후, 즉 21시 30분에 출발하게 되며 이 차량이 종착지에 들어오는 시간은 23시 30분이 되므로 남은 시간과 배차 간격을 감안한다면 이 버스가 막차가 될 수밖에 없다.

24

정답 ②

재무팀이 남은 경기 중 2종목에서 이겼을 때, 기획팀이 최대의 승점을 얻을 수 있는 경우는 다음과 같다.

ⅰ) 재무팀과의 맞대결을 펼친 단체줄넘기에서 승리
ⅱ) 족구에서 재무팀이 기획팀에 승리
ⅲ) 피구에서 재무팀이 인사팀에 승리
ⅳ) 제기차기에서는 기획팀이 인사팀에 승리

그런데 이 경우 재무팀이 얻은 승점은 280점인데 반해 기획팀은 270점에 그치므로 기획팀이 종합우승을 할 수 없다.

오답분석

① 법무팀은 모든 종목에서 결승에 진출하지 못했으므로 현재까지 얻은 120점이 최종 획득점수이다. 그런데 기획팀의 경우 진출한 3종목의 결승전에서 모두 패하더라도 210점을 획득하므로 법무팀보다 승점이 높게 된다. 따라서 법무팀은 남은 경기결과에 상관없이 종합 우승을 할 수 없다.

③ 기획팀이 남은 경기에서 모두 지면 얻게 되는 승점은 210점이며, 피구에서 인사팀이 재무팀을 이겼다고 가정하더라도 재무팀의 승점은 290점이 된다. 한편 이 경우 인사팀이 얻게 되는 승점은 220점에 불과하므로 결국 재무팀이 종합우승을 차지하게 된다.

④ 재무팀이 남은 경기에서 모두 패하면 얻게 되는 승점은 220점이며, 기획팀과 인사팀의 승점은 마지막 제기차기의 결승결과에 따라 달라지게 된다. 만약 인사팀이 승리하게 되면 인사팀은 220점, 기획팀은 280점을 얻게 되고, 기획팀이 승리하게 되면 인사팀은 200점, 기획팀은 300점을 얻게 된다. 이를 정리하면 다음과 같다.

ⅰ) 인사팀 승리 : 기획팀(280점), 재무팀(220점), 인사팀(220점)
ⅱ) 기획팀 승리 : 기획팀(300점), 재무팀(220점), 인사팀(200점)

따라서 인사팀이 승리하는 경우도 각주 2)에 따라 재무팀이 종합 준우승을 차지하게 되며, 기획팀이 승리하는 경우는 재무팀이 종합 준우승을 차지하게 되므로 옳은 내용임을 알 수 있다.

⑤ 인사팀이 남은 경기인 피구와 제기차기에서 모두 이긴다면 인사팀이 얻을 수 있는 승점 합계는 220점이며 이 두 종목에서 재무팀은 80점, 기획팀은 70점을 확보하게 된다. 그런데 단체줄넘기와 족구는 모두 기획팀과 재무팀이 결승에 진출한 상태이므로 어느 조합의 결과가 나오더라도 두 팀의 종합승점은 220점을 넘게 된다. 따라서 인사팀은 종합 우승을 할 수 없다.

25 정답 ②

ㄴ. 네 번째와 다섯 번째의 조합에서, D+F=82만 원, B+D+F=127만 원임을 알 수 있으며 두 식을 차감하면 B=45만 원임을 알 수 있다. B업체는 정가에서 10% 할인한 가격이므로 원래의 가격은 50만 원이었음을 알 수 있다.

오답분석

ㄱ. 첫 번째와 두 번째의 조합에서, A업체의 가격이 26만 원이라면 C+E=50만 원, C+F=58만 원임을 알 수 있으며 두 식을 차감하면 E−F=8만 원임을 알 수 있다. 즉, E업체의 가격이 F업체의 가격보다 8만 원 비싸므로 옳지 않다.

ㄷ. 두 번째의 조합에서, C업체의 가격이 30만 원이라면 F업체의 가격은 28만 원임을 알 수 있다. 그런데 문제의 단서에서 각 업체의 가격이 모두 상이하다고 하였으므로 E업체의 가격은 28만 원은 아니라는 것을 알 수 있다. 따라서 옳지 않다.

ㄹ. 첫 번째와 세 번째의 조합에서, A+C+E=76만 원, A+D+E=100만 원임을 알 수 있으며 두 식을 차감하면 C−D=−24만 원임을 알 수 있다. 즉, D업체의 가격이 C업체의 가격보다 24만 원 비싸므로 옳지 않다.

26 정답 ②

ㄱ. 특수 스트레칭을 받는 아동 중에는 약시가 없다고 하였으므로 반드시 참이 된다.

ㄷ. 석이가 특수 영상장치 설치 학급에서 교육을 받는다면, 특수 스트레칭을 받는 아동 중에는 약시가 없다는 조건으로부터 석이는 110cm 미만이 아니라는 것을 알 수 있으므로 반드시 참이 된다.

오답분석

ㄴ. 숙이가 약시가 아니더라도 키가 110cm 미만인 학생들이 교육을 받는 교실에 들어가는 것은 아니다. 다른 장애도 있을 수 있으므로 반드시 참이라고 할 수 없다.

ㄹ. 키가 110cm 이상인 학생이 특수 스트레칭 교육을 받을 수도 있으므로 반드시 참이라고 할 수 없다.

27 정답 ⑤

ㄴ. 을은 의료급여 수급자이면서 2002. 1. 1. 이후 출생자이므로 신청 대상자에 해당하며, 단독주택 거주자이므로 실물카드의 신청이 가능하다. 그리고 3인 이상 가구에 해당하므로 114,000원을 지급받을 수 있으므로 옳은 내용이다.

ㄷ. 병은 생계급여 수급자이고 1954. 12. 31. 이전 출생자이므로 신청 대상자에 해당하지만 아파트 거주자이므로 실물카드의 신청은 불가능하여 가상카드 형식의 지원을 받을 수 있다. 가상카드 형식은 매월 요금이 차감되는 방식이나 사용기간 만료 시 잔액이 발생하면 전기요금이 차감되며, 2인 가구에 해당하므로 102,000원을 지급받을 수 있다. 따라서 옳은 내용이다.

오답분석

ㄱ. '에너지이용권'의 신청 대상은 생계급여 또는 의료급여 수급자인데 갑은 실업급여 수급자이므로 이에 해당하지 않는다. 따라서 옳지 않은 내용이다.

28 정답 ①

ㄱ. 5km²은 500ha이므로 5km²의 면적에서 사과를 재배할 경우의 화학비료 권장량은 50t(=500ha×100kg/ha)이다. 그런데 갑은 농약은 전혀 사용하지 않았고 화학비료만 20t 사용했다고 하였으므로 권장량의 1/2에 미치지 못한다. 따라서 무농약농산물 인증이 가능하다.

ㄹ. 가로 100m, 세로 500m인 과수원의 면적은 5ha이므로 이 과수원의 화학비료 권장량은 600kg(=5ha×120kg/ha)이다. 그런데 정은 총 200kg의 화학비료를 사용하였으므로 권장량의 1/2에 미치지 못한다. 또한, 감의 농약 살포 최대횟수는 4회인데 정은 2회 살포하여 최대 횟수의 1/2 이하라는 조건도 충족하고 있으며, 살포 시기도 수확 14일 이전이라는 조건을 충족하고 있다. 따라서 저농약농산물 인증이 가능하다.

오답분석

ㄴ. 3ha의 면적에서 복숭아를 재배할 경우의 화학비료 권장량은 150kg(=3ha×50kg/ha)인데, 을의 화학비료 사용량은 50kg에 불과하여 권장량의 1/2에 미치지 못한다. 하지만 수확 10일 전에 농약을 살포하여 기준이 되는 시기(수확 14일 전까지만 허용)를 충족하지 못하였으므로 저농약농산물 인증이 불가능하다.

ㄷ. 유기농산물 인증을 받기 위해서는 일정 기간(다년생 작물 3년, 그 외 작물 2년) 이상을 농약과 화학비료를 사용하지 않아야 한다. 하지만 병은 1년 내에 화학비료를 사용하였으므로 기준을 충족하지 못한다. 따라서 유기농산물 인증이 불가능하다.

29

먼저 풀이의 편의를 위해 항목별 공사비를 합산하여 다시 정리하면 다음과 같다.

공종	공법	공사기간	공사비
토공사	A	4	14
	B	3	15
	C	3	13
골조공사	D	12	64
	E	14	59
	F	15	64
마감공사	G	6	90
	H	7	86

조건에서 각 공종별로 한 종류의 공법만을 사용한다고 하였으므로 각 공종별로 공사비가 가장 작은 것들을 선택하면 된다. 위 표에 따르면 토공사의 경우는 공법 C가, 골조공사의 경우는 공법 E가, 마감공사의 경우는 공법 H가 공사비가 가장 작으므로 이 공법들의 공사기간을 모두 더한 24개월이 총공사비를 최소화할 때의 총공사기간이다.

30

제시문의 내용을 벤다이어그램으로 표시하면 다음과 같다.

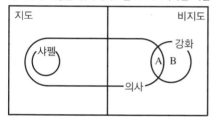

※ A는 공집합이 아님

ㄱ. A부분은 의사결정트리 방식을 적용하면서 비지도학습의 사례에 속하는 것인데, 제시문에서 A부분이 존재한다고 하였으므로 거짓임을 알 수 있다.

ㄴ. A부분은 샤펠식 과정의 적용사례가 아니면서 의사결정트리 방식을 적용한 경우에 해당하는데, 제시문에서 A부분이 존재한다고 하였으므로 참임을 알 수 있다.

오답분석

ㄷ. 강화학습을 활용하는 머신러닝 사례들 중 의사결정트리 방식이 적용되지 않은 경우는 그림에서 B부분에 해당하는데 제시문에서 B부분에 대한 언급이 없으므로 참 거짓을 확정할 수 없다.

31

각각의 구매방식별 비용을 구하면 다음과 같다.
- 스마트폰앱 : 12,500원×0.75＝9,375원
- 전화 : (12,500원−1,000원)×0.9＝10,350원
- 회원카드와 쿠폰 : (12,500원×0.9)×0.85≒9,563원
- 직접방문 : (12,500원×0.7)+1,000원＝9,750원
- 교환권 : 10,000원

따라서 피자 1판을 가장 싸게 살 수 있는 구매방식은 스마트폰앱이다.

32

40점(미성년 자녀 4명 이상)+15점(5년 이상 ~ 10년 미만 거주)+20점(만 45세, 무주택 기간 14년)=75점. 75점을 얻은 경우가 ①, ③, ⑤이므로 동점자 처리 기준을 적용해야 한다. 먼저 이 중 미성년 자녀 수가 많은 자는 ①과 ③이며, 이 둘 중 연령이 많은 가구주는 ①이므로 최우선 순위로 당첨된다.

오답분석

② 수도권 지역에 거주하는 무주택 가구주가 아니므로 신청자격이 없다.
③ 40점(미성년 자녀 4명 이상)+10점(1년 이상 ~ 5년 미만 거주)+15점(만 37세, 무주택 기간 15년)+10점(6세 미만 영유아 2명)=75점
④ 35점(미성년 자녀 3명)+15점(5년 이상 ~ 10년 미만 거주)+20점(만 47세, 무주택 기간 20년)=70점
⑤ 35점(미성년 자녀 3명)+20점(10년 이상 거주)+20점(만 45세, 무주택 기간 10년)=75점

33

ㄱ. A팀이 C팀과의 경기에서 이긴다면 A팀은 승점 9점이 되며, 나머지 경기에서 B팀이 D팀을 꺾는다고 해도 B팀의 승점은 6점에 그치므로 A팀의 1위 자리에는 영향을 주지 않는다. 따라서 A팀은 다른 경기 결과에 상관없이 16강에 진출한다.
ㄴ. 잔여 경기가 모두 비기는 것으로 끝나는 경우의 결과는 다음과 같다.

구분	승	무	패	득 / 실점(득실차)	승점
A팀	2	1	0	6 / 2(+4)	7
B팀	1	1	1	3 / 4(−1)	4
C팀	1	1	1	3 / 4(−1)	4
D팀	0	1	2	1 / 3(−2)	1

따라서 A팀이 1위가 되며, B팀과 C팀은 승점 4점으로 동률이 된다. 그런데 B와 C는 득점과 실점이 동일하므로 결국 승자승 원칙에 의해 B팀이 2위로 16강에 진출하게 된다(이미 B는 C에게 2 : 0으로 승리한 바 있다).
ㄷ. C팀과 D팀이 함께 16강에 진출한다는 것은 결국 A와 B가 모두 탈락한다는 것을 의미한다. 하지만 D팀이 남은 경기에서 얻을 수 있는 승점은 3점에 불과한 반면, A팀은 이미 6점을 얻은 상태이다. 따라서 어떠한 경우에도 C팀과 D팀이 함께 16강에 진출할 수 없다.

오답분석

ㄹ. 만약 D팀이 마지막 경기에서 B팀에 승리를 거두고 A팀이 C팀에 승리를 거둔다면 B, C, D팀은 모두 승점이 3점으로 동일하게 된다. 그런데 만약 A팀이 C팀을 1골차 이상으로 이기고, D팀이 B팀을 역시 1골차 이상으로 이긴다면 골득실에 의해 D팀이 조2위로 16강에 진출할 수 있다.

34

직무관련업체로부터 받은 물품들인 9번, 11번, 12번, 13번, 16번을 보면 모두 즉시 반환되었음을 알 수 있다.

오답분석

① 신고 물품 중 직무관련업체로부터 제공받은 경우는 5건이나, 민원인으로부터 제공받은 경우가 7건으로 더 많다.
② 2번과 8번의 경우만 보아도, 신고물품이 접수일시로부터 3일 이후에 처리된 경우가 있음을 알 수 있다.
③ 2019년 4월부터 2021년 9월까지 접수된 신고물품은 2번부터 15번까지 14건으로, 이 중 개인으로부터 제공받은 신고물품은 2 ~ 8번, 10번, 14번, 15번 10건이다. 따라서 이 경우의 비중은 $\frac{10건}{14건} \times 100 = 71.4\%$이므로 적절하지 않은 설명이다.
④ 15번을 보면 민원인으로부터 받은 20,000원의 사례금도 신고대상임을 알 수 있다.

35
정답 ④

모임당 구성원 수가 6명 이상 9명 미만인 경우에 해당하지 않는 A모임과 E모임을 제외하고 나머지 모임을 판단해 보자.
• B모임 : 1,500천 원+(100천 원×6)=2,100천 원
• C모임 : [1,500천 원+(120천 원×8)]×1.3=3,198천 원
• D모임 : 2,000천 원+(100천 원×7)=2,700천 원
따라서 두 번째로 많은 총 지원금을 받는 모임은 D모임이다.

36
정답 ②

ㄴ. 각 업체의 시간당 작업면적을 계산하면 A업체는 $2m^2$, B업체는 $1m^2$, C업체는 $1.5m^2$로 계산된다. B와 C가 같이 작업을 진행할 경우 시간당 $2.5m^2$를 완료할 수 있다. 이 속도로 전체 면적인 $60m^2$를 진행한다면 24시간이 소요되므로 옳은 내용이다.

오답분석
ㄱ. 작업이 순차적으로 이루어지지 않고 동시에 작업하는 상황에서는 가능한 모든 업체를 모두 동원하는 경우에 가장 빠르게 작업을 마무리 할 수 있다. 이 경우 A, B, C 모든 업체가 작업을 진행할 경우 시간당 $4.5m^2$의 속도로 작업을 진행하며 다른 어떤 조합을 통해서도 이보다 더 큰 수치는 나올 수 없다.
ㄷ. ㄱ에서 살펴본 바와 같이 A, B, C가 동시에 작업을 진행하면 시간당 $4.5m^2$를 진행할 수 있어 소요되는 비용은 $(60÷4.5)×27$ ≒360만 원이며, ㄴ에서 살펴본 것처럼 B와 C가 동시에 진행하면 시간당 $2.5m^2$를 진행할 수 있어 소요되는 비용은 $(60÷2.5)$ $×17=408$만 원으로 나타낼 수 있다. 이를 비교하면 B와 C가 동시에 진행하는 경우의 비용이 더 크므로 옳지 않은 내용이다.

37
정답 ②

먼저, 부서별 최종심사점수를 정리하면 다음과 같다.

구분	A	B	C	D	E
서면심사 최종반영점수	40	45	50	30	35
현장평가단 최종반영점수	40	50	40	30	20
최종심사점수	80	95	90	60	55

E의 현장평가단 최종반영점수가 30점이 되면, 최종심사점수가 10점 상승하여 65점이 되므로 5위에서 4위로 올라서게 된다. 따라서 옳은 내용이다.

오답분석
① 위 표에서 현장평가단 최종반영점수가 30점인 부서는 D임을 알 수 있으므로 옳지 않은 내용이다.
③ A의 서면심사점수가 5점 올라간다면 최종심사점수가 85점이 되지만 순위는 변하지 않으므로 옳지 않은 내용이다.
④ 위 표에 의하면 서면심사점수가 가장 낮은 부처는 D(30점)이고, 최종심사점수가 가장 낮은 부서는 E(55점)이므로 옳지 않은 내용이다.
⑤ 서면심사 최종반영점수와 현장평가단 최종반영점수 간의 차이가 가장 큰 부서는 E(15점)이므로 옳지 않은 내용이다.

38
정답 ①

출장별로 나누어 출장여비를 계산하면 다음과 같다.

구분	출장수당	교통비	차감	출장여비
출장 1	1만 원	2만 원	1만 원(방송사 차량 사용)	2만 원
출장 2	2만 원	3만 원	1만 원(13시 이후 시작)	4만 원
출장 3	2만 원	3만 원	1만 원(업무추진비 사용)	4만 원

따라서 A기자의 3월 출장여비는 10만 원이다.

39

정답 ①

각각의 컴퓨터에 대해 기준에 따라 점수를 부여하면 다음과 같다.

컴퓨터 \ 항목	램 메모리 용량	하드 디스크 용량	가격	총점
A	0	50	200	250
B	100	0	100	200
C	0	100	0	100
D	100	50	0	150
E	50	0	100	150

각 항목별 점수의 합이 가장 큰 컴퓨터를 구입한다고 하였으므로 갑은 A컴퓨터를 구입하게 된다.

40

정답 ②

분기별 성과평가 점수를 계산하면 다음과 같다.
- 1/4분기 : $(8 \times 0.4) + (8 \times 0.4) + (6 \times 0.2) = 7.6$
- 2/4분기 : $(8 \times 0.4) + (6 \times 0.4) + (8 \times 0.2) = 7.2$
- 3/4분기 : $(10 \times 0.4) + (8 \times 0.4) + (10 \times 0.2) = 9.2$
- 4/4분기 : $(8 \times 0.4) + (8 \times 0.4) + (8 \times 0.2) = 8.0$

이를 통해 각 분기별 성과급을 계산해보면, 1/4분기에 지급되는 성과급은 80만 원, 2/4분기는 80만 원, 4/4분기는 90만 원이며, 3/4분기는 100만 원에 직전분기 차감액(20만 원)의 50%를 가산한 110만 원이다. 따라서 지급되는 성과급의 1년 총액은 360만 원이다.

01	02	03	04	05	06	07	08	09	10	11	12	13	14	15	16	17	18	19	20
③	②	③	④	①	④	①	④	⑤	⑤	②	④	④	③	④	③	③	④	④	④
21	22	23	24	25	26	27	28	29	30	31	32	33	34	35	36	37	38	39	40
③	②	③	②	③	③	⑤	②	⑤	③	⑤	④	①	②	①	①	③	②	⑤	②

01

정답 ③

- 방송광고 : 15회×1분×2매체=30분
- 방송연설(비례대표의원) : 10분×2매체×2명=40분
- 방송연설(지역구의원) : 10분×2매체×2회×100명=4,000분

따라서 갑 정당과 그 소속 후보자들이 최대로 실시할 수 있는 선거방송 시간의 총합은 4,070분이다.

02

정답 ②

11주 차까지 쓰레기 배출 가능한 요일을 표로 정리하면 다음과 같다.

구분	일	월	화	수	목	금	토
1주 차	A		B		C		D
2주 차		E		A		B	
3주 차	C		D		E		A
⋮	⋮	⋮	⋮	⋮	⋮	⋮	⋮
8주 차		A		B		C	
9주 차	D		E		A		B
10주 차		C		D		E	
11주 차	A		B		C		D

따라서 10주 차 일요일에는 어떠한 동도 쓰레기를 배출하지 않으며, 11주 차 일요일에 A동이 다시 쓰레기를 배출할 수 있다.

오답분석

① 2주 차만 보더라도 참이다.

③ A동이 쓰레기 배출 가능한 요일을 순서대로 나열하면, '일 – 수 – 토 – 화 – 금 – 월 –목 – 일'이므로, 모든 요일에 쓰레기를 배출할 수 있다.

④ 처음 2주 차까지 살펴보면, 2주에 걸쳐 모두 7번의 쓰레기 배출이 이루어지므로 A, B 두 동은 2주 동안 쓰레기를 2회 배출한다.

⑤ B동이 수요일에 쓰레기를 처음 버리는 주는 8주 차이다.

03

- 취득가액은 신고가액과 공시지가 중 큰 금액으로 하므로 5억 원이 된다.
- 취득세 : 갑은 자경농민이고 농지를 상속으로 취득하는 경우에는 취득세가 비과세된다고 하였으므로 납부할 취득세액은 없다. 또한 농어촌특별세 역시 납부할 금액이 없다.
- 등록세 : 자경농민이 농지를 상속으로 취득하는 경우에는 취득가액의 0.3%를 등록세액으로 하므로 납부할 등록세액은 150만 원이다. 또한 지방교육세는 등록세액의 20%이므로 30만 원이 된다.

따라서 갑이 납부하여야 할 세금은 총 180만 원이다.

04

을, 정, 무 셋이 출장을 함께 가는 경우, 을은 차장이고 정이 운전을 한다. 또한 부상 중인 사람이 없기 때문에 17:00에 도착하므로 정의 당직 근무에도 문제가 없다. 따라서 가능한 조합이다.

[오답분석]

① 갑, 을, 병 : 갑이 부상인 상태이므로 K방송국에 17시 30분에 도착하는데, 을이 17시 15분에 취재원과 면담이 진행될 예정이므로 가능하지 않은 조합이다.
② 갑, 병, 정 : 갑이 부상인 상태이므로 K방송국에 17시 30분에 도착하는데, 정이 17시 10분부터 당직 근무가 예정되어 있으므로 가능하지 않은 조합이다.
③ 을, 병, 무 : 1종 보통 운전면허를 소지하고 있는 사람이 없으므로 가능하지 않은 조합이다.
⑤ 병, 정, 무 : 책임자로서 차장 직급이 한 명은 포함되어야 하므로 가능하지 않은 조합이다.

05

ㄱ. 갑은 신청 연령 기준인 35세 이하에 해당하며, 성적 기준인 직전 학기 12학점 이상 이수 및 평균 C학점 이상 조건도 충족하고, 가구 소득 기준인 1 ~ 8분위에 해당하므로 X학자금 대출을 받을 수 있다. 따라서 적절한 내용이다.
ㄴ. X학자금 대출은 학기당 등록금 소요액 전액과 학기당 생활비 150만 원까지 대출이 가능하므로 을의 한 학기 등록금이 300만 원이라면, 한 학기당 총 450만 원을 대출받을 수 있다. 따라서 적절한 내용이다.

[오답분석]

ㄷ. Y학자금 대출은 금융채무불이행자 또는 저신용자인 경우에는 대출이 불가능하므로 적절하지 않은 내용이다.
ㄹ. X학자금 대출은 졸업 후 기준소득을 초과하는 소득 발생 이전에는 상환이 유예되지만, Y학자금 대출은 소득과 무관하게 졸업 직후 매월 상환해야 하므로 두 대출의 매월 상환금액은 다를 수 있다. 따라서 적절하지 않은 내용이다.

06

제시된 상황의 소는 2,000만 원을 구하는 것이므로 소액사건에 해당한다. 이에 따라 각 심급별 송달료를 계산하면 다음과 같다.
- 민사 제1심 소액사건 : 2명×3,200원×10회=64,000원
- 민사 항소사건 : 2명×3,200원×12회=76,800원

따라서 갑이 납부하는 송달료의 합계는 140,800원이다.

07

정답 ①

각 기업의 점수와 지원액을 정리하면 다음과 같다.

구분		A	B	C	D
평가 지표	경상이익률	4	2	1	3
	영업이익률	4	1	3	2
	부채비율	1	3	2	4
	매출액증가율	1	3	2	4
	총점(순위)	10(2위)	9(3위)	8(4위)	13(1위)
순자산(억 원)		2,100	600	900	3,000
지원한도(억 원)		1,400	400	450	2,000
지원요구금액(억 원)		2,000	500	1,000	1,800
지원금액(억 원)		1,400	400	450	1,800

08

정답 ④

ㄴ. 책임운영기관이 직제개정을 하기 위해서는 소속 중앙행정기관장의 승인을 얻어야 하므로 적절한 내용이다.
ㄹ. 책임운영기관의 부기관장을 제외한 나머지 직원은 해당 책임운영기관장이 임명하므로 적절한 내용이다.

[오답분석]

ㄱ. 책임운영기관의 직급별 정원은 소속 중앙행정기관장의 승인을 얻어 기본운영규정에 규정하므로 적절하지 않은 내용이다.
ㄷ. 중앙행정기관은 초과수입금을 사용할 수 없으므로 적절하지 않은 내용이다.

09

정답 ⑤

ㄱ. A방식에 따르면 2020년과 비교했을 때 2021년의 세수액의 감소분을 계산하면 되므로 42조 5,000억 − 41조 8,000억 = 7,000억 원이 된다.
ㄴ. B방식에 따르면 2020년이 기준년도가 되며, 2021년의 감소액은 7,000억 원, 2020년의 감소액은 11,000억 원이 되어 이의 누적액은 1조 8천억 원이 된다.
ㄷ. A방식에 따른 2023년까지의 세수 감소액은 7,000억 원(2021년분) + 4,000억 원(2022년분) + 1,000억 원(2023년분) = 1조 2천억 원이며, B방식에 따른 2023년까지의 세수 감소액은 7,000억 원(2021년분) + 11,000억 원(2022년분) + 12,000억 원 (2023년분) = 3조 원이다. 따라서 이 둘의 차이는 1조 8천억 원이 된다.

10

정답 ⑤

E는 교양 수업을 신청한 A보다 나중에 수강한다고 하였으므로 목요일 또는 금요일에 강의를 들을 수 있다. 이때, 목요일과 금요일에 는 교양 수업이 진행되므로 'E는 반드시 교양 수업을 듣는다.'의 ⑤는 항상 참이 된다.

[오답분석]

구분	월(전공1)	화(전공2)	수(교양1)	목(교양2)	금(교양3)
경우1	B	C	D	A	E
경우2	B	C	A	D	E
경우3	B	C	A	E	D

① A가 수요일에 강의를 듣는다면 E는 교양2 또는 교양3 강의를 들을 수 있다.
② B가 수강하는 전공 수업의 정확한 요일을 알 수 없으므로 C는 전공1 또는 전공2 강의를 들을 수 있다.
③ C가 화요일에 강의를 듣는다면 D는 교양 강의를 듣는다. 이때, 교양 수업을 듣는 A는 E보다 앞선 요일에 수강하므로 E는 교양2 또는 교양3 강의를 들을 수 있다.
④ D는 전공 수업을 신청한 C보다 나중에 수강하므로 전공 또는 교양 수업을 들을 수 있다.

11

주어진 자료의 빈칸을 채우면 다음과 같다.

구분	사업체 수	종사자 수	매출액	업체당 평균 매출액	1인당 평균 매출액
지상파방송	53	13,691	3,914,473	73,858	286
종합유선방송	94	4,846	2,116,851	22,520	437
일반위성방송	1	295	374,385	374,385	1,269
홈쇼핑PP방송	6	3,950	2,575,400	429,233	652
IPTV방송	3	520	616,196	205,399	1,185
전체	157	23,302	9,597,305	61,129	412

- ⓐ : $\frac{53}{157} \times 100 ≒ 33.75$

- ⓑ : $6+4,846=4,852$

- ⓒ : $374,385-73,858 \times 2 = 226,669$

- ⓓ : $652 \times 1,000-616,196=35,804$

∴ ⓐ+ⓑ+ⓒ+ⓓ=$33.75+4,852+226,669+35,804=267,358.75$

12

90일과 3개월은 다른 개념이다. 만약 체류한 기간이 7~9월이라면 개월 수로는 3개월이지만 날 수로는 92일이다. 따라서 적절한 내용이다.

오답분석

① 포르투갈은 비자 없이 60일간 머무를 수 있는데 선택지의 사례는 60일을 초과하므로 별도의 비자를 발급받아야 한다. 따라서 적절하지 않은 내용이다.

② 우즈베키스탄을 비자 없이 방문하기 위해서는 외교관 여권이 필요하므로, 행정원이 방문하는 경우는 체류기간에 관계없이 비자를 취득해야 한다. 그리고 에콰도르를 행정원이 비자 없이 방문할 수 있는 기간은 관용여권의 경우 3개월이므로 별도의 비자를 발급받아야 한다. 따라서 적절하지 않은 내용이다.

③ 일반여권으로 이탈리아에 비자 없이 체류할 수 있는 기간은 90일인데, 선택지의 사례는 이를 초과하므로 옳지 않은 내용이다. 반면 영국의 경우는 체류기간이 90일을 초과하지 않으므로 가능한 상황이다.

⑤ 일반 여권소지자에 대한 비자면제협정만 일시정지 되었고, 관용여권으로 파키스탄에 3개월 이내 체류할 경우는 비자가 필요하지 않으므로 적절하지 않은 내용이다.

13

ㄱ. K시의 2022년 인구는 13만 명이고, 2025년 예상인구는 15만 명인데 각주에서 인구는 해마다 증가한다고 하였으므로 K시 도서관이 실제 개관하게 될 2024년 상반기 K시의 인구는 13만 명 이상~15만 명 미만의 범위 내에 있음을 알 수 있다. 그런데 봉사대상 인구가 10만 이상~30만 미만인 경우 기존장서는 30,000권 이상이라고 하였으므로 옳은 내용이다.

ㄷ. K시의 인구가 2025년~2030년에 매년 같은 수로 늘어난다면 2028년 K시의 인구는 24만 명이 된다. 그리고 공공도서관은 봉사대상 인구 1천 명당 1종 이상의 연속간행물, 10종 이상의 시청각자료를 보유해야 한다고 하였으므로 각각 최소 240종 이상, 2,400종 이상을 보유해야 한다. 따라서 옳은 내용이다.

ㄹ. 2030년 실제 인구가 예상 인구의 80% 수준인 24만 명이라면, 이때의 연간증서는 3,000권 이상이 된다. 따라서 6년 동안 매년 3,000권 이상씩 추가로 보유해야 하므로 총 연간증서는 최소 18,000권이다. 따라서 옳은 내용이다.

오답분석

ㄴ. 봉사대상 인구가 10만 명 이상~30만 명 미만이라면 열람석은 350석 이상이어야 하고, 이 중 10% 이상을 노인과 장애인 열람석으로 할당하여야 한다. 그런데 2024년 개관 시와 2025년 모두 인구가 이 범위 내에 존재하므로 열람석은 350석 이상만 충족하면 되며 추가로 열람석을 확보해야 할 필요는 없다. 따라서 옳지 않은 내용이다.

14

정답 ③

주어진 상황을 그림으로 정리하면 다음과 같다.

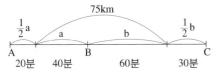

여기서 중요한 것은 첫 번째 대화지점부터 B까지의 소요시간이 40분이고, B부터 두 번째 대화지점까지의 소요시간이 60분이라는 점이다. 이는 이 자동차가 '일정한 속력'으로 달린다는 정보를 이용해 추론 가능하다. 즉, 속력이 일정할 때에는 거리가 2배 늘어나면 소요시간도 2배 늘어나게 되는 것이다. 그림에서 볼 수 있듯이 75km를 이동하는 데 100분이 소요되었으므로 A에서 B까지의 소요시간인 60분간 이동한 경우에는 45km를 이동했음을 알 수 있다.

15

정답 ④

통역사 1인당 통역경비를 계산하면 다음과 같다.
- 영어 통역사 : 500,000원(기본요금)＋100,000(추가요금)＋100,000(교통비)＋40,000(이동보상비)＝740,000원
- 인도네시아어 통역사 : 600,000(기본요금)＋100,000(교통비)＋40,000(이동보상비)＝740,000원
각 언어별 통역사는 2명씩이므로 총 통역경비는 2,960,000원이다.

16

정답 ③

A주택의 지붕의 수선이 필요하다고 하였으므로 대보수에 해당하여 주택당 보수비용 지원한도액은 950만 원인데, 미란의 소득인정액은 중위소득 40%에 해당하여 지원율을 감안한 지원액은 950만 원×0.8＝760만 원이다.

17

정답 ③

'가나다정'의 경우 최종 복용시간은 야뇨를 피하기 위해 오후 6시까지로 한다고 하였으며, 식전 30분부터 복용이 가능하다고 하였으므로 늦어도 오후 6시 30분에는 저녁식사를 시작해야 한다.

오답분석
① '가나다정'은 식사를 거르게 될 경우에 복용을 거른다고 하였으므로 적절하지 않은 내용이다.
② '가나다정'의 경우 정기적으로 혈당을 측정해야 한다고 하였으며, 'ABC정'도 정기적인 혈액검사를 통해 혈중 칼슘, 인의 농도를 확인해야 한다고 하였으므로 적절하지 않은 내용이다.
④ 'ABC정'은 씹지 말고 그대로 삼켜서 복용한다고 하였으므로 적절하지 않은 내용이다.
⑤ 식전 30분에 '가나다정'을 복용하고 30분 동안 식사한 후에, 식사 1시간 후에 ABC정을 복용할 수 있다. 이러한 경우라면 두 약의 복용시간은 2시간 차이가 나므로 적절하지 않은 내용이다.

18

정답 ④

부양능력이 있는 며느리와 함께 살고 있으므로 기초생활수급자 선정기준에 해당되지 않는다.

오답분석
① A의 소득인정액은 (100만 원－20만 원)＋12만 원＝92만 원인데, 이는 3인 가구의 최저생계비인 94만 원보다 적으므로 기초생활수급자에 해당한다.
② B의 소득인정액은 (0원－30만 원)＋36만 원＝6만 원인데, 이는 1인 가구의 최저생계비인 42만 원보다 적으므로 기초생활수급자에 해당한다(가구 수 산정시 부양의무자가 아닌 조카는 제외하였다).
③ C의 소득인정액은 (80만 원－22만 원)＋24만 원＝82만 원인데, 이는 3인 가구의 최저생계비인 94만 원보다 적으므로 기초수급자에 해당한다.
⑤ E의 소득인정액은 (60만 원－30만 원)＋36만 원＝66만 원인데, 이는 2인 가구의 최저생계비인 70만 원보다 적으므로 기초수급자에 해당한다.

19

X사가 준공검사를 요청한 시기가 계약기간 내인 2020년 10월 15일이므로 '가'항목에 해당하며 이후 불합격판정을 받아서 계약기간 내인 2020년 10월 25일에 보완지시를 받았으므로 계약기간 다음날(2020년 11월 5일)부터 최종검사에 합격한 날짜(2020년 11월 19일)까지가 지체 기간에 해당한다.

20

D는 '그 주택을 계속 소유한 채 최초 보상계획공고일 전에 다른 곳으로 전출한 자'에 해당하므로 전용면적 85m^2 이하 공공분양아파트를 받을 수 있다. 따라서 적절한 내용이다.

오답분석

① A의 전입일(2002년 5월 4일)이 기준일(2002년 2월 20일)보다 늦으므로 대상자가 될 수 없다. 따라서 적절하지 않은 내용이다.
② B의 전입일(2001년 12월 30일)이 기준일 3개월 전(2001년 11월 20일)보다 늦으므로 대상자가 될 수 없다. 따라서 적절하지 않은 내용이다.
③ C의 전출일(2003년 8월 28일)이 최초 보상계획공고일(2004년 7월 28일)보다 앞서므로 대상자가 될 수 없다. 따라서 적절하지 않은 내용이다.
⑤ E의 전출일(2004년 6월 30일)이 최초 보상계획공고일(2004년 7월 28일)보다 앞서므로 대상자가 될 수 없다. 따라서 적절하지 않은 내용이다.

21

ㄱ. 네팔어를 사용하는 A장관과 에스파냐어를 사용하는 F장관이 의사소통을 하기 위해서는 네팔어와 에스파냐어를 모두 통역 가능한 통역관이 있어야 하나 그렇지 않은 상황이다. 따라서 A(네팔어) → 통역관 을(네팔어, 영어) → 통역관 정(영어, 한국어) → 통역관 병(한국어, 에스파냐어) → F(에스파냐어)의 과정을 거쳐야 하므로 최소 3명의 통역관이 필요하다.
ㄴ. 통역관 정은 한국어, 영어, 스와힐리어를 통역 가능하므로 한국어를 사용하는 H장관은 이 언어들을 사용하는 장관들과만 의사소통이 가능하다. 따라서 B(영어), E(영어, 스와힐리어), G(스와힐리어)의 3명과 대화가 가능하다.
ㄹ. 장관 D가 사용하는 카자흐어와 러시아어를 제외한 나머지 언어는 4명의 통역관을 통해 통역이 가능하다. 또한 장관 C가 통역관 역할을 겸한다면 러시아어를 매개로 하여 D가 다른 장관들과 의사소통을 하는 것을 가능하게 할 수 있다. 따라서 결과적으로 모든 장관들이 서로 의사소통이 가능하게 된다.

오답분석

ㄷ. 장관 E가 통역관의 역할을 하게 될 경우 영어를 매개로 하여 다른 장관(예를 들어 B)와 대화할 수 있으며 다른 통역관까지 참여한다면 더 많은 장관들과도 대화할 수 있다.

22

ㄴ. A국은 D국의 유보에 동의하였으므로 D국과 A국 간에는 제7조가 적용되지 않는다. 따라서 적절한 내용이다.

오답분석

ㄱ. B국은 D국의 유보에만 반대하였으므로 B국와 D국 간에는 제7조가 적용되지 않을 뿐 나머지 조약은 적용된다. 한편 C국은 D국의 유보뿐만 아니라 조약의 발효에도 명시적으로 반대하였으므로 C국과 D국 간의 관계에서 D국은 조약의 당사국이 되지 않는다. 따라서 적절하지 않은 내용이다.
ㄷ·ㅁ. A국, B국, C국은 기존의 체약국들이므로 제7조의 적용에 장애가 되는 것이 없다. 따라서 적절하지 않은 내용이다.
ㄹ. D국과 A국 간에는 제7조가 적용되지 않고, B국도 제7조의 유보에 반대하였으므로 D국과 B국 간에는 제7조를 제외한 나머지 조약은 적용된다.

23

정답 ③

제시된 규정은 설사 운수회사를 전문직업교육장으로 본다고 하더라도 자신이 원하는 운수회사에 취업하는 것을 막고 있는 것이 아니므로 적절하지 않은 내용이다.

오답분석
① A광역시의 규정을 살펴보면 근속기간 조건과 무사고기간 조건으로 구성되어 있음을 알 수 있는데 이 조건들은 단순히 특정 기간 이상 무사고 상태를 유지하고 있기만 하면 되는 것이며 그로 인해 법규 준수성, 숙련성 등이 뛰어나다는 것을 알려주는 것은 아니므로 적절한 내용이다.
② '동일회사에서 ~년 이상 근속하여 운전 중인 자'로 명시되어 있기 때문에 만약 근무하던 택시회사가 폐업할 경우 피해를 입을 가능성이 존재한다. 따라서 적절한 내용이다.
④ '17년 이상 무사고자로서 A광역시 소재 운수회사에서 10년 이상 운전 중인 자'라는 규정을 두어 이를 보완하고 있기는 하지만 '동일회사에서 ~년 이상 근속하여 운전 중인 자'라는 조건으로 인해 타회사로의 이직이 어려워질 가능성이 있다고 판단할 수 있으므로 적절한 내용이다.
⑤ 2순위를 부여받기 위해서는 8년 이상 무사고자로서 A광역시 조재 동일회사에서 5년 이상 근속하여 운전 중이어야 하는데, 선택지의 경우는 근속기간 조건을 만족하고 있지 못하므로 적절한 내용이다.

24

정답 ②

ㄴ. 2008년 1월 이후 영도구에 신축되는 모든 건물에는 장애인을 위한 주차구역을 설치해야 하므로 건물 A가 영도구에 위치해 있지 않다는 것은 추론할 수 있다. 하지만 경사로(부산광역시), 점자표시(경상남도)가 모두 설치되어 있으므로 이 두 지역 중 어느 지역에 위치한 것인지는 알 수 없다. 따라서 적절한 내용이다.
ㄷ. 2008년 1월 이후 영도구에 신축되는 모든 건물에는 장애인을 위한 주차구역을 설치해야 하는데 건물 A에는 장애인을 위한 주차구역이 설치되어 있지 않다. 따라서 적절한 내용이다.

오답분석
ㄱ. 2008년 1월 이전에 세워진 건물이라면 제시문의 규정들이 적용되지 않으므로 건물의 위치를 파악하는 것이 불가능하다. 따라서 적절하지 않은 내용이다.
ㄹ. 장애인을 위한 각종 시설들은 법으로 규정되기 이전부터 자율적으로 시행되어 왔다고 하였으므로 적절하지 않은 내용이다.
ㅁ. 2008년 1월 1일 이후에 신축된 모든 건물에 엘리베이터 내 점자표시가 의무화된 것은 경상남도이다. 따라서 적절하지 않은 내용이다.

25

정답 ③

간통죄에 대해 최후의 합헌결정이 선고된 날이 2008. 10. 30.(이하 기준일이라 한다)이므로 그 이전과 이후로 나누어서 판단하면 된다. 을의 확정판결일은 2010. 6. 1.이므로 기준일 이후이다. 따라서 을의 재심청구는 인정되나 실제로 복역했거나 벌금형을 선고받은 것이 아니기에 형사보상금 청구는 인정되지 않는다.

오답분석
① 갑의 확정판결일이 2007. 10. 1.이므로 기준일보다 앞선다. 따라서 갑의 재심청구와 형사보상금 청구 모두 인정되지 않는다.
② ③에서 언급한 것처럼 을의 재심청구는 인정되나 형사보상금 청구는 인정되지 않는다.
④ㆍ⑤ 병의 확정판결일이 2013. 8. 1.이므로 기준일 이후이다. 따라서 병의 재심청구는 인정되며, 실제 교도소에서 복역하였으므로 형사보상금 청구도 인정된다.

26

오늘 아침의 상황 중 은희의 취향과 관련된 부분을 뽑아내면 다음과 같다.

- 스트레스를 받음
- 배가 고픔
- 피곤한 상황
- 커피만 마심
- 휘핑크림은 넣지 않음

먼저, 스트레스를 받았다고 하였으므로 휘핑크림이나 우유거품을 추가해야 하나 마지막 조건에서 휘핑크림을 넣지 않는다고 하였으므로 우유거품만을 추가함을 알 수 있다. 또한 배가 고픈 상황이므로 데운 우유가 들어간 커피를 마시게 된다. 따라서 이 모두를 포함한 카푸치노를 주문할 것임을 추론할 수 있다.

27

제시된 문제는 마지막 월요일과 마지막 금요일이 같은 주인지 여부로 경우의 수를 나누어 볼 수 있다. 먼저 월요일과 금요일이 같은 주에 있는 경우를 살펴보면 다음과 같다.

일	월	화	수	목	금	토
						1
−	−	−	−	−	−	−
−	−	−	−	−	−	−
−	○	−	−	−	○	−
30						

위의 경우가 주어진 조건을 만족하는 상황의 달력이다. 그러나 7월은 31일까지 있는 것에 반해 이 경우는 30일까지만 가능하므로 결국 두 요일은 다른 주에 있다고 판단할 수 있다.

일	월	화	수	목	금	토
×	×				−	−
−	−	−	−	−	−	−
−	−	−	−	−	−	−
−	−	−	−	−	○	−
−	○				×	×

두 번째 표는 두 요일이 다른 주에 있는 상황이며 현재는 25일만 채워져 있는 상태이기 때문에 6일이 더 필요하다. 그런데 조건을 만족할 수 있는 빈칸이 6개이므로 이 칸들이 모두 채워져야 7월 한 달이 완성됨을 알 수 있다. 결국 7월 1일은 화요일이고 31일은 목요일임을 알 수 있다. 따라서 8월 1일은 금요일이다.

28

ㄱ. 선착순 우선 원칙에 의할 경우 민원 B가 완료되는 데 소요되는 기간은 24일인 반면, 짧은 사례 우선 원칙에 의할 경우 12일이므로 옳은 내용이다.

ㄷ. 민원 담당자의 입장에서는 어떤 원칙을 채택하든 전체 업무를 처리하는데 소요되는 시간은 28일로 동일하므로 옳은 내용이다.

ㄹ. 아래 ㄴ에서 설명한 것처럼 병의 민원 C는 24일이 단축되므로 옳은 내용이다.

[오답분석]

ㄴ. 짧은 사례 우선 원칙에 의할 경우 ㄱ에서 살펴본 것처럼 을은 12일이 단축되고, 병은 24일이 단축되지만 갑은 12일이 더 소요되므로 옳지 않은 내용이다.

ㅁ. 선착순 우선 원칙에 의할 경우의 총 대기기간은 40일(=0일+16일+24일)인 반면, 짧은 사례 우선 원칙에 의할 경우는 16일(= 0일+4일+12일)이므로 옳지 않은 내용이다.

29

각 음식점을 평가 기준에 맞춰 순위를 매겨 총점을 계산하면 다음과 같다.

구분	음식종류	이동거리	가격	맛평점	예약가능	총점
자금성	2	4	5	1	+1점	13
상젤리제	3	3	4	2	+1점	13
경복궁	4	5	2	3	–	14
도쿄타워	5	1	3	4	–	13
광화문	4	2	1	5	–	12

따라서 총점이 가장 높은 것은 경복궁(14점)이다.

30

ㄱ. 정보화수준 점수는 전자정부순위로 판단하므로 순위가 가장 높은 E국이 30점, 가장 낮은 A국이 0점이고, 다른 국가들은 모두
   15점이다. 따라서 옳은 내용이다.
ㄹ. S/W시장규모가 10억 불 이상이면서 인구가 5천만 명 이상인 국가는 E국뿐이므로 E국의 시장매력도 점수는 30점이 되어
   종합점수는 60점이 된다. 그런데 시장매력도를 제외한 나머지 항목의 점수의 합이 가장 큰 A국(40점)이 시장매력도에서 얻을
   수 있는 최대 점수가 15점에 불과하므로 E국의 종합점수가 가장 높게 된다. 따라서 옳은 내용이다.

[오답분석]

ㄴ. 접근가능성 점수는 S/W수출액으로 판단하므로 수출액이 가장 많은 A국 40점, 가장 작은 E국이 0점이고 나머지 국가들은
   모두 20점이다. 따라서 옳지 않은 내용이다.
ㄷ. 시장매력도 점수를 S/W시장규모만을 고려하여 결정할 경우 A국의 종합점수는 55점이고, D국은 65점이므로 옳지 않은 내용이다.

31

2) 가)에 의하면 2년 이내 3회 이상 고발 또는 과징금 처분을 받은 법인은 대상자가 될 수 없다. 하지만 선택지의 사례에서 해당
기간의 처분횟수는 최대 2회에 불과하여 대상자가 될 수 있다.

[오답분석]

① 1) 나)에 의하면 금고 이상의 형을 받고 그 집행이 종료된 후 5년이 경과하지 않은 자는 대상자가 될 수 없다. 그런데 선택지의
   사례에서는 2018년 10월에 출소하였다고 하였으므로 아직 5년이 경과하지 않았다. 따라서 대상자로 추천을 받을 수 없다.
② 1) 가)에 의하면 형사재판에 계류 중인 자는 추천을 받을 수 없다.
③ 2) 나)에 의하면 최근 1년 이내 3회 이상 시정명령 처분을 받은 법인의 대표자는 대상자가 될 수 없다.
④ 1) 마)에 의하면 2년 이내에 벌금형 처벌을 받은 자로서 1회 벌금액이 200만 원 이상인 경우 대상자가 될 수 없다.

32

ㄱ. 부양자녀 요건과 주택요건의 경우 국회통과안이 정부제출안에 비해 더 완화되어 있으므로 적절하지 않은 내용이다.
ㄴ. 재산요건에 의하면 정부제출안과 국회통과안 모두 세대원 전원이 소유하고 있는 재산 합계액이 1억 원 미만일 것을 요구한다.
   하지만 A의 재산의 합이 1억 원이어서 어느 안에 의하든 신청할 수 없다. 따라서 적절하지 않은 내용이다.
ㄹ. 정부제출안과 국회통과안 모두 내국인과 혼인한 외국인은 신청 가능하므로 적절하지 않은 내용이다.

[오답분석]

ㄷ. 국회통과안의 부양자녀요건에 따르면 (1) ~ (3)을 모두 갖춘 자녀를 1인 이상 부양하면 되므로 근로장려금을 신청할 수 있다.
   따라서 적절한 내용이다.

33

정답 ①

ㄱ. 연령별로 반을 편성할 경우 각 반마다 보육교사를 배치하여야 하므로 만 1세 미만의 영유아 4명에는 1 : 3 비율에 따라 보육교사 2명, 만 1세 이상 만 2세 미만의 영유아 5명에는 1 : 5 비율에 따라 보육교사 1명을 배치해야 한다. 즉, 보육교사는 총 3명을 배치해야 한다. 한편, (1)과 (2)의 혼합반으로 반을 편성할 경우에는 영유아가 모두 9명이 되므로 1 : 3 비율에 따라 보육교사 3명을 배치해야 한다. 따라서 보육교사는 최소 3명을 배치해야 한다.

오답분석

ㄴ. 각 연령별로 반을 편성할 경우 만 1세 이상 만 2세 미만의 영유아 6명에는 1 : 5 비율에 따라 보육교사 2명, 만 2세 이상 만 3세 미만의 영유아 12명에는 1 : 7 비율에 따라 보육교사 2명을 배치해야 하므로 총 4명의 보육교사를 배치해야 한다. 한편, (2)와 (3)의 혼합반으로 반을 편성할 경우에는 영유아가 모두 18명이 되므로 1 : 5 비율에 따라 보육교사 4명을 배치해야 한다. 따라서 보육교사는 최소 4명을 배치해야 한다.

ㄷ. 각 연령별로 반을 편성할 경우 만 1세 미만의 영유아 1명에는 보육교사 1명, 만 2세 이상 만 3세 미만의 영유아 2명에도 보육교사 1명을 배치해야 하므로 총 2명의 보육교사를 배치해야 한다. 한편, (1)과 (3)의 혼합반은 편성이 불가하므로 보육교사는 최소 2명을 배치해야 한다.

34

정답 ②

먼저 A의 말이 거짓이라면 A, E 두 명이 드라큘라 가면을 쓰게 되고, E의 말이 거짓이라면 드라큘라 가면을 아무도 쓰지 않게 되므로 둘 다 세 번째 조건에 어긋난다. 또한 C의 말이 거짓이라면 식품영양학과에 다니는 학생이 없으므로 두 번째 조건에 어긋나며, D의 말이 거짓이라면 A, B, C, D, E 다섯 명 모두 남학생이 되므로 첫 번째 조건에 어긋난다. 따라서 거짓만을 말하고 있는 사람은 B이며, 이때 B는 경제학과에 다니는 여학생으로 가면파티에서 유령 가면을 쓸 것이다.

35

정답 ①

보라색 수건 2개를 만들기 위해서는 빨간색 수건과 파란색 수건이 각각 1개씩 더 필요하다. 흰색 수건으로 빨간색 수건이나 파란색 수건을 만들 수는 있지만, 가지고 있는 흰색 수건은 1개뿐이므로 빨간색 수건 또는 파란색 수건 1개만 더 만들 수 있다. 따라서 보라색 수건 2개는 만들 수 없다.

오답분석

② 먼저 흰색 수건과 노란색 수건을 함께 세탁하면 노란색 수건은 2개가 된다. 그중 노란색 수건 1개와 빨간색 수건을 함께 세탁하면 각각 주황색 수건과 빨간색 수건이 된다. 이 빨간색 수건을 검은색 수건과 함께 세탁하면 검은색 수건은 2개가 된다. 따라서 남은 파란색 수건 1개와 함께 주황색 1개, 노란색 1개, 검은색 2개의 수건을 갖게 된다.

③ 빨간색 수건과 노란색 수건을 함께 세탁하면 각각 빨간색 수건과 주황색 수건이 된다. 또한 흰색 수건과 파란색 수건을 함께 세탁하면 파란색 수건은 2개가 된다. 따라서 남은 검은색 수건 1개와 함께 빨간색 1개, 주황색 1개, 파란색 2개의 수건을 갖게 된다.

④ 파란색 수건과 노란색 수건을 함께 세탁하면 각각 파란색 수건과 초록색 수건이 된다. 이 파란색 수건을 빨간색 수건과 함께 세탁하면 모두 보라색 수건이 되므로 보라색 수건은 2개가 된다. 그중 보라색 수건 1개를 흰색 수건과 함께 세탁하면 보라색 수건은 총 3개가 된다. 따라서 남은 검은색 수건 1개와 함께 보라색 3개, 초록색 1개의 수건을 갖게 된다.

⑤ 파란색 수건과 노란색 수건을 함께 세탁하면 각각 파란색 수건과 초록색 수건이 된다. 이때, 파란색 수건을 검은색 수건과 함께 세탁하면 검은색 수건은 2개가 된다. 또한 빨간색 수건과 흰색 수건을 함께 세탁하면 빨간색 수건은 2개가 된다. 따라서 빨간색 2개, 초록색 1개, 검은색 2개의 수건을 갖게 된다.

36

먼저 청소 횟수가 가장 많은 C구역을 살펴보면, 청소를 한 구역은 바로 다음 영업일에는 청소를 하지 않는다고 하였으므로 일요일 전후인 월요일과 토요일은 청소를 하지 않는다. 따라서 C구역은 휴업일인 수요일을 제외하고 화요일, 목요일, 금요일에 청소가 가능하다. 그러나 목요일과 금요일에 연달아 청소를 할 수 없으므로 반드시 화요일에 청소를 해야 하며, 다음 영업일인 목요일에는 청소를 하지 않는다. 따라서 C구역 청소를 하는 요일은 일요일, 화요일, 금요일이다.

일	월	화	수	목	금	토
C		C	휴업		C	

다음으로 B구역을 살펴보면, B구역은 나머지 월요일, 목요일, 토요일에 청소가 가능하다. 그러나 B구역의 경우 청소를 한 후 이틀간 청소를 하지 않으므로 다음 청소일과의 사이가 이틀이 되지 않는 토요일에는 청소를 할 수 없다. 따라서 B구역 청소를 하는 요일은 월요일, 목요일이다.

일	월	화	수	목	금	토
C	B	C	휴업	B	C	

A구역은 남은 토요일에 청소하므로 甲레스토랑의 청소 일정표는 다음과 같다.

일	월	화	수	목	금	토
C	B	C	휴업	B	C	A

따라서 B구역 청소를 하는 요일은 월요일과 목요일이다.

37

캐롤 음원이용료가 최대 금액으로 산출되기 위해서는 11월 네 번째 목요일이 캐롤을 틀어 놓는 마지막 날인 크리스마스와 최대한 멀리 떨어져 있어야 한다. 따라서 11월 1일을 목요일로 가정하면 네 번째 목요일은 11월 22일이 되고, 이후 돌아오는 월요일은 11월 26일이 된다. 즉, ○○백화점은 11월 26일부터 12월 25일까지 캐롤을 틀어 놓는다. 그런데 이때 11월의 네 번째 수요일인 28일은 백화점 휴점일이므로 캐롤을 틀어 놓는 날에서 제외된다. 따라서 ○○백화점은 총 29일 동안 캐롤을 틀어 놓으며 $29 \times 20,000 = 58$만 원의 캐롤 음원이용료를 지불해야 한다.

38

사냥꾼의 전투능력은 4이고, 경찰은 질병이 있어 전투능력이 3으로 떨어지므로 전체의 전투능력은 7이다. 그런데 서쪽 통로에는 7마리의 좀비가 있으므로 탈출이 가능하다.

[오답분석]
① 폭파전문가는 부상 중이어서 전투능력이 2로 떨어지며, 무사의 전투능력은 8이므로 전체의 전투능력은 10이다. 그런데 동쪽 통로에는 11마리의 좀비가 있으므로 탈출이 불가능하다.
③ 사냥꾼의 전투능력은 4이고, 폭파전문가의 전투능력은 2이므로 전체의 전투능력은 6이다. 그런데 남쪽 통로에는 11마리의 좀비가 있으므로 탈출이 불가능하다.
④ 폭파전문가는 부상 중이어서 전투능력이 2로 떨어지며, 사냥꾼의 전투능력은 4이나 의사가 가진 전투력 강화제를 이용해 전투능력을 6으로 올릴 수 있다. 또한 의사의 전투능력은 2이므로 전체의 전투능력은 10이 되나, 남쪽 통로에는 11마리의 좀비가 있으므로 탈출이 불가능하다.
⑤ 경찰은 질병이 있어 전투능력이 3으로 떨어지며, 의사의 전투능력은 2이나 자신이 가진 전투력 강화제를 이용해 전투능력을 3으로 올릴 수 있으므로 전체의 전투능력은 6이 된다. 그런데 북쪽 통로에는 9마리의 좀비가 있으므로 탈출이 불가능하다.

39

폐가전은 폐기물 스티커를 부착하여 수거 전날 저녁 7시 ~ 수거 당일 새벽 3시에 배출하면 되므로 규정을 준수하였다.

오답분석

① 수거 전날 저녁 7시 ~ 수거 당일 새벽 3시에 배출해야 하는데, 일요일은 수거하지 않으므로 규정을 준수하지 않았다.
② 공동주택의 경우 음식물 쓰레기는 음식물 전용용기에 담아서 배출하여야 하므로 규정을 준수하지 않았다.
③ 캔은 2종 재활용 쓰레기이고 스티로폼은 별도로 묶어서 배출하여야 하므로 규정을 준수하지 않았다.
④ 페트병은 2종 재활용 쓰레기인데 2종은 뚜껑을 제거하고 내용물을 비운 후 배출하여야 하므로 규정을 준수하지 않았다.

40

확장형에 해당하며 일련번호가 '로'와만 결합되었으므로 옳은 도로명이다.

오답분석

①·③ 확장형에서 일련번호는 '로'와만 결합된다고 했으므로 옳지 않은 도로명이다.
④·⑤ 방위형에서 어휘는 '동, 서, 남, 북'으로만 한정되고 '골목'과만 결합되었다고 하였으므로 옳지 않은 도로명이다.

PART
2

최종점검 모의고사
정답 및 해설

최종점검 모의고사 정답 및 해설

01	02	03	04	05	06	07	08	09	10	11	12	13	14	15	16	17	18	19	20
③	④	③	⑤	④	③	④	①	③	②	②	④	③	⑤	⑤	④	⑤	②	③	④
21	22	23	24	25	26	27	28	29	30	31	32	33	34	35	36	37	38	39	40
②	④	⑤	③	④	②	②	②	③	③	④	⑤	③	②	①	⑤	①	②	⑤	④
41	42	43	44	45	46	47	48	49	50										
⑤	②	④	⑤	③	①	②	③	②	③										

01　　　　　　　　　　　　　　　　　　　　　　　　　정답 ③

제시문은 유의 관계이다.
'거드름'의 유의어는 '거만'이고, '삭임'의 유의어는 '소화'이다.

02　　　　　　　　　　　　　　　　　　　　　　　　　정답 ④

제시문은 사물과 용도의 관계이다.
'전화기'는 '통화'하는 데 쓰이고, '침대'는 '수면'하는 데 쓰인다.

03　　　　　　　　　　　　　　　　　　　　　　　　　정답 ③

제시문은 사물과 상징 관계이다.
'하트'는 '사랑'을 상징하고, '네잎클로버'는 '행운'을 상징한다.

04　　　　　　　　　　　　　　　　　　　　　　　　　정답 ⑤

제시문은 유의 관계이다.
'희망'의 유의어는 '염원'이고, '이바지'의 유의어는 '공헌'이다.

05　　　　　　　　　　　　　　　　　　　　　　　　　정답 ④

제시문은 상하 관계이다.
'새'는 '매'의 상위어이고, '꽃'은 '개나리'의 상위어이다.

06　　　　　　　　　　　　　　　　　　　　　　　　　정답 ③

첫 번째 명제의 대우는 '세계 평화가 오지 않았다면 전쟁이 없어지지 않은 것이다.'이므로, 빈칸에 '전쟁이 없어지지 않으면 냉전체제가 계속된다.'가 들어가야 삼단 논법에 따라 세 번째 명제가 결론이 된다.

07

정답 ④

'경찰에 잡히지 않음 → 도둑질을 하지 않음, 감옥에 가지 않음 → 도둑질을 하지 않음'에서 주어진 명제가 성립하려면 '감옥에 안 가면 경찰에 잡히지 않은 것이다.'라는 명제가 필요하다.

따라서 이 명제의 대우 명제인 '경찰에 잡히면 감옥에 간다.'가 적절하다.

08

정답 ①

'병원을 가지 않음 → 사고가 나지 않음, 무단횡단을 함 → 병원에 감'에서 주어진 명제가 성립하려면 '무단횡단을 하면 사고가 난다.'라는 명제가 필요하다.

따라서 이 명제의 대우 명제인 '사고가 나지 않으면 무단횡단을 하지 않은 것이다.'가 적절하다.

09

정답 ③

가장 큰 B종 공룡보다 A종 공룡은 모두 크다. 일부의 C종 공룡은 가장 큰 B종 공룡보다 작다. 그러므로 일부의 C종 공룡보다 A종 공룡보다 작다.

10

정답 ②

어떤 꽃은 향기롭고, 향기로운 꽃은 주위에 나비가 많고, 나비가 많은 꽃은 아카시아이다. 따라서 '어떤 꽃은 아카시아이다.'가 성립한다.

11

정답 ②

주어진 명제를 통해 '세경이는 전자공학과 패션디자인을 모두 전공하며, 원영이는 사회학만 전공한다.'를 유추할 수 있다.

12

정답 ④

C사원과 E사원의 근무 연수를 정확히 알 수 없으므로 근무 연수가 높은 순서대로 나열하면 'B−A−C−E−D' 또는 'B−A−E−C−D'가 된다.

따라서 근무 연수가 가장 높은 B사원의 경우 주어진 조건에 따라 최대 근무 연수인 4년 차에 해당한다.

13

정답 ③

제시문에 따라 A∼E의 시험 결과를 정리하면 다음과 같다.

구분	맞힌 문제의 수	틀린 문제의 수
A	19개	1개
B	10개	10개
C	20개	0개
D	9개 이하	11개 이상
E	16개 이상 19개 이하	1개 이상 4개 이하

따라서 B는 D보다 많은 문제의 답을 맞혔지만, E보다는 적게 답을 맞혔다.

14

한 사람이 거짓이므로 서로 상반된 주장을 하고 있는 박과장과 이부장의 말을 비교해본다.
ⅰ) 박과장이 거짓일 경우 : 김대리와 이부장이 참이므로 이부장은 가장 왼쪽에, 김대리는 가장 오른쪽에 위치하게 된다. 이 경우 김대리가 자신의 옆에 있다는 박과장의 주장이 참이 되므로 모순이 된다.
ⅱ) 이부장이 거짓일 경우 : 김대리와 박과장이 참이므로 이부장은 가장 왼쪽에 위치하고, 이부장이 거짓 이므로 김대리는 가운데, 박과장은 가장 오른쪽에 위치하게 된다. 이 경우 이부장의 옆에 주차하지 않았으며 김대리 옆에 주차했다는 박과장의 주장과도 일치한다.
따라서 주차장에 주차된 순서는 이부장 – 김대리 – 박과장 순서가 된다.

15

먼저 거짓말은 한 사람만 하는데 진희와 희정의 말이 서로 다르므로, 둘 중 한 명이 거짓말을 하고 있음을 알 수 있다. 이때, 반드시 진실인 아름의 말에 따라 진희의 말은 진실이 되므로 결국 희정이가 거짓말을 하고 있음을 알 수 있다.
따라서 영화관에 아름 – 진희 – 민지 – 희정 – 세영 순서로 도착하였으므로, 가장 마지막으로 영화관에 도착한 사람은 세영이다.

16

5의 제곱수(5^0, 5^1, 5^2, 5^3, 5^4, 5^5 …)를 계속 더하는 수열이다.
따라서 (   )=$38+5^3$=$38+125$=163이다.

17

'(앞의 항)–(앞항 각 자리 숫자를 더한 값)=(뒤의 항)'인 수열이다.
따라서 (   )=$36-(3+6)$=27이다.

18

예비심사는 필요시에 시행한다.

오답분석

① 3월에 나는 공고는 1차이므로, 접수 기간인 4월 1일까지 접수를 해야 한다.
③ 지원대상 선정은 4월과 8월, 사업수행 협약 체결도 4월과 8월로 같다.
④ 사업 수행 단계에서 방송광고 제작 계약서는 협약 후 45일 이내에 제출하여야 하며 사업 수행 완료 후 기금 지원 신청 단계에서 '완성된 방송광고물'이 필요하므로 협약 후 3개월 이내에 방송광고물을 완성해야 하는 것을 알 수 있다.
⑤ 이노비즈 등 인증 중소기업으로 접수 마감일 기준 최근 1년 이내 지상파(전국) 또는 종합편성방송사에 방송광고 집행 실적이 없는 기업을 통해 알 수 있다.

19

B안의 가중치는 전문성인데 자원봉사제도는 (–)이므로 적절하지 않은 판단이다.

오답분석

① 전문성 면에서는 유급법률구조제도가 (+), 자원봉사제도가 (–)이므로 옳은 설명이다.
② A안에 가중치를 적용할 경우 접근용이성과 전문성에 가중치를 적용하므로 두 정책목표 모두에서 (+)를 보이는 유급법률구조제도가 가장 적절하다.
④ B안에 가중치를 적용할 경우 전문성에 가중치를 적용하므로 (+)를 보이는 유급법률구조제도가 가장 적절하며, A안에 가중치를 적용해도 ②에 의해 유급법률구조제도가 가장 적절하다. 따라서 어떤 것을 적용하더라도 결과는 같다.
⑤ 비용저렴성을 달성하려면 (+)를 보이는 자원봉사제도가 가장 유리하다.

20

예산이 가장 많이 드는 B사업과 E사업은 사업기간이 3년이므로 최소 1년은 겹쳐야 한다는 것을 기반으로 표를 구성할 수 있다.

사업명 \ 연도 / 예산	1년 20조 원	2년 24조 원	3년 28.8조 원	4년 34.5조 원	5년 41.5조 원
A		1조 원	4조 원		
B		15조 원	18조 원	21조 원	
C					15조 원
D	15조 원	8조 원			
E			6조 원	12조 원	24조 원
실질사용 예산합	15조 원	24조 원	28조 원	33조 원	39조 원

따라서 D사업을 첫해에 시작한다.

21

정답 ②

제시문의 내용을 기호화하면 다음과 같다.
ⅰ) A정책이 효과적 → (부동산 수요 조절 ∨ 부동산 공급 조절)
ⅱ) 부동산 가격의 적정 수준 조절 → A정책이 효과적
ⅲ) [부동산 가격의 적정 수준 조절 ∧ 물가 상승(×)] → 서민의 삶 개선
ⅳ) 부동산 가격의 적정 수준 조절
ⅴ) 물가 상승 → [부동산 수요 조절(×) ∧ 서민의 삶 개선(×)]
ⅵ) 물가 상승
따라서 ⅱ)와 ⅳ)를 결합하면 A정책이 효과적이라는 것을 알 수 있으며, 이를 ⅰ)에 대입하면 부동산 수요가 조절되거나 부동산 공급이 조절된다는 것을 추론할 수 있다. 하지만 ⅴ)와 ⅵ)을 결합하면 부동산 수요가 조절되지 않는다는 것을 알 수 있으므로 결론적으로 '부동산 공급만 조절된다.'만이 반드시 참이다.

오답분석
① ⅴ)와 ⅵ)을 결합하면 서민의 삶은 개선되지 않으므로 반드시 거짓이다.
③ ⅱ)에서 A정책이 효과적이라는 것을 알 수 있었는데, 이미 ⅵ)에서 물가가 상승한다는 것이 고정적인 조건으로 주어진 상태이므로 반드시 거짓이다.
④ ⅱ)에서 A정책이 효과적이라는 것을 알 수 있었는데, ⅴ)와 ⅵ)을 통해 부동산 수요가 조절되지 않는다는 것을 알 수 있으므로 반드시 거짓이다.
⑤ ⅱ)에서 A정책이 효과적이라는 것을 알 수 있었는데, 이미 ⅳ)에서 부동산 가격이 적정 수준으로 조절되고 있음을 알 수 있으므로 반드시 거짓이다.

22

정답 ④

제시된 정보를 기호화하면 다음과 같다.
ⅰ) [A(×) ∨ D(×)] → [C ∧ E(×)]
ⅰ)의 대우 [C(×) ∨ E] → (A ∧ D)
ⅱ) B(×) → [A ∧ D(×)]
ⅱ)의 대우 [A(×) ∨ D] → B
ⅲ) D(×) → C(×)
ⅲ)의 대우 C → D
ⅳ) E(×) → B(×)
ⅳ)의 대우 B → E
먼저 ⅰ)의 대우와 ⅲ)의 대우를 결합하면 D는 무조건 찬성함을 알 수 있으며, 이를 ⅱ)의 대우에 대입하면 B도 찬성함을 알 수 있다. 그리고 이를 ⅳ)의 대우에 대입하면 E도 찬성함을 알 수 있으며 계속해서 이를 ⅰ)의 대우에 개입하면 A도 찬성함을 알 수 있다. 따라서 A, B, D, E가 찬성하며, 마지막 조건에서 적어도 한 사람이 반대한다고 하였으므로 C는 반대한다는 것을 알 수 있다. 이 결과를 선택지에서 찾아보면 ④만 옳은 내용이다.

23

세 명 모두가 한 명씩의 성명을 올바르게 기억하고 있는 것이므로 옳은 내용이다.

오답분석
① 이 경우는 혜민과 서현이 모든 사람의 성명을 올바르게 기억하지 못한 것이 되므로 옳지 않다.
② 이 경우는 혜민과 민준이 모든 사람의 성명을 올바르게 기억하지 못한 것이 되므로 옳지 않다.
③ 이 경우는 민준이 두 명의 성명을 올바르게 기억하고 있는 것이 되므로 옳지 않다.
④ 이 경우는 민준이 모든 사람의 성명을 올바르게 기억하지 못한 것이 되므로 옳지 않다.

24

정답 ③

주어진 조건을 토대로 가능한 상황을 정리해보면 다음과 같다.

구분	A	B	C	D
첫 해	장미	진달래	튤립	×
둘째 해	진달래	장미	×	나팔꽃 or 백합
셋째 해(1)	장미	×	튤립, (나팔꽃 or 백합)	
셋째 해(2)	×	진달래		

25

정답 ④

먼저 마지막 조건에서 A정책과 D정책 사이에 다른 정책 하나를 두면 두 정책의 효과가 두 배가 된다고 하였으므로 A – ( ) – D 또는 D – ( ) – A의 경우가 가능하나, 두 번째 조건에서 D정책이 A정책 전에 실시될 경우 D정책의 효과가 0이 된다고 하였으므로 A – ( ) – D의 경우만 가능함을 알 수 있다. 다음으로 세 번째 조건에서 A정책과 B정책을 바로 이어서 실시하면 A정책과 B정책의 비용이 두 배가 된다고 하였으므로 A – ( ) – D – B가 가능함을 알 수 있으며, 남은 C를 ( )안에 집어넣어 A – C – D – B의 순서를 끌어낼 수 있다. 여기서 중요한 것은 세 번째 조건의 효과는 비용이 두 배가 된다는 것이지만, 네 번째 조건은 효과가 절반으로 줄어든다는 것이어서 세 번째 조건이 더 안 좋은 결과를 가져온다는 것이다. 따라서 둘 다 바람직하지 않은 상황이지만 그중에서 더 안 좋은 결과를 가져오는 세 번째 조건을 먼저 배제해야 한다.

26

제시된 조건에 따르면, 1층에는 남성인 주임을 배정해야 하므로 C주임이 배정된다. 그러면 3층에 배정 가능한 직원은 남성인 B사원 또는 E대리이다.
먼저 3층에 B사원을 배정하는 경우, 5층에는 A사원이 배정된다. 그리고 D주임은 2층에, E대리는 이보다 위층인 4층에 배정된다.
다음으로 3층에 E대리를 배정하는 경우, 5층에 A사원이 배정되면 4층에 B사원이 배정되고, 5층에 B사원이 배정되면 4층에 A사원이 배정된다. 그리고 D주임은 항상 E대리보다 아래층인 2층에 배정된다. 이를 정리하면 다음과 같다.

층수	경우 1	경우 2	경우 3
5층	A사원	A사원	B사원
4층	E대리	B사원	A사원
3층	B사원	E대리	E대리
2층	D주임	D주임	D주임
1층	C주임	C주임	C주임

따라서 5층에 A사원이 배정되더라도, 4층에는 B사원이 아닌 E대리가 배정될 수도 있다.

오답분석
① D주임은 항상 2층에 배정된다.
③・⑤ 5층에 B사원이 배정되면 3층에는 E대리, 4층에는 A사원이 배정된다.
④ C주임은 항상 1층에 배정된다.

27

8월 16일에 신청한 경우 9월 1일에 신청한 것으로 간주하므로 6일까지 시장의 승인이 있어야 하며, 관련기관의 정비는 13일에 완료, 정비결과는 16일까지 시장에게 보고되어야 한다.

오답분석

① 홀수달 1일에 하지 않은 신청은 그 다음 홀수달 1일 신청한 것으로 간주하므로 7월 2일에 정류소 명칭 변경을 신청한 경우 9월 6일까지는 승인 여부를 결정해야 한다.

③ 아파트 명칭은 4순위에 해당하며, 서점 등 기타의 명칭은 5순위이므로 '가나3단지아파트 · 가나서점'으로 변경해야 한다.

④ 전체 글자 수는 15자 이내로 제한하므로 '다라중학교 · 다라동1차아파트'(13자)는 명칭 부여기준에 적합하다.

⑤ 글자 수는 15자 이내이지만 명칭 수를 2개 이내로 제한한다는 규정이 있으므로 올바르지 않은 명칭이다.

28

ㄱ. E시에서 홀수일에는 차량번호가 홀수로 끝나는 차량의 운행이 제한되므로 1234인 차량은 운행 가능하다.

ㄹ. D시에서 토요일에는 차량 운행에 제한이 없으며, E, F시에서는 홀수일에 차량번호가 홀수로 끝나는 차량의 운행이 제한되므로 9790인 차량이 운행 가능하다. 따라서 D시에서 F시로 이동할 수 있다.

오답분석

ㄴ. A시에서 짝수일에는 차량번호가 짝수로 끝나는 차량의 운행이 제한되므로 5639인 차량은 운행 가능하다. 하지만, D시의 경우 목요일에는 차량번호가 4 또는 9로 끝나는 차량의 운행이 제한되므로 5639인 차량은 운행이 불가능하다.

ㄷ. A시와 H시는 제한 대상에 있어서 서로 역의 관계에 있으므로 동일한 날에 두 도시를 동시에 방문하는 것은 불가능하다.

29

조건에 의해서 각 팀이 새로운 과제를 3, 2, 1, 1, 1개로 나눠서 맡아야 한다. 기존에 수행하던 과제를 포함해서 한 팀이 맡을 수 있는 과제는 최대 4개라는 점을 고려하면 다음과 같은 경우가 나온다.

구분	기존 과제 수	새로운 과제 수		
(가)팀	0	3	3	2
(나)팀	1	1	1	3
(다)팀	2	2	1	1
(라)팀	2	1	2	1
(마)팀	3	1		

ㄱ. a는 새로운 과제 2개를 맡는 팀이 수행하므로 (나)팀이 맡을 수 없다.

ㄷ. 기존에 수행하던 과제를 포함해서 2개 과제를 맡을 수 있는 팀은 기존 과제 수가 0개이거나 1개인 (가)팀과 (나)팀인데 위의 세 경우 모두 2개 과제를 맡는 팀이 반드시 있다.

오답분석

ㄴ. f는 새로운 과제 1개를 맡는 팀이 수행하므로 (가)팀이 맡을 수 없다.

30

첫 번째 조건을 통해 비밀번호를 구성하고 있는 숫자는 0, 1, 4, 6, 8, 9 중 4개임을 알 수 있으며, 두 번째 조건을 통해 이 숫자들을 0, 1, 4, (6 or 8), 9로 다시 정리할 수 있다. 그런데 세 번째 조건에서 비밀번호는 짝수로 시작한다고 하였고, 네 번째 조건에서 큰 수부터 차례로 나열했다고 하였으므로 9는 포함되지 않는다는 것을 알 수 있다. 따라서 가능한 비밀번호는 8410과 6410이다. 8410과 6410 두 개의 번호가 조건을 만족시킨다고 하였으므로 옳지 않은 내용이다.

오답분석

① 8410과 6410 모두 짝수이므로 옳은 내용이다.

② 두 숫자 모두 두 번째 숫자가 4이므로 옳은 내용이다.

④ 8410과 6410 모두 1은 포함하지만 9는 포함하지 않으므로 옳은 내용이다.

⑤ 8410과 6410 중 작은 수는 6410이므로 옳은 내용이다.

31

제시된 정보들을 조건식으로 나타내면 다음과 같다.

ⅰ) A(○) ∧ B(○) ∧ C(○) → D(○) ∨ E(○)

ⅱ) C(○) ∧ D(○) → F(○)

ⅲ) E(×)

ⅳ) F(○) ∨ G(○) → C(○) ∧ E(○)

ⅴ) H(○) → F(×) ∧ G(×)

먼저, 확정된 조건(E는 참석하지 않는다)을 시작으로 이 조건식들을 풀이해 보자. 이를 위해 네 번째 조건식을 대우로 변환하면 (C× ∨ E×) → (F× ∧ G×)가 되는데, 이 대우명제와 E×를 결합하면 F와 G가 참석하지 않는다는 중간결론을 얻게 된다. 또한, 두 번째 조건식을 대우로 변환하면 F× → (C× ∨ D×)가 되는데 앞에서 F가 참석하지 않는다고 하였으므로 C 또는 D가 불참한다는 또 하나의 결론을 얻게 된다. 따라서, 최종적으로 E와 F, G는 불참이 확정되었고 C와 D중에서는 최소 1명 최대 2명이 불참한다는 것을 알 수 있으므로, 대책회의에 최대로 많은 전문가가 참석하기 위해서는 C와 D중 한 명만이 불참해야 한다. 결론적으로 참석하는 전문가는 A, B, (C 혹은 D), H의 최대 4명이 됨을 알 수 있다.

32

9874126은 자료를 모두 충족하고 있으므로 숫자코드로 적절하다.

오답분석

① 시작점을 포함하여 3개의 점만 거치게 되므로 숫자코드가 될 수 없다.

② 595의 경우는 한번 그은 직선 위에 또 다른 직선을 겹쳐서 그어야 하므로 숫자코드가 될 수 없다.

③ 시작점과 끝점이 5로 동일하므로 숫자코드가 될 수 없다.

④ 6에서 4로 이동하기 위해서는 중간에 5를 거쳐야 하는데 642987에는 5가 누락되어 있다. 따라서 숫자코드가 될 수 없다.

33

C구단은 전년 3위, 금년 2위로 A구단과 마찬가지로 추첨표를 받지 못한다. 따라서 옳지 않은 내용이다.

오답분석

① A구단은 전년과 금년 모두 1위를 차지하여 1 ~ 3순위 신인선발권 추첨표를 받지 못한다. 하지만 4순위 신인선발권 추첨에는 3개팀이 참여하게 되므로 이때의 확률은 1/3이다. 따라서 옳은 내용이다.

② B구단이 받은 추첨표는 3장(금년 4위)이고, D구단이 받은 추첨표도 3장(전년 4위, 금년 3위)이므로 옳은 내용이다.

④ 전체 추첨표 20장 중 E구단이 가졌던 7장이 제거되면 2순위 신인 선발권 추첨 시 남은 추첨표는 13장이며, 그 중 F구단의 추첨표가 7장이므로 F구단이 2순위 신인선발권을 얻을 확률은 약 54%(≒ 7÷13×100)이다. 따라서 옳은 내용이다.

⑤ 1 ~ 3순위 추첨에서 B구단, D구단, (E와 F 중 한 구단)이 당첨된다면 4 ~ 6순위 추첨은 A구단, C구단, (E와 F 중 한 구단)이 참여한 상황에서 진행되게 된다. 따라서 E구단이나 F구단은 6순위 신인선발권을 얻을 가능성이 있다. 따라서 옳은 내용이다.

34

먼저 톤당 수송비가 가장 적은 경우인 부산보관소에서 A도시로 140톤의 정부미를 방출한 이후의 상황은 다음과 같다.

도시	수요량	보관소	공급량
A도시	0	서울보관소	120
B도시	300	대전보관소	200
C도시	60	부산보관소	40

그 다음으로 톤당 수송비가 적은 경우인 서울보관소에서 C도시로 60톤의 정부미를 방출한 이후의 상황은 다음과 같다.

38 · KBS 직무적성평가

도시	수요량	보관소	공급량
A도시	0	서울보관소	60
B도시	300	대전보관소	200
C도시	0	부산보관소	40

이제 3곳의 보관소에 남아있는 정부미가 300톤이고 B도시의 수요량이 300톤이므로 각 보관소에 남아있는 정부미를 모두 B도시로 방출하면 공급 절차가 마무리 된다.

35

정답 ①

주어진 자료를 표로 정리하면 다음과 같다. 단, 편의상 간격은 년 혹은 년. 개월로 표기한다.

구분	태어난 때	간격 1	들어간 때	간격 2	해동된 때	간격 3
갑	2086	19년	2105	8년	2113	7년
을	2075	26년	2101	18년 4개월	2119.4	1년 5개월
병	2083.5.17	20년 10개월	2014.3.17	16년 5개월	2120.8.31	1주일

ㄱ. 위의 표에서 냉동되어 있던 기간은 간격 2에 해당하며 이에 따르면 세 사람이 냉동되어 있던 기간은 모두 다르다.

오답분석

ㄴ. 조건에서 냉동되어 있던 기간은 나이에 산입되지 않는다고 하였으므로 대화시점의 나이는 간격 1과 간격 3을 더한 것이 된다. 따라서 갑은 26살임에 반해, 병은 21살이 되지 않은 상태이므로 갑이 병보다 나이가 많다.

ㄷ. 위의 표에 따르면 가장 먼저 냉동캡슐에 들어간 사람은 을(2101년)이다. 따라서 옳지 않다.

36

정답 ⑤

먼저 A와 B를 구성하는 숫자들의 곱과 합을 구해보면 다음과 같다.

구분	99	★	2703	81	★	3325	32	★	8624
곱	81		42	8		90	6		384
합	18		12	9		13	5		20

ⅰ) 갑(두 번째 사건 목격자), 을 – 병(첫 번째 사건 목격자)인 경우

을의 진술에 부합하는 것은 81★3325, 32★8624이고, 병의 진술에 부합하는 것은 99★2703, 81★3325이므로 둘 모두에 공통적으로 해당하는 81★3325가 첫 번째 사건의 가해차량 번호임을 알 수 있다. 그런데 81★3325는 갑의 진술과도 부합하여 '첫 번째 사건의 가해차량 번호는 두 번째 사건의 목격자 진술에 부합하지 않는다'는 조건에 위배된다.

ⅱ) 을(두 번째 사건 목격자), 갑 – 병(첫 번째 사건 목격자)인 경우

갑의 진술에 부합하는 것은 81★3325, 32★8624이고, 병의 진술에 부합하는 것은 99★2703, 81★3325이므로 둘 모두에 공통적으로 해당하는 81★3325가 첫 번째 사건의 가해차량 번호임을 알 수 있다. 그런데 81★3325는 을의 진술과도 부합하여 조건에 위배된다.

ⅲ) 병(두 번째 사건 목격자), 갑 – 을(첫 번째 사건 목격자)인 경우

갑과 을의 진술에 부합하는 것은 81★3325, 32★8624이므로 첫 번째 사건의 가해차량 번호는 이 둘 중 하나임을 알 수 있다. 그런데 81★3325는 병의 진술과도 부합하므로 조건에 위배되며, 32★8624만이 병의 진술에 부합하지 않는다.

따라서 32★8624가 첫 번째 사건의 가해차량 번호이며, 첫 번째 사건의 목격자는 갑과 을, 두 번째 사건의 목격자는 병임을 알 수 있다.

37

정답 ①

제시된 문제는 각각의 일과를 수행할 수 있는지를 살펴보는 것보다 해당 일과가 포함될 경우 남은 시간으로 다른 일과들을 수행할 수 있는지를 살펴보는 것이 편리하다. 이에 따르면 '세수'(4분)를 포함시킬 경우 남은 시간은 21분인데 다른 일과에 소요되는 시간들 (10, 8, 7, 5, 15, 2)의 조합으로는 21을 만들어낼 수 없다. 여기서 머리 감기(3분)과 머리 말리기(5분)은 항상 같이 진행해야 하므로 둘의 합인 8분으로 판단해야 한다.

38

정답 ②

먼저 36개의 로봇을 6개조로 나누어 경기를 진행하면 총 6경기(1 ~ 6경기)가 진행되는데, 각 조별로 3위 이하를 차지한 로봇들은 전체 로봇의 순위에서도 3위 이하를 차지할 수밖에 없다. 따라서 이들은 이후에도 고려할 필요가 없다. 다음으로 각 조별로 1위를 차지한 6개의 로봇이 참여하는 경기(7경기)를 진행하여 1위와 2위를 결정한다. 마지막으로 7경기의 1위를 차지한 로봇이 원래 속해있던 조의 2위와 7경기의 2위와의 경기, 총 8경기를 진행하게 되면 가장 빠른 로봇 1위와 2위를 결정할 수 있게 된다.

39

정답 ⑤

규칙에 맞추어 음과 악기의 지점을 연결하면 다음과 같다.

㉮	㉯	㉰	㉱	㉲	㉳	㉴	㉵	㉶	㉷	㉸
A	A#	B	C	C#	D	D#	E	F	F#	G

따라서 ㉵에 해당하는 음은 E이고, 보기에 E는 4회 나오므로 ㉵도 4회 눌러야 한다.

40

정답 ④

주어진 조건을 살펴보면 명확하게 고정되는 경우는 A의 왼편에 앉은 사람이 파란 모자를 쓰고 있다는 것과 C의 맞은편에 앉은 사람이 빨간 모자를 쓰고 있다는 것이다. 따라서 이 두 조건을 먼저 표시하면 다음의 두 가지의 경우로 나누어 볼 수 있다.

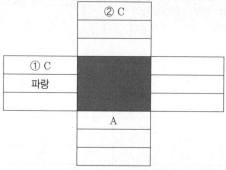

먼저 C가 A의 왼쪽에 앉게 되는 경우를 살펴보면 이는 다시 B와 D가 어디에 앉느냐에 따라 다음의 ⅰ)과 ⅱ) 두가지로 나누어 볼 수 있으며 각각에 대해 살펴보면 다음과 같다.

ⅰ)

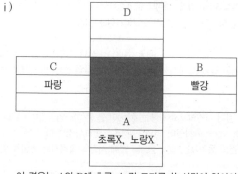

이 경우는 A와 D에 초록, 노랑 모자를 쓴 사람이 앉아야 하지만 A는 이 둘 모두에 해당하지 않는다는 모순된 결과가 나온다. 따라서 성립하지 않는 경우이다.

ii)

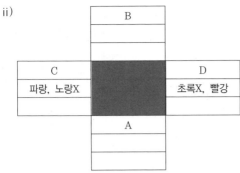

이 경우는 A와 B에 노랑과 초록 모자를 쓴 사람이 앉아야 한다. 그런데 A와 B는 여자라는 조건과 노란 모자와 초록 모자 중 한 명만 여자라는 조건은 서로 모순되는 상황이다. 따라서 이 역시 성립하지 않는다.

다음으로 C가 A의 맞은 편에 앉는 경우를 생각해보면, 역시 다음의 iii)과 iv) 두 가지의 경우로 나누어 볼 수 있다.

iii)

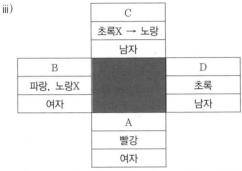

이 경우는 노란 모자와 초록 모자(C와 D) 중 한 명은 남자, 나머지 한 명은 여자라는 조건에 위배되므로 성립하지 않는다.

iv)

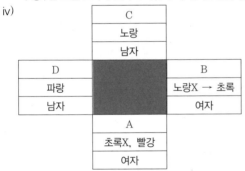

마지막으로 이 경우는 주어진 조건을 모두 만족하고 있는 상황이다. 따라서 초록 모자를 쓰고 있는 사람은 B이고, A입장에서 왼편에 앉은 사람은 D이다.

41

정답 ⑤

각국을 합병할 수 있는 가능성을 정리하면 다음과 같다.
- B국 : (A국+C국+D국) vs (B국+F국)의 경우가 가능하므로 합병할 수 없다.
- C국 : (A국+B국+D국)이 연합하면 C국은 연합할 수 있는 국가가 없으므로 합병이 가능하다.
- D국 : A국이 F국과 연합하면 D국을 침공할 수 없고, 남은 B국과 C국은 서로 적대관계이므로 (A국+B국+C국)의 연합이 불가능하다. 따라서 합병할 수 없다.
- F국 : (A국+B국+D국)이 연합하면 F국은 연합할 수 있는 국가가 없으므로 합병이 가능하다.

따라서 A국이 합병할 수 있는 나라는 C국과 F국이다.

42

정답 ②

먼저 문제에서 E가 참석할 수 없다고 하였고 조건 2에서 D 또는 E는 반드시 참석해야 해야 한다고 하였으므로 D는 반드시 참석한다는 것을 알 수 있다.

다음으로 조건 1에서 A와 B가 함께 참석할 수는 없지만 둘 중 한 명은 반드시 참석해야 한다고 하였으므로 (A, D)와 (B, D)의 조합이 가능함을 알 수 있다. 그리고 조건 3을 대우명제로 바꾸면 'D가 참석한다면 C도 참석한다.'가 되므로 (A, D, C)와 (B, D, C)의 조합이 가능함을 알 수 있다.

그런데 마지막 조건 4에서 B가 참석하지 않으면 F도 참석하지 못한다고 하였으므로 (A, D, C)의 조합은 가능하지 않다는 것을 알 수 있다(4명의 직원으로 팀을 구성해야 하기 때문). 따라서 가능한 팀의 조합은 (B, D, C, F)의 1개라는 것을 알 수 있다.

43

정답 ④

기본적으로 선택지의 구성이 '~방법이 있다.'라고 되어 있으므로 각 절차별로 최소의 시간을 대입하여 가능한지의 여부를 따져보면 된다. 또한, 각 발표마다 토론시간이 10분으로 동일하게 주어지므로 발표시간을 50분 혹은 60분으로 놓고 계산하는 것이 좋다. 마지막으로 오전 9시부터 늦어도 정오까지 마쳐야 한다고 하였으므로 가용 시간은 총 180분이다.

발표를 3회 가지고 각 발표를 50분으로 한다면, 발표에 부가되는 토론 10분씩을 더해 총 180분이 소요되어 전체 가용 가능시간을 채우게 된다. 그러나 개회사를 최소 10분간 진행해야 하므로 결국 주어진 시간 내에 포럼을 마칠 수 없게 된다.

[오답분석]
① 발표를 2회 계획한다면 최소 50분씩(이하에서는 선택지에서 별다른 조건이 주어지지 않으면 최소시간인 발표에 소요되는 시간 40분, 토론 10분을 더한 50분으로 상정한다) 도합 100분이 소요되며 휴식 2회에 소요되는 시간이 40분이므로 140분이 소요된다. 여기에 개회사의 최소시간인 10분을 더하면 가능한 최소시간은 총 150분이기 때문에 180분에 미치지 못한다. 따라서 가능한 조합이다.
② 발표를 2회 계획한다면 위에서 살펴본 바와 같이 100분이 소요되며 개회사를 10분간 진행한다고 하면 총 110분이 소요된다. 여기에 휴식은 생략 가능하므로 10시 50분에 포럼을 마칠 수 있다.
③ 발표를 3회 계획한다면 총 150분이 소요되며 개회사를 10분 진행하면 총 160분이 소요된다. 여기에 휴식을 1회 가진다면 포럼 전체에 소요되는 시간은 총 180분이어서 정확히 정오에 마칠 수 있다.
⑤ 휴식을 2회 가지면서 소요시간을 최소화하려면 '개회사 - 휴식1 - 발표1, 토론1 - 휴식2 - 발표2 - 토론2'의 과정을 거쳐야 한다(단, 휴식은 발표와 토론 사이에 위치해도 무방하다). 여기서 발표와 토론을 두 번 진행한다면 100분이 소요되며, 휴식 2회를 포함하면 총 140분이 소요된다. 선택지에서 개회사를 20분으로 한다고 하였으므로 총 소요되는 시간은 160분으로 가용 시간 내에 종료가능하다.

44

정답 ⑤

ⅰ) 먼저 대상 기관이 5개이므로 정성평가의 선정비율에 이를 반영하면 '상'에는 1개, '중'에는 3개, '하'에는 1개 기관이 할당됨을 알 수 있다. 이제 주어진 상황 중 훼손된 부분인 정성평가 부분만을 따로 떼어내어 살펴보자.
ⅱ) A가 20점을 얻었다는 것은 각 분야별로 B와 C가 1개 기관씩만 할당되어 있는 '상'을 모두 A가 가져갔다는 것을 의미한다. 그리고 B와 C가 11점을 얻었다는 것은 배점의 분포상 각 분야별로 모두 '중'을 가져갔다는 것을 의미한다. 따라서 남은 자리는 각 분야별로 '중' 1개, '하' 1개라는 것을 알 수 있다.
ⅲ) 그렇다면 D와 E가 얻을 수 있는 경우의 수는 '중중(11) / 하하(4)', '중하(7) / 하중(8)', '하중(8) / 중하(7)', '하하(4) / 중중(11)'의 4가지로 정리할 수 있으며 이를 반영하면 다음과 같은 평가표를 작성할 수 있다.

평가기관	정량평가	정성평가				최종점수			
A	71	21				91			
B	80	11				91			
C	69	11				80			
D	74	11	7	8	4	85	81	82	78
E	66	4	8	7	11	70	74	73	77

위의 표에서 보듯, E기관은 어떤 경우든 모두 5위를 차지하므로 옳은 내용이다.

① · ② A와 B가 91점으로 같지만, 최종점수가 동점일 경우에는 정성평가 점수가 높은 순서대로 순위를 결정하므로 A는 어떤 경우이든 1위를 차지하며, B는 2위를 차지한다.
③ · ④ 위의 표에서 보듯, D기관이 80점 이상을 얻는 경우가 3가지나 존재하므로 이 경우에 해당한다면 D가 3위, C는 4위를 차지하게 된다. 따라서 옳지 않다.

45

먼저, 각 테이블의 메뉴구성을 살펴보면 전체 메뉴는 5가지이며 각 2그릇씩 주문이 되었다는 것을 알 수 있다. 즉, 1번부터 5번까지의 주문 총액을 2로 나누어주면 전체 메뉴의 총합을 알 수 있다는 것이다. 실제로 구해보면 테이블 1 ~ 5까지의 총합은 90,000원이며 이것을 2로 나눈 45,000원이 전체 메뉴의 총합이 됨을 알 수 있다.
여기서 테이블 1부터 3까지만 따로 떼어놓고 본다면 다른 것은 모두 1그릇씩이지만 짜장면만 2그릇이 됨을 알 수 있다. 이를 돌려 생각하면 테이블 1 ~ 3까지의 총합(=51,000원)과 45,000원의 차이가 바로 짜장면 1그릇의 가격이 된다는 것이다. 따라서 짜장면 1그릇의 가격은 6,000원임을 알 수 있다.

46

ⅰ) 먼저 편도 총비행시간이 8시간 이내이면서 직항 노선이 있는 곳을 살펴보면 두바이, 모스크바, 홍콩으로 후보군을 압축할 수 있다.
ⅱ) 다음으로 연가가 하루밖에 남지 않은 상황에서 최대한 길게 휴가를 다녀오기 위해서는 화요일 혹은 목요일 중 하루를 연가로 사용해야 하는데 어떤 경우이든 5일의 연휴가 가능하게 된다. 따라서 세훈은 두바이(4박 5일), 모스크바(6박 8일), 홍콩(3박 4일) 중 모스크바는 연휴 기간을 넘어서므로 제외하고 두바이와 홍콩 중 여행 기간이 더 긴 두바이로 여행을 다녀올 것이다.

47

주어진 상황에서 제시된 갑의 유언을 그림으로 나타내면 다음과 같다.

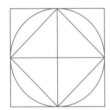

여기서 갑의 땅은 가장 바깥의 정사각형으로 나타낼 수 있는데 이 정사각형은 가로와 세로가 각각 100m이므로 갑소유의 땅의 면적은 10,000m²임을 알 수 있다. 그런데 이 정사각형은 밑변 50m, 높이 50m인 삼각형 8개로 나눌 수 있으며, 안쪽의 사각형은 이 삼각형 4개로 이루어졌다는 사실을 확인할 수 있다. 따라서 안쪽의 사각형의 면적은 전체 면적의 절반인 5,000m²가 되며 이 부분을 첫째 딸에게 나누어준다고 하였으므로, 나머지 절반인 5,000m²가 둘째 딸의 몫임을 알 수 있다.

48

A ~ E 각각에 배정된 숫자가 게임이 진행됨에 따라 어떻게 변화하는지를 정리하면 다음과 같다.

구분	A	B	C	D	E
1st	3	4	5	1	2
2nd	2	3	4	5	1
3rd	4	5	1	2	3
4th			3		

따라서 규칙에 의해 게임이 진행되었을 때 네 번째 술래는 C임을 알 수 있다.

49

각각의 주택에 도달하는 빛의 조도를 계산하면 다음과 같다.

A	$(36 \div 2)+(24 \div 8)+(48 \div 12)=18+3+4=25$
B	$(36 \div 2)+(24 \div 4)+(48 \div 8)=18+6+6=30$
C	$(36 \div 4)+(24 \div 2)+(48 \div 6)=9+12+8=29$
D	$(36 \div 8)+(24 \div 2)+(48 \div 2)=4.5+12+24=40.5$
E	$(36 \div 12)+(24 \div 6)+(48 \div 2)=3+4+24=31$

주택에서 예측된 빛의 조도가 30을 초과하는 곳은 D, E의 두 곳이므로 관리대상주택은 총 2채이다.

50

ㄱ. 5원까지는 펼친 손가락의 개수와 실제 가격이 동일하지만 6원부터는 둘이 일치하지 않는다. 따라서 옳은 진술이다.

ㄴ. 펼친 손가락의 개수가 3개라면 숫자는 3 혹은 7이므로 물건의 가격은 최대 7원임을 알 수 있다.

ㄷ. 물건의 가격이 최대 10원이라고 하였으므로, 물건의 가격과 갑이 지불하려는 금액이 8원만큼 차이가 나는 경우는 상인이 손가락 2개를 펼쳤을 때 지불해야 하는 금액이 10원인 경우와 손가락 1개를 펼쳤을 때 지불해야 하는 금액이 9원인 경우뿐이다.

오답분석

ㄹ. 5원까지는 실제 가격과 지불하려는 금액이 일치하므로 문제가 되지 않으며, 그 이후인 6원부터는 펼친 손가락의 개수가 6개 이상일 경우는 없으므로 역시 물건의 가격을 초과하는 금액을 지불하는 경우는 생기지 않는다.

최종점검 모의고사 정답 및 해설

01	02	03	04	05	06	07	08	09	10	11	12	13	14	15	16	17	18	19	20
②	⑤	②	③	①	⑤	③	②	⑤	①	②	①	③	③	③	③	④	③	③	③
21	22	23	24	25	26	27	28	29	30	31	32	33	34	35	36	37	38	39	40
③	⑤	④	④	④	④	②	④	④	④	④	③	③	⑤	④	③	③	②	②	④
41	42	43	44	45	46	47	48	49	50										
⑤	⑤	③	①	②	③	②	⑤	①	⑤										

01 　정답 ②

제시문은 유의 관계이다.
'이자'의 유사어는 '금리'이고, '재배'의 유사어는 '배양'이다.

02 　정답 ⑤

제시문은 직업과 직장의 관계이다.
'교사'의 직장은 '학교'이고, '행원'의 직장은 '은행'이다.

03 　정답 ②

제시문은 전체와 부분의 관계이다.
'대들보'는 '한옥'을 구성하는 한 부분이고, '가지'는 '나무'의 한 부분이다.

04 　정답 ③

제시문은 도구와 결과물의 관계이다.
'선풍기'로 '바람'을 만들고, '제빙기'로 '얼음'을 만든다.

05 　정답 ①

제시문은 목적어와 서술어 관계이다.
'시간'을 '보내'고, '차례'를 '지내'다.

06 　정답 ⑤

소현이는 사람이고, 사람은 곰이거나 호랑이이므로 '소현이는 곰이거나 호랑이이다'가 성립한다.
• 소현이는 곰이거나 호랑이이다(A 또는 B이다).
• _____(B가 아니다)
그러므로 소현이는 곰이다(A이다).
따라서 빈칸에 들어갈 명제는 '소현이는 호랑이가 아니다.'이다.

07

정답 ③

삼단논법이 성립하기 위해서는 '사과나무는 식물이다.'는 명제가 필요하다.

08

정답 ②

세 번째 명제의 대우는 '전기를 낭비하면 많은 사람이 피해를 입는다.'이므로, 삼단논법이 성립하기 위해서는 '전기를 낭비하면 전기 수급에 문제가 생긴다.'는 명제가 필요하다.

09

정답 ⑤

영서, 수희>연수, 수희>주림이고 수희가 두 번째로 크므로 영서>수희인데, 주림이가 가장 작지 않으므로 영서>수희>주림>연수 순으로 크다.

10

정답 ①

A고등학교 학생은 봉사활동을 해야 졸업한다. 즉, A고등학교 졸업생 중에는 봉사활동을 하지 않은 학생이 없다.

11

정답 ②

'축구를 좋아한다.'를 A, '골프를 좋아한다.'를 B, '야구를 좋아한다.'를 C, '농구를 좋아한다.'를 D라고 하면 'A → ~B → ~C → D'가 성립함을 알 수 있다.

12

정답 ①

먼저 첫 번째 조건과 세 번째 조건에 따라 하경이의 바로 오른쪽 자리에는 성준, 민준, 민지가 앉을 수 없으므로 하경이의 오른쪽 자리에는 슬기 또는 경서만 앉을 수 있다. 하경이의 자리를 1번으로 가정하여 이를 기준으로 바로 오른쪽 6번 자리에 슬기가 앉은 경우와 경서가 앉은 경우를 나누어 보면 다음과 같다.

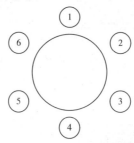

ⅰ) 6번 자리에 슬기가 앉은 경우

네 번째 조건에 따라 민준이는 4번 또는 2번에 앉을 수 있지만, 첫 번째 조건에 따라 하경이의 바로 옆 자리인 2번에는 앉을 수 없으므로 결국 4번에 앉은 것을 알 수 있다. 또한 두 번째 조건에 따라 5번 자리에는 경서 또는 성준이가 앉을 수 있지만, 세 번째 조건에 따라 경서는 반드시 민지의 왼쪽에 앉아야 하므로 5번 자리에는 성준이가 앉고 나머지 2번과 3번 자리에 민지와 경서가 나란히 앉은 것을 알 수 있다.

ii) 6번 자리에 경서가 앉은 경우

　세 번째 조건에 따라 5번 자리에는 민지가 앉으므로 첫 번째 조건에 따라 2번 자리에는 슬기만 앉을 수 있다. 이때, 두 번째 조건에 따라 슬기는 성준이 옆 자리에 앉아야 하므로 3번에는 성준이가 앉고, 나머지 4번에 민준이가 앉은 것을 알 수 있다.

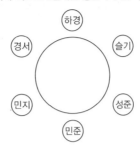

따라서 항상 참이 되는 것은 '하경이와 민준이가 서로 마주보고 앉아있다.'인 ①이다.

13
정답 ③

제시된 조건에 따르면 밀크시슬을 월요일에 섭취하는 경우와 목요일에 섭취하는 경우로 정리할 수 있다.

구분	월	화	수	목	금
경우 1	밀크시슬	비타민B	비타민C	비타민E	비타민D
경우 2	비타민B	비타민E	비타민C	밀크시슬	비타민D

따라서 수요일에는 항상 비타민C를 섭취한다.

[오답분석]

① 월요일에는 비타민B 또는 밀크시슬을 섭취한다.
② 화요일에는 비타민E 또는 비타민B를 섭취한다.
④ 경우1에서는 비타민E를 비타민C보다 나중에 섭취한다.
⑤ 비타민D는 밀크시슬보다 나중에 섭취한다.

14
정답 ③

먼저 A사원의 진술이 거짓이라면 A사원과 D사원 두 명이 3층에서 근무하게 되고, 반대로 D사원의 진술이 거짓이라면 3층에는 아무도 근무하지 않게 되므로 조건에 어긋난다. 따라서 A사원과 D사원은 진실을 말하고 있음을 알 수 있다. 또한 C사원의 진술이 거짓이라면 아무도 홍보부에 속하지 않으므로 C사원도 진실을 말하고 있음을 알 수 있다. 결국 거짓말을 하고 있는 사람은 B사원이며, A ~ D사원의 소속 부서와 부서 위치를 정리하면 다음과 같다.

구분	소속 부서	부서 위치
A사원	영업부	4층
B사원	총무부	6층
C사원	홍보부	5층
D사원	기획부	3층

따라서 기획부는 3층에 위치한다.

15

A~D 네 명의 진술을 정리하면 다음과 같다.

구분	진술1	진술2
A	C는 B를 이길 수 있는 것을 냈다.	B는 가위를 냈다.
B	A는 C와 같은 것을 냈다.	A가 편 손가락의 수는 B보다 적다.
C	B는 바위를 냈다.	A~D는 같은 것을 내지 않았다.
D	A, B, C 모두 참 또는 거짓을 말한 순서가 동일하다.	이 판은 승자가 나온 판이었다.

먼저 A~D는 반드시 가위, 바위, 보 세 가지 중 하나를 내야 하므로 그 누구도 같은 것을 내지 않았다는 C의 진술2는 거짓이 된다. 따라서 C의 진술 중 진술1은 참이 되므로 B가 바위를 냈다는 것을 알 수 있다. 이때, B가 가위를 냈다는 A의 진술2는 참인 C의 진술1과 모순되므로 A의 진술 중 진술2가 거짓이 되는 것을 알 수 있다. 결국 A의 진술 중 진술1이 참이 되므로 C는 바위를 낸 B를 이길 수 있는 보를 냈다는 것을 알 수 있다.

한편, 바위를 낸 B는 손가락을 펴지 않으므로 A가 편 손가락의 수가 자신보다 적었다는 B의 진술2는 거짓이 된다. 따라서 B의 진술 중 진술1이 참이 되므로 A는 C와 같은 보를 냈다는 것을 알 수 있다. 이를 바탕으로 A~C의 진술에 대한 참, 거짓 여부와 가위바위보를 정리하면 다음과 같다.

구분	진술1	진술2	가위바위보
A	참	거짓	보
B	참	거짓	바위
C	참	거짓	보

따라서 참 또는 거짓에 대한 A~C의 진술 순서가 동일하므로 D의 진술1은 참이 되고, 진술2는 거짓이 되어야 한다. 이때, 승자가 나오지 않으려면 D는 반드시 A~C와 다른 것을 내야 하므로 가위를 낸 것을 알 수 있다.

[오답분석]

① B와 같은 것을 낸 사람은 없다.
② 보를 낸 사람은 2명이다.
④ B가 기권했다면 가위를 낸 D가 이기게 된다.
⑤ 바위를 낸 사람은 1명이다.

16

(앞의 항+8)÷2=(다음 항)인 수열이다.
따라서 ( )=(9.25+8)÷2=8.6250다.

17

나열된 수를 각각 A, B, C라고 하면
$\underline{A\ B\ C} \rightarrow A^2+B^2=C$
따라서 ( )=$3^2+4^2=25$이다.

18

먼저 주어진 명제들을 조건식으로 변환하면 다음과 같다.
ⅰ) 도덕성 결함(○) → 채용(×)
ⅱ) [업무능력(○) ∧ 인사추천위원회 추천(○) ∧ 책임감(○)] → 채용(○)
ⅲ) 채용(○) → 봉사정신(○)
ⅳ) 철수 : 책임감(○) ∧ 업무능력(○)
철수가 도덕성에 결함이 있다면 ⅰ)에 의해 채용이 되지 않을 것이다. 그리고 이를 ⅱ)의 대우명제에 대입하면 철수는 업무 능력이 없거나 인사추천위원회의 추천을 받지 못하거나 혹은 책임감이 없는 것이 된다. 하지만 ⅳ)에서 철수는 책임감이 투철하고 업무 능력도 검증받았다고 하였으므로 철수는 인사위원회의 추천을 받지 않았다는 것을 알 수 있다.

22

정답 ⑤

정책팀이 요구한 인원은 2명이나 1지망에서 정책팀을 지원한 F가 먼저 배치된 상태이므로 남은 자리는 한 자리뿐임을 알 수 있다. 그런데 D보다 점수가 높은 A와 G가 모두 2지망으로 정책팀을 지원한 상황이어서 어느 상황에서도 D가 정책팀에 배치될 수는 없음을 알 수 있다. 따라서 적절하지 않다.

[오답분석]

① A의 입사성적이 90점이라면 국제팀을 1지망으로 선택한 또 다른 직원인 G(93점)보다 점수가 낮으므로 국제팀에는 배치될 수 없다. 그러나 G를 제외한 나머지 직원만을 놓고 볼 때 정책팀에 지원한 직원(A, C, D, F) 중 A의 성적이 가장 높으므로 A는 2지망인 정책팀에 배치된다.

② ①과 반대로 A의 입사성적이 95점이라면 G(93점)보다 점수가 높으므로 국제팀에 배치된다.

③ B의 점수가 81점에 불과하여 1지망인 국제팀에는 배치될 수 없으나 재정팀의 요구인원과 지원인원이 4명으로 모두 동일하므로 어떤 상황이든 B는 재정팀에 배치된다.

④ 재정팀의 요구인원은 4명인데 반해 1지망에 재정팀을 지원한 직원은 2명(C와 E)뿐이어서 C는 재정팀에 배치된다.

23

정답 ④

변경 전에는 '자녀돌봄휴가'를 사용할 수 있는 사유가 초·중·고등학교에서 공식적으로 주최하는 행사와 공식적인 상담에 국한되었던 반면, 변경 후에는 자녀의 병원진료 등에도 쓸 수 있도록 하였으므로 옳지 않은 내용이다.

[오답분석]

① 변경 전에는 생후 1년 미만의 영아를 자녀로 둔 공무원만 대상이었으나, 변경 후에는 만 5세 이하 자녀를 둔 공무원으로 확대되었으며, 시간도 1일 1시간에서 1일 2시간으로 늘어났다.

② 변경 전에는 자녀의 수에 관계없이 공무원 1인당 연간 최대 2일의 '자녀돌봄휴가'를 사용할 수 있었지만, 변경 후에는 자녀가 3명 이상일 경우 1일을 가산한 3일까지 사용할 수 있게 하였으므로 옳은 내용이다.

③ 변경 전에는 '모성보호시간'이 적용되는 기간에 제한이 있었지만 변경 후에는 이를 임신 기간 전체로 확대하였으므로 임신 중인 여성 공무원은 임신 개월 수에 관계없이 '모성보호시간'을 사용할 수 있다.

⑤ 변경 후에는 만 5세 이하 자녀를 둔 공무원은 1주일 중 2일에 한해 1일 2시간 범위 내에서 '육아시간'을 사용할 수 있도록 하였으므로 1주일에 총 4시간의 '육아시간'을 사용하여 근무시간을 단축할 수 있다.

24

정답 ④

게임 규칙과 결과를 토대로 경우의 수를 따져보면 다음과 같다.

라운드	벌칙 제외	총 퀴즈 개수
3	A	15
4	B	19
5	C	21
	D	
	C	22
	E	
	D	22
	E	

ㄴ. 총 22개의 퀴즈가 출제되었다면, E가 정답을 맞혀 벌칙에서 제외된 것이다.

ㄷ. 게임이 종료될 때까지 총 21개의 퀴즈가 출제되었다면 C, D가 벌칙에서 제외된 경우로 5라운드에서 E에게는 정답을 맞힐 기회가 주어지지 않았다. 따라서 퀴즈를 푸는 순서가 벌칙을 받을 사람 선정에 영향을 미친다.

[오답분석]

ㄱ. 5라운드까지 4명의 참가자가 벌칙에서 제외되었으므로 정답을 맞힌 퀴즈는 8개, 벌칙을 받을 사람은 5라운드까지 정답을 맞힌 퀴즈는 0개나 1개이므로 총 정답을 맞힌 퀴즈는 8개나 9개이다.

25

정답 ④

23일(일) 오전 10시에 포항을 출발하여 오후 1시에 울릉도에 도착한 후, 24일(월) 오후 6시에 호박엿 만들기 체험에 참여한다. 그리고 25일(화) 오전 8시부터 오전 11시까지 독도 여행을 진행한 후 26일(수) 오후 3시에 울릉도를 출발 오후 6시에 포항에 도착하는 일정의 여행이 가능하다.

[오답분석]

① 이 기간 중 독도 여행이 가능한 날은 18일(화)뿐인데 이날은 파고가 3.2m이어서 모든 노선의 선박이 운행되지 않는다. 따라서 불가능한 일정이다.

② 21일(금)에 술을 마신 관계로 22일(토)에 선박을 탈 수 없어 포항으로 귀환이 불가능하다.

③ 이 기간 중 독도 여행이 가능한 날은 20일(목)뿐인데 해당 시간대에는 포항에서 울릉도로 가는 선박에 있는 상황이므로 불가능한 일정이다.

⑤ 28일(금)에 파고가 3.7m이어서 모든 노선의 선박이 운행되지 않는다. 따라서 포항으로 귀환이 불가능하다.

26
정답 ④

종목 마를 제외한 팀별 종목별 득점의 합계는 다음과 같다.

팀명	A	B	C	D
합계	11	9	8	12

종목 가, 나, 다, 라에서 팀별 1, 2위를 차지한 횟수는 다음과 같다.

순위＼팀명	A	B	C	D
1위	1	1	0	2
2위	1	1	1	1

ㄹ. A팀이 종목 마에서 1위를 차지하여 4점을 받는다면, 총점은 15점이고 1위를 차지한 횟수는 2번, 2위를 차지한 횟수는 1번이 된다. 이때 D팀이 종목 마에서 2위를 차지하면, 합계는 15점, 1위를 차지한 횟수는 2번으로 A팀과 같고 2위를 차지한 횟수는 2번이 된다. 따라서 D팀이 종합 1위, A팀이 종합 2위가 된다.

[오답분석]

ㄱ. D팀이 종목 마에서 2위를 한다면 D가 종합 순위 1위가 확정되므로 옳지 않은 내용이다.

ㄴ. B팀과 C팀의 가, 나, 다, 라 종목의 득점 합계의 차이는 1점이고 B팀이 C팀보다 1위를 차지한 횟수가 더 많다. 따라서 B팀이 종목 마에서 C팀에게 한 등급 차이로 순위에서 뒤처지면 득점의 합계는 같게 되지만, 순위 횟수에서 B팀이 C팀보다 우수하므로 종합 순위에서 B팀이 C팀보다 높게 된다.

ㄷ. C팀이 2위를 하고 B팀이 4위를 하거나, C팀이 1위를 하고 B팀이 3위 이하를 했을 경우에는 B팀이 최하위가 된다.

27
정답 ②

갑이 B지점에서 1시간 이상 머물렀다면 전체 구간인 600km를 최소 5시간 이내에 이동해야 하는데 그렇다면 이때의 평균속력은 120km/h가 되어야 한다. 따라서 A → B 또는 B → C 구간에서 속력이 120km/h 이상인 적이 있다.

[오답분석]

① B지점에서 C지점까지의 거리가 400km이고 자동차의 최고속력이 200km/h이므로 소요시간은 최소 2시간이다. 최고속력을 고려할 때 A지점에서 B지점까지의 이동시간은 충분하므로 B지점에서 최소 14시 이전에만 출발하면 된다.

③ 을은 B지점에서 C지점까지의 400km를 4시간 동안 주행하였으며 C지점에서 E지점까지의 200km를 2시간 동안 주행하였으므로 두 구간의 평균속력은 모두 시속 100km로 동일하다.

④ B지점에서 C지점까지의 거리가 400km이고 4시간이 소요되었으므로 을의 평균속력은 시속 100km이다. 그러나 갑의 경우는 B지점에서의 출발시간이 12시 이전인지 이후인지에 따라 평균속력이 100km/h에서 높아질 수도 낮아질 수도 있다. 따라서 둘 간의 평균속력은 비교가 불가능하다.

⑤ B → C의 거리는 400km이고 C → E의 거리는 200km이므로, B → C → E의 거리는 600km이다. 또 B → D의 거리는 200km이고 D → E의 거리는 400km이므로 B → D → E의 거리 역시 600km이다. 따라서 두 구간의 거리는 동일하므로 적절하지 않다.

28

정답 ④

먼저 국가 및 지방자치단체 소유 건물은 지원 대상에서 제외한다고 하였으므로 병은 지원대상에서 제외되며, 전월 전력사용량이 450kWh 이상인 건물은 태양열 설비 지원 대상에서 제외하므로 을 역시 제외된다. 마지막으로 용량(성능)이 지원 기준의 범위를 벗어나는 신청은 지원 대상에서 제외한다고 하였으므로 무도 제외된다.

따라서 지원금을 받을 수 있는 것은 갑과 정이며 이들의 지원금을 계산하면 다음과 같다.

• 갑 : 8kW×80만 원=640만 원
• 정 : 15kW×50만 원=750만 원

그러므로 정이 가장 많은 지원금을 받는다.

29

정답 ④

ㄴ. B작업장은 생물학적 요인(바이러스)에 해당하는 사례 수가 가장 많다.
ㄷ. 화학적 요인에 해당하는 분진은 집진 장치를 설치하여 예방할 수 있다.

[오답분석]

ㄱ. A작업장은 인간공학적 요인(부자연스러운 자세)에 해당하는 사례 수가 가장 많다.

30

정답 ④

부속서 I에 해당하는 국가는 온실가스 배출량을 1990년 수준으로 감축하기 위해 노력하지만 강제성을 부여하지는 않기에 벌금은 없다.

31

정답 ④

갑이 향후 1년간 자동차를 유지하는 데 소요될 총비용을 세분화하면 다음과 같다.

• 감가상각비 : (1,000만 원−100만 원)÷10년=90만 원
• 자동차보험료 : 120만 원×90%=108만 원(블랙박스 설치로 인한 10% 할인 반영)
• 주유비용 : 매달 500km를 운행하므로 매월 50리터의 기름이 소모된다. 따라서 주유비용은 50리터×1,500원×12개월=90만 원으로 계산된다.
• 1년간 총 유지비용 : 90만 원+108만 원+90만 원=288만 원

32

정답 ③

제시된 평가점수와 평가등급의 결정방식에 따라 K방송사의 공채 지원자 평가 자료의 빈칸을 채우면 다음과 같다.

지원자 \ 구분	창의성	성실성	외국어	학위	평가점수
가	80	90	95	박사	(400)
나	90	60	80	학사	310
다	70	60	75	석사	300
라	85	(70)	50	학사	255
마	95	80	60	학사	295
바	55	95	65	학사	280
사	60	95	90	석사	355
아	80	(85)	85	박사	375
자	75	90	95	석사	(375)
차	60	70	(80)	학사	290

'아'의 성실성 점수(85점)는 '라'의 성실성 점수(70점)와 같지 않으므로 옳지 않다.

① 위 표에 따르면 '가'의 평가점수는 400점이고 전체 지원자 중 가장 높으므로 옳은 내용이다.
② 위 표에 따르면 '라'의 성실성 점수(70점)는 '다'(60점)보다 높지만 '마'(80점)보다 낮으므로 옳은 내용이다.
④ 평가점수가 350점 이상인 지원자에게 S등급이 부여되므로 이를 충족하는 지원자는 가, 사, 아, 자의 4명이다.
⑤ '차'가 외국어 점수에서 5점을 더 얻는다면 2배 가중한 값인 10점만큼 전체 평가점수가 상승하게 되어 300점을 얻게 된다. 그런데 기준에 따르면 300점 이상 350점 미만인 경우 A등급이 부여된다고 하였으므로 옳은 내용이다.

33 정답 ③

ⅰ) 면세여부 확인
  – 과세표준 : (120달러×1,100원)+10,000원=142,000원
  – 15만 원 미만이고 개인 갑이 사용할 목적으로 수입하는 것이므로 면세이다.
ⅱ) 나머지 지출액
  – 전자기기 가격 : 120달러×1,200원=144,000원
  – 운송비 : 30달러×1,200원=36,000원
따라서 갑이 전자기기 구입으로 지불한 총 금액은 180,000원이다.

34 정답 ⑤

고속버스터미널에서 각자의 일정을 마치는 데 얼마의 시간이 걸리는지를 파악하여 구할 수 있다.
• 가은 : 은행(30분)
• 나중 : 편의점(10분)
• 다동 : 화장실(20분), 패스트푸드점(25분)
• 라민 : 서점(20분), 화장실(20분)
마란과 바솜은 별도의 일정이 없으므로 위 네 명 중 가장 시간이 많이 소요되는 다동(45분)이 도착할 때까지 기다려야 버스에 탑승할 수 있다. 따라서 11시 50분에서 45분이 경과한 12시 35분 이후에 출발할 수 있다. 그런데 표에 의하면 12시 45분에 출발하는 버스는 잔여좌석 수가 5석에 불과해 여섯 사람이 모두 탑승할 수 없다. 따라서 이들이 가장 이른 시간에 탑승할 수 있는 버스는 13시 정각에 출발하는 버스이므로 대전에 도착할 수 있는 가장 이른 시간은 15시 정각이다.

35 정답 ④

먼저 오디션 점수에 각자의 나이를 더한 값이 모두 같으므로 나이가 가장 어린 사람의 오디션 점수가 가장 높아야 한다. 따라서 가장 높은 점수를 받은 戊의 나이가 23세이며, 오디션 점수와 나이를 더한 값은 85+23=108이다. 甲~戊의 나이를 구하면 다음과 같다.

구분	甲	乙	丙	丁	戊
나이	32세	30세	28세	26세	23세

기본 점수에서 채점 기준에 따라 가감한 최종점수를 구하면 다음과 같다.

구분		甲	乙	丙	丁	戊
	기본 점수	76점	78점	80점	82점	85점
감점	기준 나이(28세)	−8점	−4점		−4점	−10점
	군의관 연기 경험			−5점		
	사극 경험 가점	+10점				
	최종 점수	78점	74점	75점	78점	75점

최종 점수가 78점인 甲과 丁 중 丁의 기본 점수가 더 높으므로 丁이 캐스팅된다.

36

ㄱ. 갑의 자본금액이 200억 원이므로 아무리 종업원 수가 적더라도 '자본금액 50억 원을 초과하는 법인으로서 종업원 수가 100명 이하인 법인'이 납부해야 하는 20만 원 이상은 납부해야 한다. 따라서 적절한 내용이다.

ㄹ. 갑의 자본금액이 100억 원을 초과한다면 50만 원을 납부해야 하며, 을의 종업원 수가 100명을 초과한다면 10만 원을, 병의 자본금액이 100억 원을 초과한다면 50만 원을 납부해야 하므로 이들 금액의 합계는 110만 원이다.

[오답분석]

ㄴ. 을의 자본금이 20억 원이고 종업원이 50명이라면 '그 밖의 법인'에 해당하여 5만 원을 납부해야 하므로 적절하지 않다.

ㄷ. 병의 종업원 수가 200명이나 자본금이 10억 원 이하라면 '그 밖의 법인'에 해당하여 5만 원을 납부해야 하므로 적절하지 않다.

37

가장 먼저 살펴보아야 할 것은 '3번 전구'인데, 이에 대해 언급된 사람은 A와 C 두 사람이다. 먼저 C는 3번 전구를 그대로 둔다고 하였고, A는 이 전구가 켜져있다면 전구를 끄고, 꺼진 상태라면 그대로 둔다고 하였다. 그리고 B는 3번 전구에 대해 어떠한 행동도 취하지 않는다. 즉 3번 전구에 영향을 미치는 사람은 A뿐이며 이를 통해 3번 전구는 A, B, C가 방에 출입한 순서와 무관하게 최종적으로 꺼지게 된다는 것을 알 수 있다.

그렇다면 나머지 1, 2, 4, 5, 6이 최종적으로 꺼지게 되는 순서를 찾으면 된다. C의 단서에 이 5개의 전구가 모두 꺼지는 상황이 언급되어 있으므로, C를 가장 마지막에 놓고 A − B − C와, B − A − C를 판단해보면 다음과 같다.

먼저 A − B − C의 순서로 판단해보면, 아래와 같은 결과를 얻게 되어 답이 되지 않음을 알 수 있다.

전구번호	1	2	3	4	5	6
상태	○	○	○	×	×	×
A	○	○	×	×	×	×
B	○	×	×	○	×	○
C	○	×	×	×	×	×

다음으로, B − A − C의 순서로 판단해보면, 다음과 같은 결과를 얻게 되므로 ③이 답이 됨을 알 수 있다.

전구번호	1	2	3	4	5	6
상태	○	○	×	×	×	×
B	○	×	○	○	×	○
A	○	×	×	○	×	×
C	×	×	×	×	×	×

38

'다' 항목에서 폐기 대상 판정 시 위원들 사이에 이견이 있는 자료는 당해 연도의 폐기 대상에서 제외하고 다음 연도의 회의에서 재결정한다고 하였다. 그런데 폐기심의위원회의 회의는 연 2회 정기적으로 개최한다고 하였으므로, 만약 그 해의 첫 번째 정기회의에서 폐기 대상으로 논의되었다면 그 해의 두 번째 정기회의가 아닌 그 다음해의 정기회의에서 재결정하게 된다. 따라서 적절한 내용이다.

[오답분석]

① '다' 항목에서 폐기심의위원회는 폐기 여부만을 판정하며 폐기 방법의 결정은 사서에게 위임한다고 하였으므로 적절하지 않은 내용이다.

③ 폐기심의위원회의 위원들은 실물과 목록을 대조하여 확인하여야 한다고 하였으므로 적절하지 않은 내용이다.

④ 매각과 소각은 폐기 방법의 하나이고 '마'항목에서 폐기한 자료는 현행자료 목록에서 삭제하되, 폐기한 자료의 목록과 폐기 경위에 관한 기록을 보존한다고 하였으므로 적절하지 않은 내용이다.

⑤ '가' 항목에서 도서관 직원은 이용하기 곤란하다고 생각되는 자료는 발견 즉시 회수하여 사무실로 옮겨야 한다고 하였다. 그리고 그 자료를 사서들이 추려낸 후 폐기 대상 자료로 판단되는 것을 폐기심의대상 목록으로 작성하는 것이므로 적절하지 않은 내용이다.

39

정답 ②

주어진 자료를 정리하면 다음과 같다.

구분	국어	수학	영어	등급의 합	원점수 합
갑	3	1	3	7	
을	3	1	2	6	267
병	2	2	2	6	266
정	4	1	2	7	
무	1	4	1	6	258

3개 과목 등급의 합이 6 이내인 자를 선발한다고 하였으므로 갑과 정은 불합격하며, 이 조건을 만족하는 자가 여러 명일 경우, 3개 과목 원점수의 합산 점수가 가장 높은 자를 선발한다고 하였으므로 을이 합격한다.

40

정답 ④

ㄱ. A국은 대기환경지수의 평균값을 통합지수로 사용하지만, B국은 대기환경지수 중 가장 높은 값을 통합지수로 사용하며 세부적으로 들어가면 산정 방식자체가 크게 다르다. 따라서 두 나라의 통합지수가 동일하더라도 각 대기오염물질의 농도는 다를 수 있다.

ㄷ. A국은 5가지 대기오염 물질 농도를 각각 측정하여 대기환경지수를 산정하고, 그 평균값을 통합지수로 하므로 단순히 등급이 '해로움'으로 나타났다고 하더라도 그 정보만으로는 특정 물질의 농도에 대한 정확한 수치를 알 수 없다.

ㄹ. A국은 경보색깔이 노랑인 경우 외부활동이 가능하나, B국은 외부활동을 자제해야 한다. 따라서 A국에 방문하여 B국의 기준을 따른다면 외부활동을 자제할 것이므로 옳은 내용이다.

오답분석

ㄴ. B국의 경우 오염물질별 대기환경지수 중 101 이상인 것이 2개 이상일 경우에는 가장 높은 대기환경지수에 20을 더하여 통합지수를 산정한다고 하였다. 만약 B국 대기환경지수 중 101 이상인 것이 2개 이상이고 가장 높은 것이 160이라면 B국의 통합지수는 180이 되므로 옳지 않은 내용이다.

41

정답 ⑤

제시된 기준에 따라 각 지방자치단체의 사전경보상태를 정리하면 다음과 같다.

구분	통합재정 수지적자 비율	예산대비 채무비율	채무상환비 비율	지방세 징수액비율	금고잔액 비율	공기업 부채비율
A	주의		주의			
B	주의	주의		주의	주의	
C				주의	주의	심각
D	심각	주의	심각			

따라서 중점관리대상은 주의가 4개(=심각 2개)인 B와, 주의 2개(=심각 1개)와 심각 1개인 C, 심각 2개와 주의 1개인 D임을 알 수 있다.

42

정답 ⑤

• 병 : 8년째 판매하고 있으므로 계속성·반복성 조건을 충족하며, 영리 여부를 따지지 않고 재화(공예품)를 판매하고 있으므로 사업자 조건도 충족한다. 마지막으로 다른 사업자에게 고용·종속되어 있다는 언급이 없으므로 독립성 조건도 충족한다. 따라서 병은 사업자등록 대상이다.

• 정 : 10년 동안 판매하고 있으므로 계속성·반복성 조건을 충족하며, 영리 여부를 따지지 않고 재화(발명품)를 판매하고 있으므로 사업자 조건도 충족한다. 마지막으로 다른 사업자에 고용·종속되어 있다는 언급이 없으므로 독립성 조건도 충족한다. 따라서 정은 사업자등록 대상이다.

- 갑 : 중고거래를 1회만 하였으므로 계속성·반복성을 가지지 않는다. 따라서 사업자등록 대상이 아니다.
- 을 : 영업사원은 회사에 고용되어 일하는 사람이므로 독립성 요건을 충족하지 못한다. 따라서 사업자등록 대상이 아니다.

43

정답 ③

ㄱ. 기관과 제휴된 호텔과 콘도미니엄의 수는 69개인데, 그 중 호텔은 31개이고 콘도미니엄은 38개이므로 적절하지 않은 내용이다.
ㄴ. 노보텔 앰배서더의 예를 들면 서울시 강남구와 금천구에 위치하고 있으므로 적절하지 않은 내용이다.
ㄷ. 남송마리나피싱리조트 등 호텔이라는 이름을 사용하고 있지 않은 시설이 존재하므로 적절하지 않은 내용이다.

ㄹ. 서울의 예를 들면 제시된 노보텔 앰배서더 등은 모두 호텔로 분류되고 있으므로 콘도미니엄은 없다는 것을 알 수 있다. 따라서 적절한 내용이다.

44

정답 ①

ㄱ. 총 지원금은 2020년 14,000백만 원에서 2021년 13,000백만 원으로 1,000백만 원 줄었지만 지원 인원 1인당 평균 지원금은 2020년 약 470여만 원에서 2021년 650만 원으로 많아졌으므로 적절한 내용이다.

ㄴ. 저소득층 등 취업취약계층을 우대한다는 것이지 이에 해당하지 않으면 참여를 못하는 것이 아니다. 이 계층의 참여목표비율이 70%라고 한 점에서도 확인할 수 있는 내용이다.
ㄷ. 근로조건 항목에서 4대 사회보험을 보장한다고 하였으므로 적절하지 않은 내용이다.
ㄹ. 참여자 항목에서 주된 참여자는 중장년(50 ~ 64세)으로 명시하고 있으므로 적절하지 않은 내용이다.

45

정답 ②

먼저 시간 외 근로를 동의하지 않은 김상형을 제외하면 ①을 소거할 수 있으며, 출산 이후 1년이 지나지 않은 전지연은 이미 1주 동안 6시간의 시간 외 근로를 하였으므로 제외하여 ④, ⑤를 소거할 수 있다. 이제 남은 것은 ②와 ③뿐인데 조경은의 경우 A프로젝트를 완수하기 위해 5시간이 소요되어 야간근로가 필요한 상황이지만 여성의 경우 야간근로에 대해 별도의 동의를 요한다고 하였으므로 제외한다. 따라서 답은 ②가 된다.

46

정답 ③

ㄴ. '경매' 조항에 따르면 유치권자는 채권의 변제를 받기 위하여 유치물을 경매할 수 있다. 따라서 수선비의 변제를 받기 위해 乙은 수선한 甲의 옷을 경매할 수 있다.
ㄷ. '점유상실과 유치권소멸'에 따르면 점유를 상실하면 유치권은 소멸된다. 따라서 乙이 수선한 甲의 옷에 대한 점유를 상실하면 그 옷에 대한 유치권도 함께 소멸된다.

ㄱ. '유치권의 불가분성' 조항에 따르면 유치권자는 채권 전부의 변제를 받을 때까지 유치물 전부에 대하여 유치권을 행사할 수 있다. 따라서 乙은 甲이 수선비를 전부 지급하기 전까지 수선한 옷을 돌려주지 않을 수 있다.
ㄹ. '유치권자의 선관의무' 조항의 제2항에 따르면 유치권자는 채무자의 승낙 없이 유치물을 대여할 수 없다. 따라서 乙은 수선한 甲의 옷을 甲의 승낙 없이 다른 사람에게 대여해서는 안 된다.

47

정답 ②

주어진 상황에 따라 甲 ~ 丁이 갖춘 직무역량을 정리하면 다음과 같다.

구분	의사소통역량	대인관계역량	문제해결역량	정보수집역량	자원관리역량
甲	○	○	×	×	○
乙	×	×	○	○	○
丙	○	×	○	○	×
丁	×	○	○	×	○

이를 바탕으로 甲 ~ 丁의 수행 가능한 업무는 다음과 같다.
• 甲 : 심리상담, 지역안전망구축
• 乙 : 진학지도
• 丙 : 위기청소년지원, 진학지도
• 丁 : 지역안전망구축

따라서 서로 다른 업무를 맡으면서 4가지 업무를 분담할 수 있는 후보는 甲과 丙뿐이므로 A복지관에 채용될 후보는 甲, 丙이다.

48

정답 ⑤

평가 결과와 받은 카드 수를 정리하면 다음과 같다.

구분	1회	2회	3회	4회	5회	합산
A	90점(2장)	90점(2장)	90점(2장)	90점(2장)		360점(8장)
B	80점(1장)	80점(1장)	70점	70점		300점(2장)
C	90점(2장)	70점	90점(2장)	70점		320점(4장)
D	70점	70점	70점	70점		280점
E	80점(1장)	80점(1장)	90점(2장)	80점(1장)		330점(5장)

E가 5회 차 평가에서 카드를 받지 못하여도 70점을 얻는다면 총점이 400점 이상이므로 추천 대상에 포함될 수 있다.

[오답분석]
① A가 5회 차 평가에서 80점을 얻고 2위인 E가 5회에서 100점을 받는다면 카드 수는 A가 9장, E가 10장이 되므로 E가 추천될 확률이 가장 높다.
② B가 5회 차 평가에서 90점을 얻는다면 총점이 400점을 넘지 않기 때문에 탈락 대상자가 된다.
③ C가 5회 차 평가에서 카드를 받지 못한다면(70점 이하) 총점이 400점을 넘지 못해 탈락 대상이 되는데, 이때 카드 수만 확인하면 총 4장이 있다고 볼 수 있다. B가 5회에 100점을 받는다면 총 카드 수가 7장이 되어 B가 당첨될 확률이 더 높다고 볼 수 있다.
④ D는 4회까지의 총점이 280점이기 때문에 5회 차에 100점을 맞아도 총점이 380점이 되어 400점을 넘지 못해 탈락된다.

49

정답 ①

甲이 B전문대학에서 취득한 63학점은 제2항 제1호에 따라 모두 인정되며, 군복무 중 원격수업을 통해 획득한 6학점 역시 제2항 제3호에서 인정하는 연 12학점 이내이므로 모두 인정된다. 또한 이후 미국의 C대학에서 획득한 12학점 역시 제2항 제1호에 따라 모두 인정된다.
결국 甲이 현재 취득한 학점은 A대학에서 취득한 30학점을 포함하여 총 111학점(30+63+6+12)이다. 따라서 A대학에서 졸업에 필요한 최소 취득학점은 120학점이므로 甲이 A대학을 졸업하려면 최소 9학점(120−111)이 더 필요하다.

먼저 12명의 위원이 1인당 2표씩 투표하므로 총 투표수는 24표가 되며, 위원 1인이 얻을 수 있는 최대 득표수는 11표가 된다.

ㄴ. 득표자가 총 3명이고 그 중 1명이 7표를 얻었다면, 나머지 2명의 득표수 합은 24-7=17표로 홀수가 되므로 2명은 동일한 수의 표를 얻을 수 없다. 또한 다른 1명이 7표를 얻어 2명의 득표수가 같더라도 나머지 1명의 득표수는 10표가 되므로 최다 득표자는 단 1명이 된다. 따라서 1명의 최다 득표자가 위원장이 되므로 추첨으로 결정하지 않아도 된다.

ㄷ. 최다 득표자가 8표를 얻어 추첨 없이 위원장이 결정되었다면, 다른 득표자들의 득표수 합은 24-8=16표이며, 이때 각 득표자들은 최대 7표를 얻을 수 있다. 7표 이하의 득표만으로 16표를 만들기 위해서는 최소 3명이 필요하므로 전체 득표자는 최다 득표자를 포함하여 4명 이상이 된다.

[오답분석]

ㄱ. 득표자 중 한 명의 위원이 5표를 얻었으므로 다른 득표자들의 득표수 합은 24-5=19표이다. 이때 추첨을 통해 위원장이 결정되었다면 최다 득표자가 여러 명임을 알 수 있다. 만약 5표를 얻은 득표자가 최다 득표자로 2명이라면 나머지 10명 중 4명은 2표, 6명은 1표씩을 받아 12명 모두 득표자가 될 수 있다.

학습플래너

◉ 사람으로서 할 수 있는 최선을 다한 후에는 오직 하늘의 뜻을 기다린다.
◉
◉

과목	내용	체크
직무적성평가	추론능력 학습	○

MEMO

학습플래너

과목	내용	체크

Date . . . **D-** 공부시간 **H M**

◎
◎
◎

MEMO

| Date . . . D- | | 공부시간 H M |

◉
◉
◉

과목	내용	체크

MEMO

학습플래너

〈절취선〉

Date . . .	D-	공부시간	H M

- ◎
- ◎
- ◎

과목	내용	체크

MEMO

| Date . . . D- | | 공부시간 H M |

◎
◎
◎

과목	내용	체크

MEMO

학습플래너

과목	내용	체크
Date	. . . D- 공부시간 H M	

◎
◎
◎

과목	내용	체크

MEMO

Date . . .	D-	공부시간 H M

◉
◉
◉

과목	내용	체크

MEMO

학습플래너

| Date | . . . | D- | 공부시간 | H | M |

◉
◉
◉

과목	내용	체크

MEMO

KBS 직무적성평가 답안카드

1	① ② ③ ④ ⑤	21	① ② ③ ④ ⑤	41	① ② ③ ④ ⑤
2	① ② ③ ④ ⑤	22	① ② ③ ④ ⑤	42	① ② ③ ④ ⑤
3	① ② ③ ④ ⑤	23	① ② ③ ④ ⑤	43	① ② ③ ④ ⑤
4	① ② ③ ④ ⑤	24	① ② ③ ④ ⑤	44	① ② ③ ④ ⑤
5	① ② ③ ④ ⑤	25	① ② ③ ④ ⑤	45	① ② ③ ④ ⑤
6	① ② ③ ④ ⑤	26	① ② ③ ④ ⑤	46	① ② ③ ④ ⑤
7	① ② ③ ④ ⑤	27	① ② ③ ④ ⑤	47	① ② ③ ④ ⑤
8	① ② ③ ④ ⑤	28	① ② ③ ④ ⑤	48	① ② ③ ④ ⑤
9	① ② ③ ④ ⑤	29	① ② ③ ④ ⑤	49	① ② ③ ④ ⑤
10	① ② ③ ④ ⑤	30	① ② ③ ④ ⑤	50	① ② ③ ④ ⑤
11	① ② ③ ④ ⑤	31	① ② ③ ④ ⑤		
12	① ② ③ ④ ⑤	32	① ② ③ ④ ⑤		
13	① ② ③ ④ ⑤	33	① ② ③ ④ ⑤		
14	① ② ③ ④ ⑤	34	① ② ③ ④ ⑤		
15	① ② ③ ④ ⑤	35	① ② ③ ④ ⑤		
16	① ② ③ ④ ⑤	36	① ② ③ ④ ⑤		
17	① ② ③ ④ ⑤	37	① ② ③ ④ ⑤		
18	① ② ③ ④ ⑤	38	① ② ③ ④ ⑤		
19	① ② ③ ④ ⑤	39	① ② ③ ④ ⑤		
20	① ② ③ ④ ⑤	40	① ② ③ ④ ⑤		

※ 본 답안지는 마킹연습용 모의 답안지입니다.

〈절취선〉

KBS 직무적성평가 답안카드

성 명	

지원분야	

문제지 형별기재란	Ⓐ Ⓑ
( )형	

수험번호
⓪ ① ② ③ ④ ⑤ ⑥ ⑦ ⑧ ⑨
⓪ ① ② ③ ④ ⑤ ⑥ ⑦ ⑧ ⑨
⓪ ① ② ③ ④ ⑤ ⑥ ⑦ ⑧ ⑨
⓪ ① ② ③ ④ ⑤ ⑥ ⑦ ⑧ ⑨
⓪ ① ② ③ ④ ⑤ ⑥ ⑦ ⑧ ⑨
⓪ ① ② ③ ④ ⑤ ⑥ ⑦ ⑧ ⑨
⓪ ① ② ③ ④ ⑤ ⑥ ⑦ ⑧ ⑨

감독위원 확인
인

번호	답	번호	답	번호	답
1	① ② ③ ④ ⑤	21	① ② ③ ④ ⑤	41	① ② ③ ④ ⑤
2	① ② ③ ④ ⑤	22	① ② ③ ④ ⑤	42	① ② ③ ④ ⑤
3	① ② ③ ④ ⑤	23	① ② ③ ④ ⑤	43	① ② ③ ④ ⑤
4	① ② ③ ④ ⑤	24	① ② ③ ④ ⑤	44	① ② ③ ④ ⑤
5	① ② ③ ④ ⑤	25	① ② ③ ④ ⑤	45	① ② ③ ④ ⑤
6	① ② ③ ④ ⑤	26	① ② ③ ④ ⑤	46	① ② ③ ④ ⑤
7	① ② ③ ④ ⑤	27	① ② ③ ④ ⑤	47	① ② ③ ④ ⑤
8	① ② ③ ④ ⑤	28	① ② ③ ④ ⑤	48	① ② ③ ④ ⑤
9	① ② ③ ④ ⑤	29	① ② ③ ④ ⑤	49	① ② ③ ④ ⑤
10	① ② ③ ④ ⑤	30	① ② ③ ④ ⑤	50	① ② ③ ④ ⑤
11	① ② ③ ④ ⑤	31	① ② ③ ④ ⑤		
12	① ② ③ ④ ⑤	32	① ② ③ ④ ⑤		
13	① ② ③ ④ ⑤	33	① ② ③ ④ ⑤		
14	① ② ③ ④ ⑤	34	① ② ③ ④ ⑤		
15	① ② ③ ④ ⑤	35	① ② ③ ④ ⑤		
16	① ② ③ ④ ⑤	36	① ② ③ ④ ⑤		
17	① ② ③ ④ ⑤	37	① ② ③ ④ ⑤		
18	① ② ③ ④ ⑤	38	① ② ③ ④ ⑤		
19	① ② ③ ④ ⑤	39	① ② ③ ④ ⑤		
20	① ② ③ ④ ⑤	40	① ② ③ ④ ⑤		

KBS 직무적성평가 답안카드

1	① ② ③ ④ ⑤	21	① ② ③ ④ ⑤	41	① ② ③ ④ ⑤
2	① ② ③ ④ ⑤	22	① ② ③ ④ ⑤	42	① ② ③ ④ ⑤
3	① ② ③ ④ ⑤	23	① ② ③ ④ ⑤	43	① ② ③ ④ ⑤
4	① ② ③ ④ ⑤	24	① ② ③ ④ ⑤	44	① ② ③ ④ ⑤
5	① ② ③ ④ ⑤	25	① ② ③ ④ ⑤	45	① ② ③ ④ ⑤
6	① ② ③ ④ ⑤	26	① ② ③ ④ ⑤	46	① ② ③ ④ ⑤
7	① ② ③ ④ ⑤	27	① ② ③ ④ ⑤	47	① ② ③ ④ ⑤
8	① ② ③ ④ ⑤	28	① ② ③ ④ ⑤	48	① ② ③ ④ ⑤
9	① ② ③ ④ ⑤	29	① ② ③ ④ ⑤	49	① ② ③ ④ ⑤
10	① ② ③ ④ ⑤	30	① ② ③ ④ ⑤	50	① ② ③ ④ ⑤
11	① ② ③ ④ ⑤	31	① ② ③ ④ ⑤		
12	① ② ③ ④ ⑤	32	① ② ③ ④ ⑤		
13	① ② ③ ④ ⑤	33	① ② ③ ④ ⑤		
14	① ② ③ ④ ⑤	34	① ② ③ ④ ⑤		
15	① ② ③ ④ ⑤	35	① ② ③ ④ ⑤		
16	① ② ③ ④ ⑤	36	① ② ③ ④ ⑤		
17	① ② ③ ④ ⑤	37	① ② ③ ④ ⑤		
18	① ② ③ ④ ⑤	38	① ② ③ ④ ⑤		
19	① ② ③ ④ ⑤	39	① ② ③ ④ ⑤		
20	① ② ③ ④ ⑤	40	① ② ③ ④ ⑤		

〈절취선〉

※ 본 답안지는 마킹연습용 모의 답안지입니다.

KBS 직무적성평가 답안카드

1	①	②	③	④	⑤	21	①	②	③	④	⑤	41	①	②	③	④	⑤
2	①	②	③	④	⑤	22	①	②	③	④	⑤	42	①	②	③	④	⑤
3	①	②	③	④	⑤	23	①	②	③	④	⑤	43	①	②	③	④	⑤
4	①	②	③	④	⑤	24	①	②	③	④	⑤	44	①	②	③	④	⑤
5	①	②	③	④	⑤	25	①	②	③	④	⑤	45	①	②	③	④	⑤
6	①	②	③	④	⑤	26	①	②	③	④	⑤	46	①	②	③	④	⑤
7	①	②	③	④	⑤	27	①	②	③	④	⑤	47	①	②	③	④	⑤
8	①	②	③	④	⑤	28	①	②	③	④	⑤	48	①	②	③	④	⑤
9	①	②	③	④	⑤	29	①	②	③	④	⑤	49	①	②	③	④	⑤
10	①	②	③	④	⑤	30	①	②	③	④	⑤	50	①	②	③	④	⑤
11	①	②	③	④	⑤	31	①	②	③	④	⑤						
12	①	②	③	④	⑤	32	①	②	③	④	⑤						
13	①	②	③	④	⑤	33	①	②	③	④	⑤						
14	①	②	③	④	⑤	34	①	②	③	④	⑤						
15	①	②	③	④	⑤	35	①	②	③	④	⑤						
16	①	②	③	④	⑤	36	①	②	③	④	⑤						
17	①	②	③	④	⑤	37	①	②	③	④	⑤						
18	①	②	③	④	⑤	38	①	②	③	④	⑤						
19	①	②	③	④	⑤	39	①	②	③	④	⑤						
20	①	②	③	④	⑤	40	①	②	③	④	⑤						

※ 본 답안지는 마킹연습용 모의 답안지입니다.

성 명

지원분야

문제지 형별기재란
( )형 Ⓐ Ⓑ

수 험 번 호

⓪	①	②	③	④	⑤	⑥	⑦	⑧	⑨
⓪	①	②	③	④	⑤	⑥	⑦	⑧	⑨
⓪	①	②	③	④	⑤	⑥	⑦	⑧	⑨
⓪	①	②	③	④	⑤	⑥	⑦	⑧	⑨
⓪	①	②	③	④	⑤	⑥	⑦	⑧	⑨
⓪	①	②	③	④	⑤	⑥	⑦	⑧	⑨
⓪	①	②	③	④	⑤	⑥	⑦	⑧	⑨

감독위원 확인
인

2023 최신판 SD에듀 KBS 직무적성평가

개정1판1쇄 발행	2023년 09월 25일 (인쇄 2023년 08월 03일)
초 판 발 행	2022년 09월 05일 (인쇄 2022년 08월 17일)
발 행 인	박영일
책 임 편 집	이해욱
편 저	SDC(Sidae Data Center)
편 집 진 행	여연주 · 이근희
표지디자인	박수영
편집디자인	이은미 · 곽은슬
발 행 처	(주)시대고시기획
출 판 등 록	제10-1521호
주 소	서울시 마포구 큰우물로 75 [도화동 538 성지 B/D] 9F
전 화	1600-3600
팩 스	02-701-8823
홈 페 이 지	www.sdedu.co.kr
I S B N	979-11-383-5761-6 (13320)
정 가	18,000원

KBS
직무적성평가

대표유형 + 적중예상문제 + 모의고사 4회